荃镇干部：
行动逻辑与规制之道

Dancing Between Soil and Bureaucracy:
Action Logic of Township Cadres in China

刘晓峰　著

中国社会科学出版社

图书在版编目（CIP）数据

茎镇干部：行动逻辑与规制之道 / 刘晓峰著 . —北京：中国社会科学出版社，2019.12

ISBN 978-7-5203-5774-6

Ⅰ.①茎⋯　Ⅱ.①刘⋯　Ⅲ.①乡镇—干部制度—研究—中国　Ⅳ.①D630.3

中国版本图书馆 CIP 数据核字（2019）第 287935 号

出 版 人	赵剑英
责任编辑	许　琳
责任校对	韩天炜
责任印制	王　超

出　　版	中国社会科学出版社
社　　址	北京鼓楼西大街甲 158 号
邮　　编	100720
网　　址	http：//www.csspw.cn
发 行 部	010-84083685
门 市 部	010-84029450
经　　销	新华书店及其他书店
印　　刷	北京君升印刷有限公司
装　　订	廊坊市广阳区广增装订厂
版　　次	2019 年 12 月第 1 版
印　　次	2019 年 12 月第 1 次印刷
开　　本	710×1000　1/16
印　　张	14
插　　页	2
字　　数	247 千字
定　　价	68.00 元

凡购买中国社会科学出版社图书，如有质量问题请与本社营销中心联系调换

电话：010-84083683

版权所有　侵权必究

国家社科基金后期资助项目

出 版 说 明

  后期资助项目是国家社科基金设立的一类重要项目，旨在鼓励广大社科研究者潜心治学，支持基础研究多出优秀成果。它是经过严格评审，从接近完成的科研成果中遴选立项的。为扩大后期资助项目的影响，更好地推动学术发展，促进成果转化，全国哲学社会科学工作办公室按照"统一设计、统一标识、统一版式、形成系列"的总体要求，组织出版国家社科基金后期资助项目成果。

全国哲学社会科学工作办公室

序

当获知刘晓峰博士在其博士论文基础上修改而成的《荃镇干部：行动逻辑与规制之道》一书终于付梓的消息时，我内心感到十分欣慰与欢喜。

在中国复杂的行政系统中，乡镇政府是一个非常独特的层级，不仅数量庞大而且事务繁杂，它们是国家权力深入底层治理过程中最为重要的环节。这也是为什么在改革开放的历史进程中，乡镇政府始终能成为改革焦点之一的重要原因。纵观乡镇政府的改革历程不难发现，这些改革大多囿于结构性层面，即侧重从管辖范围、部门设置、权力结构、资源配置等方面进行调整，即便是近年"放管服"改革中对行政过程的简约和规范，也并没有给予干部主体性以足够的尊重。我认为，在当前构建国家治理体系和治理能力现代化的新时代背景下，改革政府也应当回到"以人为本"的理念上来，这里的"人本"不仅是群众的"人本"，也是干部的"人本"。因此，实现对干部群体更加客观和理性的认知就显得尤为重要。刘晓峰博士的这部专著可谓恰逢其时。

这部有关乡镇干部行动的专著浸透了作者多年的精力和心血。刘晓峰博士从"情境"与"过程"两个维度，向读者展示了一幅生动的乡镇干部群像——"荃镇干部"，以及他们是如何以独特行动方式面对复杂情境的。从中揭示了中国乡镇政府中所存在的规则替代、社会交换、关系运作、策略行动、双轨行政等行动逻辑。从本质上看，这些都是乡镇干部"乡土性"和"官僚性"相互融合与冲突的结果。因此，乡镇干部的规制之道也应当是在保持基层稳定性的前提下，通过重塑乡土社会和再造官僚体系两条路径实现制度建构。

作者采用了带有"扎根"色彩的质化研究方法，在荃镇这一"田野"中进行了长达一年的参与式观察。质化研究方法的优势在于可以通过对一个复杂研究对象进行"深描"，解释其中的"机制""规律""逻辑"，是一种利于进行理论建构的方法。但是,质化研究对研究者也提出了巨大挑战。一方面,研究者既要"进得去"又要"出得来"。换句话说,研究者既能融入田野、取得信任,获得尽可能多的资料,同时又能保持足够的学术理性,具备从庞杂的田野资料中抽离出有效信息的能力。另一方面,研究者要耐得住性子。因为,质化研究从研究设计到成果发表需要相当长的时间。而且,由于质化研究成果往往看上去不像量化研究成果那样"科学",这种认识论潜意识为其发表增加了难度。在这样的学术环境下,作者仍能坚持较高质量的质化研究,实在是难能可贵。

我第一次见到刘晓峰博士是在一个很偶然的场合。那是2007年的秋天,我到江苏省委党校讲课,课后一位学生请我吃饭,席间就有晓峰。那时,他还是党校的一名在读硕士生。在介绍时,他被称为"图书馆馆长"。我当时有些纳闷,不是学生吗?怎么变成图书馆馆长了?后来得知,因为爱读书,他的课余时间几乎都在泡图书馆,以至于图书馆老师索性把阅览室的钥匙给了他。从那以后,图书馆阅览室的开放时间从下午5点延长到了晚上10点,周末从闭馆改为正常开放。这个"不经意"的故事,给我留下了非常深刻的印象。那时,我刚刚做博士生导师,正准备招学生,我心想,"这不是很好的博士候选人吗?"

博士录取后,刘晓峰博士依然是学习最努力的学生之一。在确定博士论文选题时,我们曾就选题方向和研究方案进行过多次深入讨论。对于一向遵从并习惯做"规范研究""书斋研究""价值研究"的我而言,他所主张的以田野观察为基础的研究方法使我眼前一亮,并对他的研究选题和研究方法给予了充分肯定与支持。就这样,他的博士论文与当时其他几位博士同学形成巨大反差。我开始意识到,对研究选题、研究路径及研究方法保持开放性,是导师需要认真考虑的一件事。

我认为,中国的社会科学研究迫切需要加强理论知识和经验知识的互动与互构。"理论知识"主要是通过阅读文本而积累起来的知识,文本的宽度将延展为学术的长度。"经验知识"即我们通常所说的人生阅历与经验体会,经验的厚度将决定学术的高度。因此,最近几年,我在指导博士生的过程中,有意识地引导他们在注重学习理论知识的同时,也尽量尝试通过"接地气"的经验观察以累积经验知识。这样,我们的理论思考才会"扎根"在现实之中,才会摆脱理论脱离现实的尴尬。当我们的青年学者这样做时,会有两个好处:一是,可以为他们未来的理论建构提供"解构的经验";二是,可以为做"顶天"研究的学者们提供"解构的素材"。

刘晓峰博士是我的学生中作出这种研究尝试的最先行动者，希望这部著作对于本土行政学研究有所启发。

　　是为序！

二零一九年十月
于南京农业大学

目　录

导　论 …………………………………………………………… (1)

第一章　理论回顾与研究方法 ………………………………… (3)
　第一节　理论研究中的乡镇干部 ……………………………… (3)
　　一　传统研究中的乡村社会结构 …………………………… (3)
　　二　新政治经济学中的官僚 ………………………………… (5)
　　三　组织理论中的环境与行动 ……………………………… (7)
　　四　"三农"研究中的基层政权与干部 …………………… (10)
　第二节　田野调查与作为个案的荃镇 ……………………… (12)
　　一　田野调查及其信度和效度 …………………………… (13)
　　二　作为个案的荃镇 ……………………………………… (18)
　　三　走出个案 ……………………………………………… (24)

第二章　乡镇干部行动的"情境—过程"分析框架 ………… (27)
　第一节　组织中的个体行动 ………………………………… (27)
　第二节　行动的基本分析要素 ……………………………… (29)
　　一　帕森斯"唯意志行动"理论 ………………………… (30)
　　二　基本要素及其联系 …………………………………… (33)
　第三节　理论假设 …………………………………………… (43)
　　一　情境理性：乡镇干部的人性假设 …………………… (44)
　　二　结构二重性：情境与行动互动性假设 ……………… (51)

第三章　环境：乡镇干部行动的外情境 …………………… (58)
　第一节　文化环境：乡土文化及其现代转型 ……………… (58)
　　一　乡土文化及其特征 …………………………………… (59)
　　二　乡土文化的现代转型 ………………………………… (61)
　第二节　政治环境：国家授权与社会授权 ………………… (66)

一　国家授权：压力型体制及其衍生机制 …………………… (66)
　　二　社会授权：农民非制度化政治参与 …………………… (72)
　第三节　经济环境：资源配置失衡与"资本差序格局" ……… (79)
　　一　乡镇资源配置的结构性失衡 …………………………… (79)
　　二　从"关系差序格局"到"资本差序格局" …………… (83)

第四章　规则：乡镇干部行动的内情境 ……………………… (88)
　第一节　正式规则与"规定行动" …………………………… (88)
　　一　乡镇政府的正式规则 ………………………………… (88)
　　二　乡镇干部的"规定行动" …………………………… (106)
　第二节　非正式规则与"策略行动" ………………………… (114)
　　一　乡镇政府的非正式规则 ……………………………… (115)
　　二　乡镇干部的"策略行动" …………………………… (120)

第五章　乡镇干部行动的过程：情境内化与社会交换 ……… (130)
　第一节　乡镇干部的情境内化 ……………………………… (130)
　　一　感知 …………………………………………………… (133)
　　二　修正 …………………………………………………… (135)
　　三　维持 …………………………………………………… (136)
　第二节　乡镇干部的社会交换 ……………………………… (138)
　　一　乡镇政府的社会性 …………………………………… (138)
　　二　微观社会交换过程 …………………………………… (140)
　　三　干部社会交换的过程分解 …………………………… (142)

第六章　乡镇干部行动的制度逻辑 …………………………… (149)
　第一节　行动总特征：正式权力的非正式运作 …………… (149)
　第二节　体制中的乡镇干部 ………………………………… (151)
　　一　资源境遇与干部行动 ………………………………… (151)
　　二　压力型体制与干部行动 ……………………………… (155)
　第三节　乡土中的乡镇干部 ………………………………… (156)
　　一　乡土权威与干部行动 ………………………………… (156)
　　二　行政吸纳社会与干部行动 …………………………… (158)
　第四节　非正式规则中的乡镇干部 ………………………… (161)
　　一　"规则替代"与"双规行政" ……………………… (161)
　　二　"关系"与干部行动 ………………………………… (162)

第七章 乡镇干部行动的规制之道 …………………………………（166）
第一节 再造乡土,制度环境的重构 …………………………（166）
一 从新农村建设到乡村振兴的战略升级 ……………（166）
二 乡村振兴战略下乡镇干部行动的转向 ……………（170）
第二节 重塑关系,县乡关系再思考 …………………………（172）
一 县乡关系异化的制度症结 …………………………（172）
二 从"压力型体制"到"协作型体制" ……………（174）
第三节 限定边界,将权力关进笼子 …………………………（176）
一 从党务公开到政务公开 ……………………………（176）
二 推进权力清单制度改革 ……………………………（179）
第四节 乡镇行政体制改革何处去 ……………………………（185）

余论 行政组织研究的行动者视角 ……………………………………（188）

参考文献 …………………………………………………………………（190）

附录 ………………………………………………………………………（203）
附录1 研究日志(略) ……………………………………………（203）
附录2 访谈提纲 ……………………………………………………（203）
附录3 正式访谈目录 ………………………………………………（206）
附录4 文本资料目录 ………………………………………………（208）
附录5 荃镇2009年度重点项目和重点工作一览表
(部分) ………………………………………………………（209）

后记 ………………………………………………………………………（212）

导　　论

中国的乡镇政府是世界上最庞大的基层行政组织（截至 2017 年底，全国有 21116 个镇政府，10529 个乡政府）①，数以百万计的在编和编外人员围绕这个行政体系运转。改革开放以来，乡镇改革一直是基层改革的焦点：从纵向的集权放权到横向的机构撤并，从内部的党政分开到外部的政企政社分开，从以经济发展为重心到更加重视公共服务和社会治理……

在轮番交替的改革浪潮中，乡镇政府总能展现出独特而微妙的一面——变革与稳定交织、顺从与对抗共存。乡镇政府的组织定位不断调整，但乡镇干部的行政方式和处世之道却又长期稳定。乡镇政府在某些政策上显示出对上级的绝对服从，但在另一些政策执行中又充满对抗。这是已有研究中一直没有得到很好解释的一个矛盾现象。归根结底，这些研究大多都是单纯从机构改革、权力结构、撤乡并镇、精简人员、财政改革等结构性层面研究乡镇政府，很难发现隐藏于制度运行过程中的深层逻辑。因此，对大多数人而言，乡镇政府仍然是一个难以窥视且不好描述的"黑箱"。

"荃镇干部"或许能够为我们打开这个"黑箱"。不管是制度的解构与建构、政策的制定与执行，还是行动的计划与实施、资源的获取与使用，都必然由"荃镇干部"具体落实。本书就是一个发现"荃镇干部"的过程：在长期田野调查基础上，系统展现"荃镇干部"所面对的复杂情境及其独特行动方式，并分析其中蕴含的多重制度逻辑，进而提出乡镇干部行动的规制之道。

这就是本书的"行动者"研究视角。

众所周知，乡镇干部在工作之前大多数都是"生于斯长于斯"的农家子弟，充分内化了乡土社会规则。进入乡镇政府后，又开始接受体制规则，并逐步建构起"干部"的自我身份认同。但他们仍栖身于乡土人情

---

① 中华人民共和国国家统计局：《中国统计年鉴（2018）》，中国统计出版社 2018 年版。

社会之中，而且每天都要直面老百姓，不得不通过一系列策略行动来应对复杂动态的工作情境。于是，他们身上便出现了强烈的"乡镇干部气质"——"乡土性"和"官僚性"的融合与冲突。这种融合与冲突进一步形成了"规则替代""关系替代""双轨行政""行政吸纳社会"等一系列独特的基层行政现象。因此，正是"乡土社会"和"官僚体系"所形成的相对稳定的制度安排，从根本上建构了乡镇干部的行动逻辑。乡镇干部的规制之道也就应当摆脱过去"头痛医头，脚痛医脚"的改革思路，在重塑乡土社会和再造官僚体系中完成制度建构。

第一章 理论回顾与研究方法

有关基层干部行动的研究早已有之,但多数散见于政治学、人类学、社会学有关乡村秩序或乡村治理的研究中,它们将基层干部视为一个不可忽视的因素,却鲜有以"乡镇干部行动"为专门对象的研究成果。少数有关基层干部的研究也多是关注村级干部,而对乡镇干部的关注不多。此外,新政治经济学中的官僚研究以及组织理论中的"环境—行动"关系研究也与本研究密切相关。20 世纪 90 年代中后期"三农问题"凸显之后,学者们对基层政权和基层干部的广泛讨论也为本研究提供了重要启发。

第一节 理论研究中的乡镇干部

一 传统研究中的乡村社会结构

就学科属性而言,这一类研究成果既有政治学的,也有人类学的,更有社会学的。提出了一些影响深远、颇具启发性的概念和观点,其中具有代表性的研究观点有:

"家国同构"观点。典型代表是费正清的中美比较研究,他认为中国的家庭类似于西方的微型邦国,在本质上是自成一体的。中国最为基本的社会单元是家庭而非西方的个人,家庭既是社会单位,又是经济单位,也是政治生活的中心成分之一。在家庭的基础上,再组成家族、邻里社会、乡村……以至更大的社会单元。① 该理论为以后诸多关于中国乡村以及基层政治研究提供了最基本的分析框架和视角,也即把中国乡村甚至整个中国社会看作是由家庭或者家族"网络"组成的,而国家权力则通过家庭

---

① [美] 费正清:《美国与中国》,张理京译,世界知识出版社 2008 年版,第 22—28 页。

或者家族的网络来实现对基层的控制和管理。

"权力文化网络"理论。杜赞奇在对20世纪30年代华北地区农村的研究中提出了"权力的文化网络"这一经典概念,来解释国家与乡土社会之间互相对抗和制度扭曲的社会根源,主张用"经纪体制"范式或"经纪人"模型来描述中国乡村政治体制。① 他认为近代中国社会中,由于国家财力有限,无法支撑庞大的官僚队伍来控制管理乡村社会,因此,国家权力若想将乡村社会纳入自身势力范围之中,就必须通过寻找到一个合适的"代理人",这个"代理人"在"官府"与"农民"之间扮演了"经纪人"角色。但是一个意料之外的结果是,代理人的行动异化(即利用政治权力来过度剥削农民)导致了"国家政权的内卷化",并引发农民反抗,进而破坏了"权力的文化网络"。

"市场结构"论。美国经济人类学家施坚雅认为西方式经济交换行动也同样存在于中国社会,由于受交易成本及商品流动等因素影响,人们的交易行动往往集中在某些地方进而形成市场体系,如"中心市场"、"基层市场"、"中间市场"等,在这个市场体系基础上,进一步形成乡村社会体系和城市体系。作为国家权力象征的政府机构也是在不同市场基础上设立的,国家权力也正是通过这种市场体系来控制和管理包括乡村在内的整个社会。②

"复杂结构"论。维维尼·舒通过对人民公社时期乡村社会的分析指出,中国乡村治理结构是一种"蜂窝结构"。国家权力虽然能深入基层,但其权力在横向上却扩展不足,且缺乏制度化;乡村社会和国家管理系统呈现出"蜂窝结构",这种类似细胞状的、紧密内聚、相对孤立的社区单位还形成了一种地方主义的副文化,阻碍和削弱了国家对乡村社会的控制能力。③ 而萧凤霞则通过对广东新会县环城乡的人类学研究,分析了近代以来国家政权通过培植和拉拢地方精英,并把他们吸收到国家控制范围之内,从而使国家权力下沉农村社会并建立行政控制结构的过程。在这个过程中,村庄成了被国家控制的政治单位或"细胞组织",从而造成了农村

---

① [美]杜赞奇:《文化、权力与国家:1900—1942年的华北农村》,王福明译,江苏人民出版社2010年版。
② [美]施坚雅:《中国农村的市场和社会结构》,史建云等译,中国社会科学出版社1998年版。
③ Vivienne Shue, *The Reach of the State: Sketches of the Chinese Body Politic*, Stanford: Stanford University Press, 1990.

社区国家化的倾向。①

"地方法团主义"论。戴慕珍认为中国基层政府的行动属于一种"地方法团主义",地方政府在财政体制激励下会不断寻求新资源。例如在经济发展过程中,基层政府通过行政服务、工厂管理、资源分配、贷款投资四个杠杆介入并控制企业经营运作,使基层政府具备了公司特征,而政府官员则像董事会成员一样行动,她把这种政治机构与经济机构相结合的新制度形态称为"地方政府法团主义"。②

二 新政治经济学中的官僚

20 世纪 70 年代以后,新政治经济学提出了有关政府机构如何行动的演绎模型,由于它们符合人们对官僚制的常识性看法,因此很快就被广泛接受。官员和公务人员被描绘成在外部政治约束条件下寻求预算最大化的群体,使得官僚制组织具有了扩张性,不断寻求规模、人员、资金等的扩大。这些理论中值得注意的是唐斯和尼斯坎南的研究,其后很多研究都源于此。

唐斯在微观层次上对政府机构复杂运作给予了细致描述,③ 他主要从官僚需要什么、政府如何运作、政府外部环境以及理性官员的总体策略等四个方面进行了讨论。他将动机的多样性置于理论核心地位,提出了官僚自利行动的一般模型,认为"每个官员都极大地受自身利益的驱使,甚至在以纯官方的身份行事时也是如此。"④ 并认为官僚的"一般动机"包括 5 个自利动机和 4 个潜在利他目标。受自利动机影响,官员往往故意扭曲向上司或政治家传递的信息,从而从最有利角度汇报自己或本部门行为。在大致相当的政策中做选择时,官员们总是偏爱那些对自己利益有利的政策。⑤ 另外,根据动机多样性,唐斯还划分了五种官僚个性类型的官员。⑥

---

① Helen F. Sui, *Agents and Victims in South China: Accomplices in Rural Revolution*, New Haven: Yale University Press, 1989.
② Jean C. Oi, Fiscal Reform and the Economic Foundation of Local State Corporatism in China, *World Politics*, Vol. 45, No. 1, October, 1992.
③ Anthony Downs, *Inside Bureaucracy*, Boston: Little, Brown and Company, 1967.
④ Ibid., 1967, p. 262.
⑤ Ibid., pp. 77-78.
⑥ 这五类官僚个性类型的官员分别是:攀升者、保守者、狂热者、倡导者和政治家,Downs, A, *Inside Bureaucracy*, Boston: Little, Brown, 1967, pp. 109-111.

尼斯坎南也主张把人看成是天生的利益最大化者，认为"个人与目的的行为是社会行为的本质。"① 他也看到了官僚机构特殊性，认为官僚机构是"非营利性组织……它们至少部分地从定期拨款或资助中获得资金。"② 在没有利润指标的前提下，尼斯坎南认为追求预算的最大化才是官员的核心焦点，③ 而非唐斯所主张的机构规模最大化。④

唐斯和尼斯坎南的理论产生了广泛影响，但也存在缺陷，例如唐斯主观地将官僚组织内所有非市场协调机制分成投票机制和层级制，而排除了其他选择的可能。这一缺陷在其后的一些研究中得到了补充和纠正。例如阿克塞尔罗德研究了自利行动者之间的自愿合作问题；⑤ 林德布洛姆等人还研究了党派间的互动模式；⑥ 还有人研究了组织人事管理中所设计的"亲情关系"制度与组织成员对组织认同度之间的关系。⑦

汉斯·范登·德尔研究了团体中公共品的供给和需求，不同权力集团交易过程中的价值分配，政党争取选票的竞争和官僚机构行为影响政府决策等问题。⑧ 阿西莫格鲁和罗宾逊则研究了政府的无效率再分配现象，他们认为政府的这种无效率再分配行动是因为政治制度不能令人信服地执行未来决策。⑨ 他们指出，在一个缺乏对未来政策做出约束能力的政治体系

---

① William A. Niskanen, *Bureaucracy: Servant or Master?* London: Institute of Economic Affairs, 1973, p. 20.

② Ibid., p. 8.

③ 尼斯坎南这样解释了"预算最大化"的原因，他认为"可能成为官员动机的几个变量是工资、办公的额外补贴、公众声望、权力、任免权和机构产出……所有这些都是官僚任期内机构总预算的积极功能……官僚的效用不一定深深地依赖随预算而增加的每一个变量，但它一定与机构预算规模积极而持续地相关着。"参见 William A. Niskanen, *Bureaucracy: Servant or Master?* London: Institute of Economic Affairs, 1973, pp. 22-23.

④ Gordon Tullock. *The Vote Motive: An Essay in the Economics of Politics, with Applications to the British Economy*, London: Institute of Economic Affairs, 1976, pp. 26-35.

⑤ Robert Axelrod, *The Evolution of Coopration*, New York: Basic Book, 1984.

⑥ David Braybrooke and Charles E. Lindblom, *A Strategy of Decision*, New York: Free Press, 1963.

⑦ William G. Ouchi, "Markets, Bureaucracies and Clans", *Administrative Science Quarterly*, Vol. 25, No. 1, March 1980, pp. 129-141.

⑧ [荷]汉斯·范登·德尔，本·范·韦尔瑟芬：《民主与福利经济学》，陈刚等译，中国社会科学出版社1999年版。

⑨ Daron Acemoglu and James A. Robinson, Inefficient Redistribution, *American Political Science Review*, Vol. 95, No. 3, 2001, p. 653.

中，集团权力动态学是重要的。因为集团将采取的行动不仅仅是为了增进福利，而且是为了保持权力，以使在未来能够根据自身利益影响政策。他们还认为把科斯定理简单地扩展到政治领域是无法解释无效率再分配行动的。① 之后埃斯莫格鲁等人对制度实证的综述性研究则进一步认为，制度并不是由一定历史事件或意识形态的差异所决定，而是利益集团通过影响当前和未来资源分配的政治力量所决定。②

当然，上述新政治经济学派的一些思想，为现代政治学及公共行政领域中某些问题的解释提供了启发，并在某种意义上，直接促成了当代政府有针对性的行政改革。但不少学者仍然对其理性个人主义假设的可信性、政治过程与市场过程的可类比性等心存疑虑，并且对公共品民营化、市场化供给方式所带来的"公共责任卸载"、宪法冲突、损害公民平等权利等问题给予了批判。③

三　组织理论中的环境与行动

环境与组织行动关系问题是组织理论的经典论题，但在最初的研究中，环境因素却是被忽视的。斯科特认为组织研究中存在三种模式（或视角）④：理性系统模式强调目标具体化和形式化⑤；自然系统模式强调目

---

① Daron Acemoglu and James A, Robinson, Inefficient Redistribution, *American Political Science Review*, Vol. 95, No. 3, 2001, 95, pp. 649–661
② Daron Acemoglu, Why Not a Political Coase Theorem? Social Conflict, Commitment and Politics, *Journal of Comparative Economics*, Vol. 31, 2006, pp. 620–652. 埃斯莫格鲁指出当政治制度将权力更多地配置给那些有激励保护更宽泛产权的利益集团时，当对当权者或者君主形成更多制衡和限制时，当权者或者君主也就无法以牺牲更多人的利益来获取个人租金最大化，这时候经济制度也就真正促进了经济的发展。参见 Daron Acemoglu, Cross-Country Inequality Trends, *Economic Journal*, No9, 2005, p. 133.
③ Guy Peter and Donald Savoie, Managing Incoherence: The Coordination and Empowerment Conundrum, *Public Administration Review*, No. 3, 1996.; Robert Gilmour and Laura Jensen, Reinventing Government Accountability: Public Functions, Privatization and the Meaning of State Action, *Public Administration Review*, No. 3, 1998.; Kelly, An Inclusive Democratic Polity, Representative Bureaucracies, and the New Public Management, *Public Administration Review*, No. 8, 1998.
④ ［美］理查德·斯格特：《组织理论》，黄洋等译，华夏出版社 2002 年第 4 版。
⑤ 这里将"理性"定义为狭义上的技术或功能理性，也即指为了最有效地达成预定目标而以某种方式组织起来的一系列行为逻辑。Karl Mannhein, *Man and Society in an Age of Reconstruction*, New York: Harcourt Brace Jovanovich, 1955, p. 53.

标复杂性，更关注组织中的人和非正式结构，并侧重使用功能分析①方法；开放系统则强调组织与环境的互动，将等级制作为复杂系统的一个基本特征②，还看到了组织规范结构与行动结构之间的松散关系③。理性系统模式中的主要理论著作④以及自然系统模式中早期的一些著作⑤基本上没有关注到环境与组织的关系问题，到了自然系统模式后期如赛尔兹尼克的制度学派⑥、帕森斯的 AGIL 模型⑦才开始重视环境因素，特别是开放系统模式提出控制论、系统设计⑧、组织权变⑨等理论之后，环境才真正成

---

① 关于功能分析方法的更多论述参见 Robert K. Merton, *Social Theory and Social Structure* (2nd ed.), Glencoe, Ill.: Free Press, 1957, pp. 19-84; Arthur L. Stinchcombe, *Constructing Social Theories*. Chicago: University of Chicago Press, 1968.

② 这里的等级制并不是指地位或权力的不同，而是指在类群和层次上的等级制。系统由多个亚系统组成，而且系统本身又被包含在超系统中。参见［美］理查德·斯格特《组织理论》，黄洋等译，华夏出版社 2002 年第 4 版，第 85 页。

③ W. Graham Astley, "The Two Ecologies: Population and Community Perspectives on Organizational Evolution", *Administration Science Quarterly*, Vol. 30, No. 2, Jun. 1985.

④ Frederick W Taylor, *The Principles of Scientific Management*. New York: Harper, 1949; Herbert A. Simon, *Administrative Behavior* (3ed ed.), New York: Macmillan, 1945; James G. March and Herbert A. Simon, *Organizations*, New York: Wiley, 1958.

⑤ F. J. Roethlisberger,, and William J. Dickson, *Management and the Worker*, Cambridge, MA: Harvard University Press, 1939; Elton Mayo, *The Social Problems of an Industrial Civilization*, Boston: Graduate School of Business Administration, Harvard University, 1945; Chester I. Bernard, *The Functions of the Executive*, Cambridge, MA: Harvard University Press, 1938; Thomas J. Peter and Robert H. Waterman, *In Search of Excellence*, New York: Harper & Row, 1982.

⑥ Philip Selznick, The Organizational Weapon: A Study of Bolshevik Strategy and Tactics. New York: Free Press, 1960.

⑦ Talcott Parsons, *The Social System*, Glencoe, Ill.: Free Press. 1951; Talcott Parsons, Robert F. Bales, and Edward A. Shils, *Working Paper in the Theory of Action*, Glencoe, Ill.: Free Press, 1953; Talcott Parsons, *Societies: Evolutionary and Comparative Perspectives*, Englewood Cliffs, NJ: Prentice Hall, 1966.

⑧ Stafford Beer, *Cybernetics and Management*, New York: Wiley, 1964.; David Levy, "Chaos Theory and Strategy: Theory, Applications, and Managerial Implications", *Strategic Management Journal*, Vol. 15, Special Issue, Summer 1994, pp. 167-178.

⑨ Paul R. Lawrence and Jay W. Lorsch, *Organization and Environment: Managing Differentiation and Integration*, Boston: Graduate School of Business Administration, Harvard University, 1967.; Tom Burns and George M. Stalker, *The Management of Innovation*, London: Tavistock, 1961.

为组织研究的核心对象之一。

早期组织环境研究者们更关注技术环境,它大致相当于 Dill 所说"工作环境"① 概念,但在应用中却往往狭义地指投入、产品市场及竞争者的本质和来源。权变理论和一些经济学理论更多地强调技术环境对组织的影响,但是随着对组织研究的深入,人们发现有很多有关环境的组织现象无法用上述理论予以解释,例如,有学者发现在现代社会中有很多组织是越来越相似的,而且有不少组织花费大量资源做一些和组织生产效率没有关系的活动,组织花很大力气制定了一个制度,但是制定完以后却束之高阁。② 这些有趣的话题激发了研究者的想象力,他们意识到组织不仅仅是技术需要的产物,而且是制度环境的产物,他们将制度环境定义为"超过组织的具体任务或者技术需要的价值判断"③,主张在研究组织时,要走出理性模式,超越所谓的效率,更加强调社会的文化观念、行动规范、社会期待等因素对组织及其成员行动的影响。

另外,组织社会学中的新制度主义学派主要回答了制度环境对组织趋同性行动的影响,并引发了一系列研究④,尽管这些研究扩展了组织研究思路,但其缺乏微观基础的弊端却一直为学者所批评,批评者认为新制度主义强调的是宏观制度环境(如强迫性机制、模仿性机制)对组织的影响,而在其研究中却很少能看到对个体自主行动影响的讨论。⑤

---

① Dill 将工作环境定义为"与确立目标和达到目标有着潜在联系的所有环境。"William R. Dill,"Environment as an Influence on Managerial Autonomy,"*Administrative Science Quarterly*,Vol. 2,No. 4,Mar. 1958.
② 周雪光:《组织社会学十讲》,社会科学文献出版社 2009 年版,第 68—69 页。
③ Philip Selznick,*Leadership in Administration*,California:University of California Press,1957.
④ 这其中以迪马久和鲍威尔的框架影响最为广泛,他们识别了三种制度趋同变迁发生的机制,一是强制性机制,认为组织的行为受到其他组织和社会文化期待施加于组织的正式和非正式影响;二是模仿性机制,指出不确定性是助长组织模仿的一种强大力量,当"组织的技术难以理解时,当目标模糊时,或当环境产生象征性的不确定性时,组织就会根据其他组织来塑造自身。"三是规范性机制,主要产生于专业化,并指出专业化规范的两个来源是:大学的专业生产的认知基础上的正规教育和合法化;跨组织的专家网络的增长和深入发展,新组织模式就是靠专家网络快速传播的。参见保罗·迪马久,沃尔特·鲍威尔《铁的牢笼新探讨:组织领域的制度趋同行为和集体理性》,载张永宏《组织社会学的新制度主义学派》,上海人民出版社 2007 年版,第 24—43 页。
⑤ 周雪光:《组织社会学十讲》,社会科学文献出版社 2009 年版,第 134 页。

四 "三农"研究中的基层政权与干部

20世纪90年代中后期，学术界开始关注"三农问题"，这是在乡镇机构膨胀、农民负担加重、干群关系紧张的历史背景下提出的一个学术概念，用来概括当时中国乡村社会所出现的一系列治理困境。在"三农问题"研究方兴未艾之时，不少学者将目光投向乡镇政府为代表的基层政权，因为，一种比较流行的观点认为，乡镇政府的"恶"是导致"三农问题"出现的重要根源，于是乎，不管是在学界还是在政界，乡镇政府都成为众矢之的。在这个背景下，大批学者参与到关于乡镇政府问题的讨论中来。

首先，部分研究涉及乡镇政府的"定性"问题，即试图从根本上调整乡镇政府在行政体系和社会治理中的角色和定位。代表性观点有徐勇所提出的"县政、乡派、村治"观点，即主张将乡镇政府变成县一级政府的派出机构[1]；沈延生则主张实行乡镇自治[2]；吴理财则认为应当在保留乡镇基础上实行"乡政自治"[3]；另外贺雪峰和潘维则提出应当以法治化、行政化为改革手段，继续"加强乡镇职能"，不主张贸然"去乡镇"的主张[4]。这些研究侧重关注乡镇政府的"应然"状态，即从价值层面上讨论乡镇政府改革，而对乡镇政府的实际运作情况缺乏现实观照。

其次，从现代公共政权规范角度入手，研究乡镇政府角色及行动，这些研究与戴慕珍的研究遥相呼应，如彭玉生提出"村镇政权即公司"[5]的概念，许慧文则将乡镇干部称之为"干部经营者"[6]，另外张静提出的"政权经营者"[7]和杨善华、苏红提出的"谋利型政权经营者"[8]等概念，

---

[1] 徐勇：《县政、乡派、村治：乡村治理的结构性转换》，《江苏社会科学》2002年第2期。
[2] 沈延生：《村政的兴衰与重建》，《战略与管理》2002年第6期。
[3] 吴理财：《中国大陆乡镇政府何去何从》，《二十一世纪》2003年第4期。
[4] 贺雪峰：《农村乡镇建制：存废之间的思考》，《中国行政管理》2003年第6期；潘维：《质疑"镇行政体制改革"：关于乡村中国的两种思路》，《开放时代》2004年第2期。
[5] Yusheng Peng, "Chinese Villages and Townships as Industrial Corporations: Ownership, Governance, and Market Discipline", The American Journal of Sociology, Vol. 106, No. 5, March 2001.
[6] 许慧文：《统治的节目单和权威的混合本质》，《开放时代》2008年第2期。
[7] 张静：《基层政权：乡村制度诸问题》，浙江人民出版社2000年版。
[8] 杨善华，苏红：《从"代理型政权经营者"到"谋利型政权经营者"》，《社会学研究》2002年第1期。

也都强调了乡镇政府的经济性特征。值得关注的是张静在《基层政权：乡村制度诸问题》中运用国家政权建设理论讨论了基层政权性质，认为公共关系和公共规则缺失，使得一些正式制度失效，从而建构了一个"与社会利益分离的，具有高度自主性与自利性的基层政权。"① 将乡镇政府视为自利集团，认为乡镇政府能够"通过人事更替，发展出了政治支持网络增进自己利益的延续和安全，又发展出收费权为生存的财政基础，通过控制集体财产权利，通过实施自己的专门规范，通过建立自己的相互支持网络，巩固并强化了以自己为中心的基层秩序。"② 也就是说，张静关注到了乡镇政府中非正式规则的建构问题。

周飞舟通过对税改前后政府间财政关系变化的考察，提出了"悬浮型政权"③的概念，认为税制改革改变了国家与乡村社会之间的关系，在税费改革之前，乡镇政府主要依靠农村税费来维持其运转，但在税制改革之后，则更多地依靠上级转移支付，乡镇政府的主要行动由过去的"要钱"、"要粮"变为"跑钱"。这样，乡镇政府就从"汲取型政权"演变成了"悬浮型政权"④。

尽管这些研究突破了"价值应然"研究模式的局限，更多地从实证调查材料出发研究乡镇政府行动，但他们对乡镇政府行动特征的判断仍然是在现代公共制度前提假设下提出的，缺乏对乡镇政府本身行动运作规律和逻辑的分析与解释，也就是说，他们更多地用西方原则和规则遮掩了当代中国基层政府行动的真正运作逻辑，乡镇政权似乎只是在脱离具体场景的"真空"中运作一样，并没有对乡镇政府本身状况和具体环境之于其个体行动的影响展开深入研究，因此诸如张静、周飞舟的研究也总给人一种"意犹未尽"的感觉。

第三，一些学者试图在研究方法上加以突破，以发现更多有趣的现象和规律。例如孙立平采取"过程—事件"的研究分析方法，试图呈现乡镇政府的权力运作方式和特点，提出了"正式行政权力非正式运作"的概念，即"在正式行政权力的行使过程中，基层政府官员对正式权力之外的本土性资源巧妙地利用，即将社会中的非正式因素大量地运用于正式

---

① 张静：《基层政权：乡村制度诸问题》，浙江人民出版社 2000 年版，第 249 页。
② 同上书，第 198 页。
③ 周飞舟：《转移支付何以解救县乡财政》，《南风窗》2006 年第 5 期。
④ 周飞舟：《从汲取型政权到"悬浮型"政权：税费改革对国家与农民关系之影响》，《社会学研究》2006 年第 3 期。

权力的行使过程之中，从而使国家的意志能够在农村中得到贯彻执行。"①吴毅采用类似于人类学田野观察的方法，生动地呈现了乡镇干部内部及其与农民之间的互动情景，极富吸引力②；应星则用类似方法提出"变通"的概念来说明乡镇政府组织在执行国家政策时的行动特点③。尽管这些研究在方法上给人以耳目一新的感觉，但却略显微观，在一定程度上又忽视了结构因素的影响。

此外，一个代表性研究是刘能用个案方法研究了乡镇政府运作的特点，④着重分析了其运作的社会和制度特点，并用"等级制"和"社会网络"的理论加以解释，但是，这种解释路径并未展现出乡镇的独特性。再则，与孙立平、吴毅、应星等的研究一样，刘能的研究也是将乡镇政府视为一个整体性实体组织来研究其行动的，而未能对组织中的"人"给予足够关注。

行文至此，本研究的主题和学术坐标也逐步清晰。本书研究的是宏观或中观结构（情境）对微观个体行动的影响以及微观个体的行动过程，最终的学术目的乃是讨论社会科学领域中存在已久的有关"结构与行动"的"老话题"。

第二节 田野调查与作为个案的荃镇

本研究主要运用的是质的研究方法，试图从翔实的一手材料出发，发现乡镇干部行动的逻辑，并在此基础上对如何更好地规范乡镇干部行动提出建议。之所以选择这种方法，主要是因为：一方面，研究方法的选择往往决定于所要解决的研究问题，正如马骏所言"如果我们关注的是人们的行动和具体的过程，那么，我们的研究将可能主要是一种定性研究……定性研究主要着重于对经验事实进行一般性的概念化，然后对过程或行动

---

① 孙立平、郭于华：《"软硬兼施"：正式权力非正式运作的过程分析——华北B镇收粮的个案研究》，载《清华社会学评论》（特辑），鹭江出版社2000年版。
② 吴毅：《小镇喧嚣：一个乡镇政治运作的演绎与阐释》，生活・读书・新知三联书店2007年版。
③ 应星：《大河移民上访的故事》，三联书店2001年版。
④ 刘能：《等级制和社会网络视野下的乡镇行政：北镇的个案研究》，社会科学文献出版社2008年版。

进行'深描'"① 另一方面，乡镇干部行动的复杂性也促使笔者认识到，只有深入到个案"田野"所提供的真实、生动、复杂的微观场域中去，才能真正发掘潜藏在乡镇干部行动背后的逻辑。接下来，将从以下几个方面介绍本研究是如何运用质的研究方法的。

一　田野调查及其信度和效度

（一）数据来源与分析

之所以选择质的方法来做这项研究，一方面，行政组织是一个复杂、生动的行动领域，是组织中行动者在诸多正式的或潜在规则中相互建构的结果，因此要尊重行动者对行政行为和行政知识的建构意义，同时研究者不能"置身事外"，而应当成为建构知识的工具，研究者只有进入这个情况，才能认识和发现组织过程中的真实逻辑；另一方面，通过这项研究获得更为详细丰富的关于中国情境下底层行政干部是如何工作和生活的资料，这既是笔者的学术兴趣点，又能很好地回答前面所提到关于乡镇行政组织的一系列疑问。所以，参与式观察、开放式访谈、会议记录以及那些只有行政系统内部人才能看到的文件、历史记录、图片等便成为资料的几个重要来源。

1. 参与式观察

从 2009 年 8 月至 2010 年 10 月，笔者每周至少有四天时间在调研点进行参与式观察。这些观察多在上午进行（8：30—11：30），有时会持续到下午或晚上，但至少能保证每周 18 小时的实地观察。参与式观察对研究者的观察技巧和耐力都极具挑战性，在刚开始的两周里笔者试图清晰地记下所观察到的所有人的言谈举止，但显然这个想法并不现实，很快调整了策略，只将那些印象深刻的细节用关键词随时记录下来，然后等观察结束后，再回忆并记录下这些内容，形成研究日志（附录 1），这也是很多人类学家所主张的做法②。

需要在此说明的是，来自 S 县委组织部的介绍信和一位副县长的引荐使此次田野调查具备了合法性，荃镇党委书记在党政联席会上的热情欢迎很大程度上消除了多数干部对笔者的戒备心理，荃镇干部很热情地欢迎笔

---

① 马骏：《"公共行政学研究方法的探索与反思"专题研讨》，《中山大学学报》（社会科学版）2006 年第 3 期。

② S. J. Taylor and R. Bordan, *Introduction to Qualitative Research Methods* (2nd ed.), New York: Wiley, 1984.

者参与他们的工作。笔者并未固定地跟随某位领导，而是将党政办公室作为"基地"，因为按照乡镇干部的说法，党政办是镇政府的"神经中枢"，各种信息都会在这里汇集，每天早上笔者都会先到这里"等待"各种信息，然后再决定参加哪些活动，这样做最大的好处就是可以比较全面地了解乡镇政府工作。

2. 访谈

访谈一般是以开放式问题开始的，例如让被访者从自己的工作经历谈起，或者询问他目前工作的重点和困难，这些熟悉的话题会让被访者慢慢进入谈话状态，也有利于笔者了解受访者的经历和性格。

前期的访谈都是非正式的，也没有统一的访谈提纲，这种交谈一方面为了解和熟悉田野环境提供了方便，另一方面，也使笔者对干部们有了一个初步的了解（身份、经历、性格），并以此设计和修改访谈提纲（附录2）以及确定后期正式访谈人选（附录3）。

在2010年2月—3月期间，笔者正式访谈了30人次，多数访谈时间在90—120分钟（附录3）。笔者会提前电话或当面约定时间，多数访谈在下午或晚上进行，这样是为了避免被打搅（乡镇政府中上午工作事务较多），地点一般在被访者办公室，笔者对每个访谈都做了录音，并在访谈结束后转录成文字。在每次正式访谈之前都会说明访谈的目的，希望了解他们的工作状态以及对规则制度、人际关系等诸多问题的看法，并告知他们访谈是匿名的。每次访谈后笔者都要写分析备忘录和反馈小结来讨论访谈现场、受访者态度、举止等内容。

受访者涵盖了镇政府等级链条中各个层次的人，既包括党政一把手也包括部门负责人和一般工作人员，既包括工龄30年以上的老同志，也包括刚刚入职的新人。访谈名单中的大多数是由该镇组织委员以及团委书记推荐的，并且在每次访谈结束后都会让受访者推荐1—2人，另外在前期的实地观察中，笔者也有意识地选择访谈那些善于表达自己意见的工作人员。此外，还访谈了几位村支书和镇政府退休人员，尽管他们属于"局外人"，但他们与镇政府保持着密切的联系，这些访谈为认识镇政府提供了独特视角。对一位长期从事乡村教育的小学校长和一位乡土作家的访谈，使笔者对当地社会文化的历史和现状有了更深刻的认识。

3. 文本资料

已经收集到的文本资料是如此繁多，以至于无法将每一份文件的名称罗列出来，而只能将它们加以归类（附录4）。

笔者幸运地得到许可拷贝了存放在"机要收发室"电脑中的所有电

子文档,这些文档涵盖了近十年来该镇党委政府、各站所、纪委等部门的文件,还有部分领导人的讲话稿、活动计划、实施方案等,很多文件被认为是"机密"而不得向"外人"透露,笔者向管理人员保证这些文档只用于学术研究,并且如果引用的话会加以匿名处理。

另外一些资料是零散文档的复印件,还有从县史志办获得的县乡两级政府的志书,这类资料对了解本地历史文化具有重要意义。

4. 会议

笔者尽量多地参加镇政府的会议,其中多数是每周一、周四召开的党政联席会议,由副科级以上干部参加,安排工作任务及讨论近期工作计划,另外,还参加了两次全镇支部书记大会和一次县镇两级经济工作会议,笔者对这些会议过程做了记录。

对于质性研究者而言,资料分析的目的是在庞大、散乱的资料库中找到那些能够证明主题相关论点的证据,这对任何一个质性研究者而言都是一种挑战。

本书运用了"编码分析"方法。当访谈、会议录音转录成文字后,对包括这些文字在内的所有文本资料进行编码分析,具体而言,编码分析的第一步是根据概念框架提出"开始清单"[1],也就是用一系列"关键词"来分解这些概念,这些关键词便是所谓的"编码";第二步是对文本资料进行编码,也即重读文本,并在能够体现相关编码的文字旁注明该编码;第三步是在原始材料之外另建一个新的文档,将相同编码的文字加以归类汇总。这种方法使散乱的文字资料变得有序,从而利于文本分析。

叙事分析是本研究应用的另一个主要分析方法,其核心是尊重和关注"人们体验世界的方式"[2]。因此在田野观察和访谈过程中,笔者特别关注在不同环境中人的叙事方式,受访者肢体语言、情绪波动甚至语汇重复、口头禅也被看做是重要资料的一部分,另外在后期分析中,还会更多地注意文本材料中语法、句法、用词、叙述及情节结构的分析。

在本研究中,比较分析首先是被作为一种避免信度问题的策略而加以

---

[1] Matthew B. Miles and A. Michael Huberman, *Qualitative Data Analysis: An Expanded Sourcebook* (2nd ed.), CA: Sage. 1994, p. 222.

[2] F. M Connelly and D. J. ClandInin, *Stories of Experience and Narrative Inquiry*, Educational Researcher, 1990, p. 2.

运用的，这种方法也叫"三角验证"①，将访谈、实地观察、会议记录、文献等多重资料进行综合比较以提高信度；其次，将个案置于时间维度中，考察了小镇政治、经济、文化方面的历史变迁，在访谈过程中也渗透着比较视角，例如试图让受访者比较过去与现在的不同，比较不同领导及其对组织的影响等。

最后，本研究还将借用国内社会学界较为流行的"过程—事件分析"方法，该方法的研究策略是侧重于关注、描述和分析事件的过程，并对其中的逻辑进行解释。"过程—事件"研究策略的基本点是力图将所要研究的对象置于由若干事件所构成的动态过程，并将该过程视为独立解释变项，同时，这一方法也涉及到对社会事实的动态假设，即将社会事实看成是动态的而不是静态的②，这对于乡镇干部间的互动过程研究而言，采用"过程—事件分析"方法是恰当的。

(二) 信度与效度

在对待信度和效度问题上的巨大分歧是造成量化研究者对质化研究成果心存质疑的主要原因之一，这种分歧一方面来源于双方不同的哲学假设③，另一方面则源于不同的研究目标，正像 Firestone 所言，"量化研究者描绘的是一个变量的世界和静态陈述……与之相对应的是，质化研究描述在事件中行动着的人们"④，因此，研究者在解决信度和效度问题之前首先要明确自己所主张的信度和效度内涵是必要的。

在量化研究者那里，信度是指研究发现能够被重复程度，它基于这样一种假设：重复研究某一现实能得到相同结果。而对于大多数质化研究者而言"现实是整体的，多维度的和经常变化的；它不是量化研究中等待被发现、被观察、被测量的单一、固定、客观的现象。"⑤ 从这一假设出发，量化研究意义上的信度应用到质化研究中就变得不合适了，为此 Lin-

---

① Denzin, *The Research Act: A Theoretical Introduction to Sociological Methods*, Chicago: Aldine, 1970, p.58.

② 孙立平：《过程—事件分析与当代中国国家农民关系的实践形态》，《清华社会学评论》(特辑)，鹭江出版社 2000 年版。

③ Lincoln,, and Guba, *Naturalistic Inquiry*, Thousand Oaks, Calif.: Sage, 1985.

④ W. A. Firestone, "Meaning in Method: The Rhetoric of Ouantitative and Qualitative Research", *Educational Researcher*, Vol.16, No.7, 1987, p.19.

⑤ [美] 莎兰·麦瑞尔姆：《质化方法在教育研究中的应用：个案研究的扩展》，丁泽元译，重庆大学出版社 2008 年版，第 140 页。

coln 和 Cuba 就建议应当考虑从资料中得到研究结果的"可靠性"和"一致性"①，本书赞同这一主张，即将质化研究中的信度基本等同于传统意义上的"内部效度"，目的是解决"研究发现如何与现实匹配的问题，如研究发现在多大程度上与现实一致？研究发现是否捕捉到了客观存在的事物？……所有研究里的内部效度要以现实意义为转移。"②

本书运用了两种方法解决信度和效度问题，即"成员检验"和"三角检验"。"成员检验"③ 就是系统地请求被研究者对资料和结论作出反馈，这是消除可能解决参与者言行意义以及他们自己对事情观点的最重要方法，而且是一种寻找自己偏见以及对现象误解的重要方法，有学者也认为参与者反馈并不必然比他们的访谈回应更有效，应该把两者都看作是描述效率的证据④。"三角验证"则是指运用多重资料来源，或者多重方法来减少由一种方法所导致的偶然联系与系统偏见的危险⑤。

与"内部效度"相对应的是"外部效度"，是指一项研究发现应用到其他情景的程度，也就是说一项研究技能是在多大程度上可以解释其他人或场景，质化研究不像量化研究者那样重视"外部效度"，普遍地主张淡化"外部效度"在研究过程中的优先性⑥，并认为"对于解释性研究而言，产出可通用的信息是不适合的目标。"⑦ 本书赞同上述"外部效度观"，希望得出的是对个案细节深层次的理解，而不是找到对许多人都适用的真理。

接下来，将通过以下几个问题更详细地说明本研究是如何解决信度和效度问题的。

---

① Lincoln and Guba, *Naturalistic Inquiry*, Thousand Oaks, Calif.：Sage.1985, p. 228.
② ［美］莎兰·麦瑞尔姆：《质化方法在教育研究中的应用：个案研究的扩展》，丁泽元译，重庆大学出版社 2008 年版，第 139—140 页。
③ Bryman, *Quantity and Quality in Social Research*, London：Unwin Hyman, 1988, pp. 78-80; Lincoln and Guba, *Naturalistic Inquiry*, Thousand Oaks, Calif.：Sage, 1985.
④ 关于成员效度的讨论参见 Bryman, *Quantity and Quality in Social Research*, London：Unwin Hyman, 1988, pp. 78-80; Matthew B. Miles and A. Michael Huberman, *Qualitative Data Analysis：An Expanded Sourcebook* (2nd ed.), CA：Sage. 1994, pp. 242-243.
⑤ Denzin, *The Research Act：A Theoretical Introduction to Sociological Methods*, Chicago：Aldine, 1970.
⑥ Cronback, "Beyond the Two Disciplines of Scientific Psychology." *American Psychologist*, Vol, 30, 1975, pp. 116-127.
⑦ Erickson, "Qualitative Methods in Research on Teaching." In M. C. Whittrock (ed.), *Handbook of Research on Teaching*. (3rd ed.) Old Tappan, N. J.：Macmillan, 1986.

1. 是否访谈了足够多的人？访谈资料是否带有某些偏见？

调研早期访谈多是非正式的，笔者尽可能多地接触组织中的行动者并和他们交谈，尽管这种交谈并未围绕固定主题展开，但却使笔者对他们的性格、心态、精神面貌、工作内容、政治观点等有了大致了解，这也为后期确定正式访谈名单提供了参考，非正式访谈涉及到75名在职人员中的绝大多数。

正式访谈集中在调研后期，完成了30人次近70个小时的访谈量，笔者有意识地访谈那些对工作或领导持不同态度的人，也访谈镇政府组织以外但又同镇政府联系密切的"局外人"，希望听到他们对同一主题的不同看法，这其中既有抱怨和不满，也有满意和赞许，这样争取把正面和负面信息都包括进来。另外，笔者还试图让每位访谈者分析原因，试图发现造成行动者行动的内在逻辑。

2. 怎样知道受访者所说的是真话？

首先，学生的身份使他们不会产生像面对上级调查组时的防备心理和紧张情绪；在调研期间，笔者积极地参与活动，特别是多次同他们一起吃饭（在当地被认为是建立友谊的最好方式），他们中的不少人将笔者视为朋友，并乐意同笔者说些"他们的事"；笔者尽量单独访谈，而且在访谈之前笔者会声明采用匿名方式，并重申访谈内容只用于学术研究，目的是让受访者感到安全和舒适。访谈过程中，笔者也确实感受到了被访者的坦诚，受访者并没有隐瞒他们对工作、他人甚至是顶头上司的批评和不满，并表现出与笔者分享这些负面评价和情感的愿望。在访谈结束一段时间后，笔者再次邀请受访者并将访谈的主要观点和笔者的理解反馈给他们，并请他们进一步澄清意义并纠正误解。

另外一个方法是"三角验证"，除进行访谈外，笔者还进行了长期的实地观察，并收集了大量文献资料和会议录音，多重资料的综合性考察也利于提高研究信度。

二 作为个案的荃镇

本研究选取了荃镇作为个案研究的地点，为避免潜在的研究伦理问题，并遵循学术管理，本研究中所出现的地名和人名均做了技术处理。下面将简单介绍一下个案和个案选择的理由。

（一）荃镇概况

1. 地理位置、经济发展与历史沿革①

荃镇位于北方某省 J 市 S 县东部，东临沂蒙革命老区，西邻孔子故里。总面积 118.4 平方公里，下辖 65 个行政村，19324 户，6.8 万人。荃镇是仍以农业为主，工业在附近几个镇中也位居前列。从镇政府所提供的材料来看②，该镇 2009 年全年粮食作物播种面积 4244 公顷，总产 22595 吨；瓜菜 4006 公顷，总产 18.4 万吨；棉花 207 公顷，总产 373 吨。全年造林 866 公顷，森林覆盖率达 30%，林果总产 6500 吨；林业产值 3171 万元。年末大牲畜存栏 475 头，猪存栏 3.63 万头，羊存栏 3.95 万只，家禽存栏 94.5 万只，畜牧业总产值 7100 万元。水产品总量 680 吨，渔业总产值 966 万元。有水库 5 座，总蓄水能力 3097 万立方米。农业机械总动力达 16262 千瓦。乡镇工业总产值 16 亿元，利税 16220 万元，农民人均纯收入 5262 元，人均 GDP1.3 万元，财政收入 1848.2 万元。全镇有中学 3 处，小学 20 处，在校学生共 11835 人，适龄儿童入学率 100%，有医院 1 处；村卫生室 65 个。电话普及率达到每百人 19 部。有线电视入村 65 个，入户率 35%。五保老人入住敬老院 38 人，入住率 20%。

荃镇历史悠久，上古诸多历史人物以此地为发迹故乡。据考古发现，荃镇一带有大汶口文化和龙山文化遗址十多处，证明早在五千年前这一区域已有原始部落人群聚居，并对这片土地进行了开发。西周时期，荃镇之域隶属鲁国。公元前 249 年（鲁顷公 23 年）楚灭鲁，卞又属楚。公元前 223 年（楚王负刍五年），秦灭楚，荃镇之域（卞地）又属楚秦。公元前 221 年，秦统一中国，实行郡县制，划天下为三十六郡，郡下设县，荃镇仍为卞邑。北魏时，荃镇之域，仍为卞县，属兖州鲁郡。公元 591 年（隋开皇十一年），改卞县为 S 县。开皇十六年，县城从卞城（即卞桥村）西迁墟汀（即今 S 县城）。至此，卞城的政治、经济和文化中心地位逐渐消失。在唐、宋、元时期，荃镇为 S 县所辖。明初，S 县为 24 里，后增为 25 里，又并为 17 里。1511 年（明正德六年）里改社，全县划为 16 社，荃镇为泗源社。清代，全县为 14 社，荃镇为泗南社。

1912 年（民国元年），全县划为 5 个乡，即仁安、义安、礼安、智安

---

① 研究数据主要来自县乡两级志书以及镇政府文件。
② 这些数据来源于镇政府每年年底上报的"经济社会发展情况"的文字材料，根据笔者访谈，政府中的大部分人认为这些数据中除人口数据真实外，其他数据均存在较大水分，但这仍能从一定程度上反映出荃镇的大致经济社会结构及发展状况。

和信安乡。荃为义安乡。1928 年（民国十七年），全县划为 10 区 76 乡镇，荃为第七区卞桥乡。

新中国成立后，1951 年土改结束，撤销联防，全县划为 10 个区 86 个乡，荃为第六区荃乡。1958 年，撤销乡建制，全县划为 9 处人民公社，即为荃人民公社。1962 年，全县划为 12 处公社，即为荃公社。1984 年，全县设 11 区，41 乡镇，荃为荃区荃镇。1986 年撤区并乡，全县划为 15 个乡镇，即为荃镇。2002 年，全县划为 12 个乡镇，为荃镇。（表 1-1）

表 1-1　　　　　　　　　　荃镇历史沿革

时间	变更内容
五千年前	大汶口文化和龙山文化遗址十多处，证明五千年前这片区域已有原始部落人群聚居，并对这片土地进行了开发。
夏商（公元前 1700 年左右）	卞明国，现在的镇驻地为卞明国故都卞桥。
春秋时（公元前 612 年）	鲁卞邑，鲁大夫卞庄子食邑。
秦	设卞县属薛郡
汉晋	属鲁郡
隋开皇十一年（公元 591 年）	废卞县置 S 县，县治西迁。卞桥成为 S 县的一个镇。荃属 B 荃镇治理（东部 LS，曾设 LS 镇，隶属 B 荃镇）。
明、清两朝	S 县为十六个社、十四个社。荃为泗南、泗北两社大部地区。
民国	改社为区，荃为第七区
日寇占领时（1938—1944 年）	划荃为五区
1945 年解放前	1945 年全区解放复为卞桥区。 1946 年 4 月改为 S 县第六区（卞桥区）。 1947 年国民党占领时期，荃镇划为第三督导区卞桥镇。 1948 年全区解放，仍为卞桥区。
新中国成立后至今	1951 年土改结束，撤销联防，全县划为 10 个区 86 个乡，荃为第六区荃乡。 1958 年撤销乡建制，全县划为 9 处人民公社，荃为荃人民公社。 1962 年全县划为 12 处公社，荃为荃公社。 1984 年全县设 11 区，41 乡镇，荃为荃区荃镇。 1986 年撤区并乡，全县划为 15 个乡镇，荃为荃镇。 2002 年全县划为 12 个乡镇，荃为荃镇。

2. 机构设置

从"中国乡镇组织运行机制"课题组的调查结果来看，在机构设置方面，找不到完全相同的两个乡镇。这里所说的机构除了镇政府直属部门

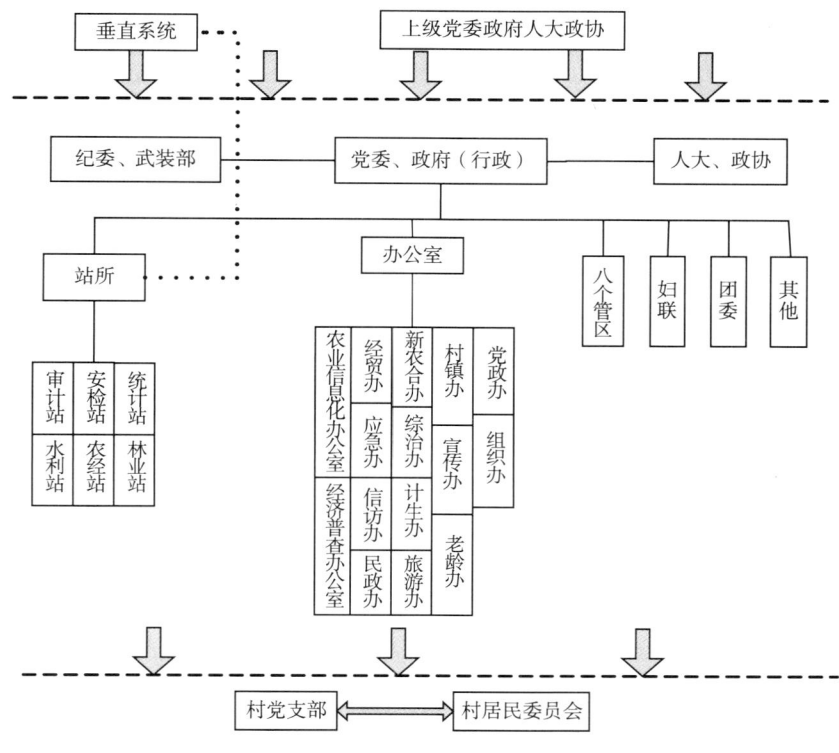

图 1-1　荃镇政府机构序列

之外，还包括驻镇各职能单位。行政机构的设置，既要考虑到各地的地理区位和社会经济背景，也要考虑政府组织和管理社会经济事务的方式。有些机构任何一个乡镇都有，而有些机构或者被归并，或者被取消。目前，荃镇政府的机构和大多数乡镇一样，是按照党委、政府、人大（主席团）和政协这一序列排列的，另外"纪律检查委员会"和"人民武装部"也是两个重要机构。"行政口"下辖的"七站八所"有的已经被"垂直了"，但其人员安排和日常工作在很大程度上仍受制于镇政府。在党组织建设方面，全镇共有党员 2322 名，其中农村党员 1950 名。镇党委下辖 10 个党总支（8 个管区及教育、企业），89 个党支部，其中农村党支部 65 个，非公有制企业党支部 8 个，新社会党支部 1 个，机关事业单位党支部 15 个。[①]

另外，值得注意的是，在镇与村之间，还设有八个"管区"，每个

---

① 荃镇党委文件：《荃镇党建工作情况汇报》（2009）。

"管区"设有主任和副主任,主任一般都在其他正式部门中有职务。"管区"是连接镇政府与村之间虚设的一级机构,"正式机构设置图"上没有,但在现实的行政运作过程中却发挥着重要作用。(表1-2)

表1-2　　　　　　　　　　荃镇的管区

管区	行政村	管区	行政村	管区	行政村	管区	行政村
卞桥管区	卞一村	石漏管区	石漏村	历山管区	历东村	余粮管区	余粮村
	卞二村		柳河村		历西村		安乐庄
	卞三村		马前庄		东泽沟		曹家庄
	卞四村		荀家岭		西泽沟		张家庄
	泗源村		李家寨		南泽沟		温尤村
	李家庙		辛　庄		北泽沟		中尤村
	王阜庄		聂家村		御驾道		后尤村
泉林管区	荃镇村	聂家村管区	蒋家村	灰泉管区	孟家庄	马家庄管区	马泉村
	南铺子		花　园		马　连		三合庄
	马家村		青龙庄		东点村		马家庄
	义和庄		葛家庄		临　湖		石　旺
	龙汪崖		韩家村		香　乐		南石匣
	潘坡村		李家庄		灰　泉		北石匣
	石缝泉		北贺庄		两　泉		西点村
	安久庄		东　城		东贺庄		驸马井
	西贺庄		西　城		七家庄		白　庙
							南贺庄

3. 干部构成

"干部"一词是地地道道的舶来品,毛泽东在《反对党八股》一文中就曾说过:"今天开的干部大会,这'干部'两个字就是从外国学来的。"在《毛泽东选集》五卷著作里,使用最多的词汇也是"干部"。据考证,干部一词最早从日本转译过来,与政党这一政治现象相伴而生。现实政治生活中,干部一词有狭义和广义之分,狭义的干部是指党的骨干和军事指挥人员。而广义干部的外延,则从政党精英扩大到了政治精英,除了党和军队干部以外,国家行政机关的公职人员也被称为干部。后来随着单位制的建立,干部范围进一步扩大,各级各类领导人员,包括党政机关、群众团体的一般公务人员、企事业单位管理人员、专业技术人员等等统称为干部。干部成了一种身份和地位的象征,在老百姓眼里"吃国家粮的"都是干部,可见干部已经成为一个非常大众化的词汇了。本书中的"干部"也是在广义上使用的,是指在乡镇党委政府各部门的公职人员,他们构成了乡镇一级中国政治和科层体系的主导力量。

荃镇较S县其他乡镇规模要大一些,共有干部115人。从人员编制上看主要由公务员和事业编制两类构成,其中公务员编制22人,事业编制82人,另有11名临时聘用工作人员。乡镇干部的聘任制始于1983年政社分开以后,中共中央组织部和劳动人事部于1987年进一步肯定了乡镇干部的聘用制试点改革,并出台了《关于补充乡镇干部实行选任制和聘用制的暂行规定》,该文件规定"今后凡补充乡镇干部,均要实行聘用制","受聘人员如在聘期被选举为乡镇长的,改为选任制。"公务员制度实施后,乡镇干部的聘用制度如何与国家公务员制度"接轨"的问题被提了出来①。1997年《国家公务员暂行条例》开始在县、乡(镇)两级推行,但在乡镇一级真正大规模推行还是在2006年《中华人民共和国公务员法实施方案》出台以后。

(二) 为何是荃镇

本研究个案的选择采取了典型性抽样和方便抽样的方法。

典型性抽样是指选择那些能够反映研究者所感兴趣现象的最一般的人、情形或事例,正如巴顿所说,"当我们使用典型性地点抽样时,就意味着这个地点是特意选择的,因为它不是非典型的、极端的、离奇的或者高度反常的。"② 方便抽样则是指研究者基于时间、金钱、地点以及被试者和设备的可获得性来进行抽样③。

具体而言,本书之所以选择荃镇作为个案研究地点,主要是基于以下几个方面考虑:

第一,本研究是对乡镇干部行动过程的研究,有必要深入到乡镇政府真实"生活世界"去把握干部行动的逻辑,这就需要对研究地点的风土人情、文化氛围以及具体场域中的行动者有相当程度的了解。荃镇是笔者生于斯长于斯的故乡,对小镇有着深厚的感情,也熟悉这里的方言和社会文化环境,这些都便于观察和交流。

第二,笔者曾于2004年到该镇政府进行过为期半个月的社会实践,对该政府的情况有过初步了解,同时也结识了一批干部,现在他们中的大部分仍然在这里工作;笔者有一位好友现在任该镇团委书记兼任党政办副主任,一位小学老师任组织委员会主任,他们为笔者顺利进入场景以及获

---

① 罗德刚:《乡镇行政管理面临的问题与对策》,《地方政府管理》1996年第10期。
② Patton, *Qualitative Evaluation Methods*. (2nd ed.), Thousand Oaks, Calif.: Sage, 1990, p. 173.
③ [美]莎兰·麦瑞尔姆:《质化方法在教育研究中的应用:个案研究的扩展》,丁泽元译,重庆大学出版社2008年版,第45页。

取重要的材料提供了极大的方便；另外，巧合的是，笔者于 2009 年 5 月期间意外结识了 S 县的几位干部，他们包括一位副县长、县林业局副局长、G 乡乡长、S 乡副书记以及 Z 镇副镇长，据说他们都是 S 县政坛一批很有"前途"的干部，在县里颇有影响力，他们为笔者顺利开展调研提供了诸多方便。

第三，正像前面"荃镇概况"所介绍的，不论从经济发展、社会条件还是从政治环境来看，荃镇都是一个普通小镇，在中国像这样的小镇还有很多，她远离经济发达地区，算不上"先进乡镇"，但也不属于那种封闭落后的乡镇典型，正因为这样，反而使她更具代表性；另外，该镇距儒家文化发源地仅五十公里，较好地保留了传统文化的价值规范和准则，更能反映现阶段乡村社会文化冲突的现实，因而在文化层面又具有一定典型性。

三 走出个案

在社会科学研究中，不少学者往往把"代表性"① 做为评价研究成果的重要标准之一，但在质性个案研究面前，这一评价标准却值得怀疑。Punch 就曾指出："基本的观点是使用任何核实的方法对一个案例（或者数量较小的几个案例）进行细节性的研究。也许有许多的研究目的和研究问题，不过最一般的目标是对那个案例达至尽可能充分的理解。"② 而定量研究的目标则与此不同，比如以问卷调查为例，其主要目标便是通过研究样本形成总体结论，为达到这个目的，样本就要求具有代表性，因为，样本的代表性越高，从样本分析所得出的结论也就越有大的把握推广到总体。

如果根据上述定量研究的逻辑，个案作为样本所代表的是一个经验层次的总体，那么在统计或概率意义上，个案就很难确保这样的代表性。③ 只有在研究总体是同质的前提下，从中抽取的个案样本才具有这种"总体代表性"（即样本能代表总体），否则，在研究总体是非同质情况下，

---

① 简单地说，代表性指的是样本的特征与总体性特征的一致性问题。David, *Surveys in Social Research* (5th edition.), London: Routledge, 2002, p. 70.
② K. Punch, *Introduction to Social Research : Quantitative and Qualitative Approaches*, London: Sage, 1998, p. 150.
③ 王宁：《代表性还是典型性？——个案的属性与个案研究方法的逻辑》，《社会学研究》2002 年第 5 期。

一个（或几个）个案往往很难具有统计意义（或经验层次）上的"总体代表性"。因此，用定量研究的"总体代表性"标准来要求个案研究样本，或者说，个案研究试图追求定量研究样本的"总体代表性"，本来就是一种堂吉诃德式的企图。

但是，我们也不能就此认为所有个案研究都是"代表性无涉"的。一方面，任何个案同其他个案之间都拥有某种或多或少的共性和普遍性。换言之，普遍性寓于特殊性之中，共性寓于个性之中，在一定范围内，个体或个案总是某种层次的共性或普遍性的载体。所以，从理论上看，任何个案研究结论都可以或多或少地向个案以外的其他个案推广，而这个外推范围，就是与所研究的个案具有某种共性或普遍性（即同质性）的其他个案集合体。显然，个案研究者对于这个范围的界定应当极为慎重。另一方面，"无论研究者多么谨慎，无论他们多么刻意地限制自己研究结论的适用范围，他们事实上都有'走出个案'的学术抱负。"① 卢晖临和李雪在此所提到的"如何走出个案"的理论命题本质上就是如果超越个案代表性的问题，即在研究方法上如何从微观、特定的个案走向宏观、一般的总体。他们总结了两种"走出个案"的典型做法。一种是类型学研究范式，其思路是从个案研究到比较方法到模式再到普遍化道路。典型代表是费孝通早期有关社区的研究设想。另一种是所谓人类学的解决方式。该方式主张将微观阐释与宏大景观结合起来，关注的是"个案特征"的代表性而非个案的代表性。②

那么本研究又是"如何走出个案"的呢？

首先，尽管尚未得到科学验证，但从经验观察来看，在一些社会经济发展程度相似的地区，其乡镇干部的同质化程度是比较高的，这就使得本研究结论在一定范围具备了可外推性。但是可以肯定的是，本研究的结论不能反映和解释所有乡镇干部的行动现象。因为，在中国，尤其不能忽略异质空间中干部行动的差异性。

其次，采用类型学研究范式以超越个案的概括，主要做法是在横向上拓展研究范围广度，对异质空间中的干部行动进行比较研究，以达成对某一时期内中国乡镇干部行动的整体性认知。

再次，采用人类学的解决方案，专注于个案中重要特征的描述和概

---

① 卢晖临，李雪：《如何走出个案——从个案研究到拓展个案研究》，《中国社会科学》2007 年第 1 期。

② 同上。

括，在此基础上将微观行动和宏观要素联系起来。一个初步设想是对荃镇进行长期跟踪研究，以呈现乡镇干部行动变迁的历史过程，并解释宏观结构与微观行动之间是如何互动的。从这个角度看，本书有关荃镇的深度个案研究只是"干部行动"研究的一个阶段性工作，我们也希望以此激发更多学者共同参与到这一极富吸引力的研究课题中来。

第二章 乡镇干部行动的"情境—过程"分析框架

乡镇干部行动在本质上属于"乡镇政府"这一类型组织中个体层面的行动，因此个体行动是本研究的核心概念和研究对象，也是讨论的起点。但值得注意的是，不能孤立地看待"个体行动"，它们首先是规则中的行动，是秩序中的行动，是结构中的行动，这就需要深入讨论个体行动与环境之间的关系，需要建立有关两者关系的前提假设。我们提出以"情境理性"作为研究乡镇干部行动的人性假设，以"结构二重性"作为乡镇政府中情境与行动之关系的前提假设。另外，本章的核心目的是试图建构一个分析组织中个体行动的工具，这个分析工具是在批判性借鉴帕森斯"唯意志行动理论"基础上建构的，我们认为帕氏理论的最大缺陷在于忽略了对组织层面个体行动的分析，也未能关注到特定组织情境下的个体行动，在对该理论进行系统分析的基础上，将组织中的个体行动抽象为情境、行动者、手段和结果四个基本要素，并阐释了行动者能动性和行动时序性是如何将这些要素联系在一起的。

第一节 组织中的个体行动[①]

在人类繁衍发展过程中，始终伴随着各种纷繁复杂的行为现象。从吃饭、走路、睡觉、锻炼等原子个体层面和无意识的行为，到合作、竞争等复杂的集体层面和有意识的行为，共同建构了一个充满活力和神奇的人类社会。美国心理学家华生从心理学角度提出，行为是有机体在外界环境刺

---

① 笔者在前期成果中，未对"行为"与"行动"加以区分，而统一采用"行为"的概念。但随着研究的深入，笔者认为采用"行动"这一概念更为准确。特此说明。

激下所引起的反应，包括内在生理和心理变化。① 该定义强调环境对人类行为的决定性作用。德国心理学家勒温则直接引入了"个体"这一变量，把行为定义为个体（P）与环境（E）交互作用的结果。个人和环境不是彼此孤立的，而是相互关联的两个变量。② 在汉语语境中，行为一般是指"有机体对所处情境的所有反应的总和。包括所有内在的和外在的、生理性的和心理性的反应。"③ 可见，不管是在中国还是在西方世界，"行为"一词的内涵是较为宽泛的，几乎涵盖了人所有有意识或无意识的反应或者动作。

那么，社会科学中的"行动"一词又是指什么呢？20 世纪初，马克斯·韦伯开创了所谓的"社会行动理论"，以阐释处于各种特定情境中的行动者如何感知社会情境，如何鉴别行动目标、期望和价值等议题。该理论强调行动者有意识的取向和有目的的行为。其后，经过帕森斯、米塞斯、吉登斯等学者的不断发展，使得"行动"成为社会科学领域的重要分析视角，且学术界关于行动的内涵也已基本达成共识，即认为行动是指人类的各种有目的的反应、动作和活动的总和。本研究中的行动至少包括以下四个属性：其一，目的性。即行动是有目的性的行为，也就是帕森斯所说的"这个行动必须有个'目的'，即该行动过程所指向的未来事态"④；其二，过程性。即行动是某种动态过程，而非某个静态的结果；其三，时空性。即行动受时间和空间限制，是特定时空条件下的存在；其四，可观察性。即行动是可观察的，其特点或规律能够为人所认知。

此外，按照行动主体规模，可将行动分为"个体行动"和"集体行动"两个层次，那么，本书的行动主体到底是"个体的"还是"集体的"呢？张康之⑤曾指出，"就官僚制的理论而言，虽然它表面上所关注的是

---

① John Broadus Watson, *Psychology from the Standpoint of a Behaviorist*, TheClassics. us, 1923.
② 勒温提出了人的行为的基本原理可以表达为：$B=F(P, E)$。Kurt Lewin, *Principles of topological psychology*, New York: McGraw-Hill, 1936.
③ 《辞海》，上海辞书出版社 2009 年版，第 4437 页。
④ [美] 塔尔科特·帕森斯：《社会行动的结构》，张明德等译，译林出版社 2008 年版，第 44 页。
⑤ 值得关注的是，张康之尝试超越官僚制的思维藩篱，在社会运行的层次上对行动的内涵做了深化，他认为"在社会的运行中，个体的人的行动和集体的人的行动都是属于

组织的结构、体制和制度，而在实质上则是基于个体主义的设计。"① 这一观点也在韦伯晚年的一封信中得到了印证。② 本研究的行动依然属于韦伯所说的"个体主义"视角下的行动概念。这里的个体指的是具有独立行为责任能力、理性思维能力且进入社会实践活动领域的个人。

需要强调的是，个体不是脱离组织的个体。因为，在现代社会中，大多数个体都是组织中的个体，组织对于个体而言具有非常重要的意义。个体的基本需要和利益可以通过组织得以实现，同时个体也会通过组织获得心理上的满足。同时，组织是由个体构成的，个体在社会化过程中进入或者离开某个组织，组织通过个体得以形成。由此可见，组织和个体是相互对应的两个概念，没有个体便没有组织，组织和个体之间存在着辩证统一的关系。本书中的"乡镇干部"便是"乡镇政府"这类组织中的个体，而"乡镇干部行动"便是"乡镇政府"这类组织中"个体行动"，因此本书在分析过程中将"乡镇干部行动"置于乡镇政府中来研究，也会涉及"乡镇政府"组织层面的规则对乡镇干部个体行动的影响。

第二节　行动的基本分析要素

有关人类行动的研究由来已久，社会科学领域的绝大多数命题几乎都与人类行动相关，有人甚至认为社会科学研究者的学术责任就在于"观察人行动的方方面面……对人的行动做出观察、探究、描述和说明。"③ 可以说广义上的行动（或行为）理论并无严格意义的学科归属。但是，

（接上页）表面现象，而在社会运行的深层，行动主体既不能归结为个体也不能归结为集体，而是个体与集体的互动与合和过程，那么，关于组织模式的设计理念就需要得到根本性的变革，所建构起来的组织模式也就实现了对官僚制的超越。"这一有关行动的哲学思想为其建构新的合作理论提供了基础，也成为当代本土化行政学理论的重要视角。参见张康之《公共行政的行动主义》，江苏人民出版社2014年版，第39页。

① 张康之：《公共行政的行动主义》，江苏人民出版社2014年版，第39页。
② 马克斯·韦伯在他晚年的一封信中指出"如果说我已成为一位社会学家……这主要是为了将一直在我们身边游荡的一些集体性概念的幽灵昭示于众。换句话说，社会学自身的基础只能是一个或更多分散的个人的行动，因此必须采用严格的个体主义。"转引自［英］安东尼·吉登斯《社会的构成：结构化理论大纲》，李康等译，三联书店1998年版，第326—327页。
③ ［英］齐格蒙特·鲍曼，蒂姆·梅：《社会学之思》，李康译，社会科学文献出版社2010年版，第4页。

若具体到研究问题类型和认知视角，则不同学科中的行动（或行为）理论就不同了，例如经济学考虑的重点是人行为的成本和收益关系，政治学则更多地从权力、权威等概念出发探索政治资源的配置行为，社会学则"将人的行动视作更广泛的一些型构（Configurations）的要素"①，将人的行动放在更大的社会网络或系统中去观察。本书更多的是从社会学视角出发，当然，我们并不因此认为不同学科在人类行动这一问题上的观点是截然分开的。之所以做上述区分，一是为了避免因理论体系太过庞大而引起理论评价上的困难，二是为了使视角更小一些以便突出问题和展开分析。

一 帕森斯"唯意志行动"理论

我们认为，任何理论体系都建立在某种哲学假设之上，认识论是这种假设的一个重要体现，也即研究者对包括知识在内的客观事物的哲学态度，不同认识论指导下的理论体系会有很大不同，因此也可以从这个角度对不同理论体系进行评价。帕森斯在建构其"唯意志行动理论"②过程中，便是从这个角度评价之前理论的。他批判性地借鉴了唯心主义、实证主义和功利主义哲学视角下的行动理论。他认为唯心主义观点的错误在于忽视外部约束对人行动的影响，但它用各种"理念"概念去约束人们和社会的过程仍是有意义的，尽管有些"理念"类型并不存在于常常被其要调节的、正在运行的社会生活中；实证主义忽视人类思想复杂的符号功能和相对独立的作用，过分强调可观察的因果关系，很容易导致无休止的还原论，但其将注意力放在社会中的物理参数及其对众多（不是全部）社会组织决定性影响之上的做法也可以借鉴；功利主义则把价值模式简化为单纯的成本—效益分析，但它对行动者追求目标的叙述和对人们权衡利弊和做出选择能力的强调则值得借鉴③。

在此基础上，帕森斯提出了"分析的实证主义"（或曰"分析的实在论"、"分析性现实主义"）作为其理论体系的认识论基础，他认为"至少有某些一般科学概念不是虚构的，而是充分'把握了'客观外部世界

---

① ［英］齐格蒙特·鲍曼，蒂姆·梅：《社会学之思》，李康译，社会科学文献出版社2010年版，第5页。
② Talcott Parsons, *The Structure of Social Action*, New York: Free Press, 1968, p.730.
③ ［英］帕特里克·贝尔特：《二十世纪的社会理论》，瞿铁鹏译，上海译文出版社2005年版，第48页；［美］乔纳森·特纳：《社会学理论的结构》，邱泽奇译，华夏出版社2006年版，第36页。

的某些方面。"① 这些"分析性概念""并不对应具体的现象，而是对应从这些现象中可以分离出来和可以分析的要素。"② 其研究目标就是用概念形成能理解社会重要特征的分析框架，而不被具体经验细节所掩盖。因此，帕森斯和韦伯一样，主张理论应当首先对社会现象进行细致划分，使其范畴化，并能够反映社会现象的重要特征③。

沿着这样的认识论，帕森斯认为"有必要把历史上关于基本社会过程的社会思想进行综合，并将其分解为最基本的单元"，指出"分析的第一任务就是把构成更为复杂过程和结构的最基本单位的系统特征从概念上分离出来。"④ 因此，帕森斯从传统思想中挑选出来了一些概念并组合起来，作为其唯意志论行动理论的"终极单位"，也即"作为一个具体行动体系的组成部分的还能说得通的'最小'单位。"⑤ 这样的单位行动包括以下几个要素：(1) 行动者，即一个当事人；(2) 目的，即"预期的未来事态与那在没有行动者干预的情况下产生的未来事态之间的差别"⑥；(3) 处境，包括"条件"和"手段"，前者是行动者所不能控制的如外部的生态限制等，后者则是行动者可以改变的，如实现目标的方式方法等；(4) 行动者的"规范性取向"⑦，即认为"行动者被各种价值观、规范和其他理念所支配，这些价值观、规范和理念影响着建立目标的和实现目标的手段。"⑧

帕森斯这种从复杂系统中抽离出基本概念的做法固然有利于在分析层面上将具体行动抽象为科学理论，但也存在不足，一个显著的弊端是不利

---

① Talcott Parsons, *The Structure of Social Action*, New York: Free Press, 1968, p. 730.
② Ibid.
③ 参见 Leon Mayhew, "In Defense of Modernity: Talcott Parsons and the Utilitarian Tradition", *American Journal of Socioloy*, Vol. 89, No. 5, 1984, pp. 1273 – 1306, 以及 Jeffrey C. Alexander, "Formal and Substantive Voluntarism in the Work of Talcott Parsons: A Theoretical Reinterpretation", *American Sociological Review*, Vol. 43, 1978, pp. 177–198.
④ [美] 乔纳森·特纳：《社会学理论的结构》，邱泽奇译，华夏出版社 2006 年版，第 37 页。
⑤ Talcott Parsons, *The Structure of Social Action*, New York: Free Press, 1968, p. 731.
⑥ Ibid.
⑦ Ibid.
⑧ [美] 乔纳森·特纳：《社会学理论的结构》，邱泽奇译，华夏出版社 2006 年版，第 37 页。

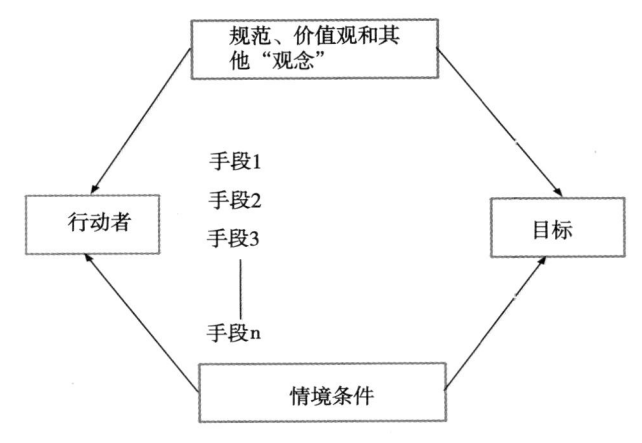

图 2-1 唯意志论的行动单位①

于理解更复杂的具体行动体系。因为社会领域中的体系很大程度上都是有机的，这些有机体系固然是由一些基本单位构成的，但是只有当这些基本单位的结合体复杂到一定程度的时候，有机系统的某些伴生性整体特征才能显现出来。② 同样道理，如果将复杂行动体系抽象为所谓的"终极单位"，就像脱离了有机整体的部分一样，"就不再是原来的自己了"③，正如亚里士多德的经典论述一样，一只脱离了活的躯体的手就不再是手了。显然，帕森斯也意识到了这一点，他试图在《社会系统》一书中加以弥补，提出了"制度化"的概念，他认为单位行动中的行动者都有一定的价值和动机取向，这些决定了单位行动的基本方向，当这些行动者互动的时候，就会产生某种较为稳定的互动模式，这种制度化模式就是社会系统④。

由此，在帕森斯行动理论的目标变成了理解社会系统是如何被价值观、信仰、规范、动机等所制约的。这样的目标转换固然重要，但在行动

---

① [美] 乔纳森·特纳：《社会学理论的结构》，邱泽奇译，华夏出版社 2006 年版，第 38 页。
② 帕森斯也认识到了这一局限性，但却回避了如何解决这一问题，他指出"幸好在复杂性达到一定程度时，还有其他方法来描述那些事实，用这些方法可以便利地作出'速记式'的描述，对于许多科学研究还是足够用的。" Talcott Parsons, *The Structure of Social Action*, New York: Free Press, 1968, p. 742.
③ Talcott Parsons, *The Structure of Social Action*, New York: Free Press, 1968, p. 32.
④ [美] 乔纳森·特纳：《社会学理论的结构》，邱泽奇译，华夏出版社 2006 年版，第 39 页。

单位和社会系统之间似乎缺少了一个中间层次,因为帕森斯所谓的社会系统是一个很大的概念,并没有涉及一些次级行动系统,尽管对组织的研究最为常见的是把个体作为观察对象开始,但是,问题在于"这种分析必须从对个体层面的观察转移到利益冲突根本所在的系统层面"。[1] 因此,我们主张在特定组织层面上认识行动,尝试建立一个次级行动系统视角下的个体行动分析框架。

需要说明的是,我们这里的组织是工业社会中的组织,因此这里的组织行动系统也是工业社会中的组织行动系统,之所以做如此说明(强调)是因为,"每一个时代都会有属于自己的独特的组织形式。"[2] 在农业社会、工业社会和后工业社会中的组织行动体系是不同的,简单的说农业社会中并没有严格意义上的组织行动体系,除了统治阶层所建立起来的官僚体系和军事体系之外更多的是以血缘亲缘关系为纽带的宗族。现代意义上的组织是伴随着工业社会而生的,整体上看,工业社会中的组织以常规组织为主,这种组织形态强调标准化、专业化、规范化和稳定性,其目的是试图以确定性应对不确定性,这在工业社会的历史阶段具有合理性。因为,这一历史阶段的现实是:社会仍处在一个低度不确定和低度复杂性样态中,人的观念形态甚至理论基础还主要受到牛顿经典物理学主导,相对论尚未转化为一种普遍性的思维方式,另外,就社会心理基础而言,人类虽然告别了农业社会"命运"的神秘性,但追求稳定性与确定性的心理惯性一直是一个有着决定性影响力的心理定式[3]。在后工业社会,人类将面临前所未有的不确定性和风险,因此需要创造新的组织形态,随之也会产生新的行动体系。总之,区别三种社会形态下的组织行动体系是一个大课题,我们不想在此做深入讨论,只为说明本书的讨论是在工业社会的组织语境中的。

二 基本要素及其联系

首先要解决的问题是,在组织层面上如何更好地分析个体行动?我们的策略和帕森斯所提倡的"分析的实证主义"方法相似,主张从现实中

---

[1] Joan Huber, "Macro-Micro Links in Gender Stratification", *American Sociological Review*, Vol. 55, No. 1, Feb. 1990, pp. 1–10.

[2] [美] 丹尼尔·贝尔:《后工业社会的来临——对社会预测的一项探索》,高铦等译,商务印书馆1984年版,第33—34页。

[3] 张康之:《任务型组织研究》,中国人民大学出版社2009年版,第4—5页。

抽象出概念来，并用这些概念形成能够理解社会现象特征的分析框架，而不被具体经验细节所掩盖。我们从组织的个体行动抽象出以下几个基本分析要素：

(一) 情境

这里的"情境"不同于帕森斯的"处境"，在帕森斯那里，行动的"处境"被粗略地分解为"条件"和"手段"，前者是行动者所不能控制的，后者是行动者所能控制的①。尽管帕森斯声称反对还原论，批判那种"将对人类行为的解释归结到某种生物选择理论"的做法②，并明确指出就行动理论之目的而言，没必要或不值得在物理的、化学的或生物学层面上对人类行动进行分析③，但事实上帕氏"处境"概念的外延仍然过于微观，他更强调行动者面临的各种情境条件（如行动者的生理构成、遗传特征和外部的生态限制）对行动者目标和手段选择的影响④，尽管我们不否认这种影响的存在，但在组织层面上，过多考虑行动者个体先天性条件对行为的影响并没有太大意义，因为在一个特定组织中，个体无法改变的先天性条件相对于个体所置身的外部环境而言，对行动的制约能力并不明显，即便是对行动有重要影响的价值观等因素，也往往被视为是行动者对外部环境内化的结果。

我们将组织环境下个体行动的情境进一步分为以下两种类型：外情境（组织外部环境）和内情境（组织内部规则）。

外情境本质上讨论的是社会层面上的情境问题，是指组织所处的社会大环境，它是组织外部大的社会系统，主要包括政治、经济、社会文化三个方面。组织外部情境与组织行动的关系问题是组织研究中的经典论题之一，但已有研究却鲜有对外在环境如何影响组织中个体行动的讨论⑤。我们认为组织环境对组织中个体行动的影响是通过以下两个途径实现的。

第一个途径是社会化，即个体在进入组织之前以及进入组织之后，都无时无刻不受到组织外部环境的影响，个体的一生可以看做是不断被社会

---

① Talcott Parsons, *The Structure of Social Action*, New York: Free Press, 1968, p. 44.
② [德] 乌塔·格哈特：《帕森斯学术思想评传》，李康译，北京大学出版社2009年版，第37页。
③ Talcott Parsons, *The Structure of Social Action*, New York: Free Press, 1968, p. 47.
④ [美] 乔纳森·特纳：《社会学理论的结构》，邱泽奇译，华夏出版社2006年版，第37页。
⑤ 周雪光：《组织社会学十讲》，社会科学文献出版社2009年版，第134页。

化的过程，个体在社会化过程中形成了最基本的价值观和人格特征，并最终影响了个体行动的基本取向。拉尔夫·林顿研究了社会文化在人格形成中的角色，认为在一个社会中存在一些共同的人格因素，这些因素形成一个紧密结合的综合结构，即为这个社会的"基本人格类型"，这种综合结构的存在，提供给社会成员共同的理解方式和价值观，并且使社会成员对相关价值情境做出一致的情感反应成为可能①。

第二个途径是合法化。这里的合法化又分为两个阶段，第一个阶段是组织层面的合法化，即环境中的组织通过不断调整自身规则、行为方式、组织目标等方式适应组织外情境以取得组织合法性的过程。在这个过程中组织形成了自身特有的结构、目标、组织规则、组织文化等。第二个阶段是组织中个体的合法化过程，即组织的结构、目标、规则、文化等进一步形塑个体行动的过程，个体要想在组织中生存下去，必须接受这些因素制约，这也可以被认为是组织中的个体取得"组织合法性"的过程，这个时候个体从一个社会人转化为社会人和组织人的结合体。

不难看出，我们上面所说的合法化途径，实际上已经涉及了我们即将要讨论的"组织层面"情境问题，也即那些存在于组织内部的，个体行动者之外的诸多因素（如组织结构、组织目标、组织规则、组织文化等）是如何影响个体行动的问题。在这些要素中，我们主要强调组织规则对个体行动的影响，这是因为我们认为组织规则是其他诸情境要素特征的外在体现，另外组织规则对个体行动也具有更为直接的影响。

为了更好地解释组织规则是如何影响个体行动的，我们进一步将组织规则分解为正式规则和非正式规则，这是一种流行的划分方式，韦伯在论述人类社会的规范时便承认"在一个群体中被一致认为有效的规范，绝非全部是'法律规范'"②。尽管韦伯是正式规则的积极倡导者，但他也承认即便是在官僚制组织中，除了正式规则外还有许多非正式规则或曰潜规则。有些学者甚至"把正式系统看作是对于这类非正式实践的一种回

---

① ［美］拉尔夫·林顿：《人格的文化背景：文化、社会与个体关系之研究》，于闽梅译，广西师范大学出版社2007年版，第101—102页。
② 闫洪芹：《公共组织理论：结构、规则与行为》，北京航空航天大学出版社2009年版，第111页。

应，看作是对这类实践所引发的诸种问题的一种解决方案。"① 在此，我们无意对正式规则和非正式规则加以界定，我们只是希望在这里提出一个分析思路，以便分析荃镇的干部行动现象。

不管是"社会层次的情境"还是"组织层次的情境"，在我们讨论它们如何影响个体行动时，最关键的是要找到一个思路来解决微观基础问题。周雪光曾经在新制度学派理论框架里提出了两个颇有启发性的思路②，但他的思路和新制度主义者的观点存在以下两个问题：一是视角仍然局限在组织层面上，将组织看作制度环境中的某个行动主体，对组织中的个体行动者将制度环境转化为行动中的环节采取了回避态度；二是由于缺乏个体主义微观社会学视角，始终未能回答制度是"怎样"影响组织及其行动者行动的问题。

我们认为在情境与个体行动之间还有一个要素即个体行动者。制度只有被个体行动者"内化"才能转化为组织行动，也就是说，制度对组织行动的影响在行动者层面的本质就是个体"内化"情境的过程③。我们可以简单地把"内化"视为一个认知过程，因此，可以从社会心理学角度为新制度主义关于环境与组织的理论找到一个个体主义微观社会学的解释路径。这一过程我们将在本书第五章做进一步说明分析。

（二）行动者

在组织研究历史上，曾经出现过两种思维逻辑。第一种逻辑过分信任组织的理性能力，强调组织理性所带来的效率优势。这一思维逻辑源于早期的"泰勒主义"；第二种逻辑可以被视为是对上一种逻辑的矫枉过正，它过分夸大了组织的"机械性"危害，强调组织可能产生的对人类的压迫性威胁。这两种思维逻辑的错误根源在于，它们都忽视了组织是由

---

① ［法］克罗齐耶：《行动者与系统：集体行动的政治学》，张月等译，上海人民出版社2007年版，第30页。

② 周雪光沿着两个思路做了分析，第一个思路从共享观念的角度出发，实际上回答了共享观念如何延续的问题，他认为组织要为自己的行为找到合法性支持会首先从已有的共享观念中抽离出"象征性的词语"，然后再通过"话语动员"使自身的行动听上去符合这些"象征性的词语"，以便得到公众的支持而获得合法性；第二个思路是用信号理论来回答组织间行为趋同的时间问题。参见周雪光《组织社会学十讲》，社会科学文献出版社2009年版，第133—148页。

③ 所谓"内化"是指"对一个表达意义的客观事物的直接理解或诠释，作为另一个主观过程的展现，由此变得对我自己具有主观意义。"参见［美］彼得·伯格，托马斯·卢克曼《现实的社会构建》，汪涌译，北京大学出版社2009年版，第108页。

"行动者"（即能动的人）构成的这一事实，当"行动者"这一"螺母"被安装在组织这部机器上的时候，便注定了它要比世界上任何一种常规机器要复杂得多，因此作为行动的建构者和实施者，行动者这一要素是不容忽视的。

上诉复杂性源于行动者对行动选择的多样性，就已有相关理论来看，我们认为有两种简单化的理论模式值得警惕。

第一种简单化的理论模式受组织心理学的影响较大，特别是马斯洛的动机理论①提出以后，很多组织研究者试图从个体物质或者心理需要以及这些需要产生和进化的规律出发，解释行动者与组织之间的关系。在这些理论中，克里斯·阿吉里斯早期的理论影响较大，他认为个体有一系列等级的心理需要，试图通过参加组织来获得满足，他主张通过分析组织能否满足个体需要，来理解组织发展的诸种阶段、功能障碍和组织冲突。② 不难看出，这一简单化模式把组织视为一种抽象实体，并且将行动者与组织相互分离开来，另外，一个意料之中的后果是导致了个体诸种心理需要的物化倾向，并不能更好地解释复杂的人类行动。③

第二种简单化理论模型曾经被人们广泛应用，它不再是从个体需要出发，而是从类似于市场经济的模式出发来研究个体与组织间的互动行动，也即假设个体是经济人，个体始终试图得到至少等价于他有效付出的回报④。对行动成本和收益的估算，增加了行动分析的复杂性。行动者在行动之前，已经建立了一个行动选择评价标准，这个标准既来自于他的自然归属群体（客观决定要素），也来自于他自身（主观决定因素）。

尽管看上去第二种简化模式要比第一种模式复杂，似乎也更为全面，但和第一种模式一样，其致命缺陷在于它本质上仍然是一种先验性模式，并不是凭经验建立起来的。荃镇的经验研究表明，这一模式存在与实践相脱离的问题。

我们对特定组织——荃镇所进行的田野观察发现，行动者（即乡镇干部）及其行动选择并不能很好地用上述两个模式来解释，我们的初步

---

① Abraham Harold Maslow, *Motivation and Personality*, New York: Harper, 1954.
② C. Argyris, *Overcoming Organizational Defenses: Facilitating Organizational Learning*, Boston: Allyn and Bacon, 1990, p. 73.
③ [法] 克罗齐耶：《行动者与系统：集体行动的政治学》，张月等译，上海人民出版社2007年版，第32页。
④ A. Zaleznik, *The Motivation, Productivity and Satisfactior of Workers*, Boston: Harvard Business School, 1958.

发现似乎也推翻了包括上述两种简单化理论在内的一些根深蒂固的理论观点，这些初步发现是：

（1）在大量的日常行动过程中，行动者很少有明确的目标，而严密的计划则更少。很多情况下，行动者的计划和目标往往是多重的、含混的甚至是矛盾的。他们在行动过程中会改变目标和计划，会在途中或者之后舍去其中一些目标和计划，发现另一些目标和计划。这只是由于始料未及和无法预见的结果迫使他们重新考虑他们的立场，某一时刻的"手段"将是另一时刻的"目标"，反之亦然。因此，认为他们的行动总是经过深思熟虑的观点，既是虚幻的又是错误的；（2）然而，他们的行动往往又是积极的。即使是那些看似被动消极的行动，从某种意义上看也是他们主观选择的结果；（3）行动者的行动具有某种意义。行动者的行动理性不仅仅是相对于一些目标而言的，而常常是相对于其他行动者行动以及在他们之间所建立起来的互动规则而言的。[①]

在本研究中，我们对行动还做了如下界定：

（1）行动并不是互不联系的单个行动的综合，而是一个持续不断的"行动流"，行动也不是由一堆或一系列单个分离的意图、理由或动机组成的，而是一个不断"理性化"的过程；（2）行动是行动者能动性的体现。行动者具有资源运用能力，或多或少总会掌握一定资源，能够介入或者干预这个世界，并且影响事件的特定过程或事态，因而由不断发生的事件所构成的世界并未具有一个确定未来；（3）行动还具有规范与沟通的一面，因为行动涉及规则与规则的遵守，而且既然它隐含着规则，那么所有的行动者都是社会性的；（4）行动具有建构性。组织规则在某种意义上可以被视为行动的结构性后果，因为能知和能动的行动者在各种实践活动中能够不断地利用各种规则和资源，并且在各种实践活动中再生产出规则，因而结构既不断融入行动中，成为行动的组成部分，同时又在行动之中再生产出来，成为行动的结果。

（三）手段

组织中的个体互动行动必然要通过某种手段或方式表现出来，在乡镇政府中，干部行动的互动手段主要有两种：权力运作和社会交换。

权力运作是组织中最基本的个体行动方式，它是以组织所赋予的正式权力为资源的行动方式。众所周知，权力是一方让另一方的行动服从其意

[①] Berger and T. H. Luckmann, *The Social Construction of Reality: A Treatise in the Sociology of Knowledge*, New York: Doubleday, 1966.

志的能力，在不同组织中权力的来源或基础是不同的。按照韦伯的观点，权力部分地依赖于权威，而权威又可分为三种不同类型：传统型权威、魅力型权威和法理型权威。

传统型权威下的个体服从的是过去的经验，往往要求个体服从于诸如世袭首领之类的个人，个体行动往往是人为的而非规则性的。"首领依照其个人的喜怒好恶随意地授予恩宠，特别是为了换取作为其正常收入来源的贡奉。其行为根本不遵守准则，遵循的只是伦理的共识、正义或功利主义的准则，但却不是……正式的准则。"① 这是因为传统型权威具有随意性和非逻辑性特点，并且在其内部也不能很好地解决冲突问题，再加上传统权威的僵化性，不能适应一些形势的突发变化，使得传统型权威结构最终被取代。魅力型权威来源于特殊的个人品质，魅力被认为是"某种人格特质，这种特质使其与普通的人区别开来，而被看作是超自然、超人类或至少具有特殊能量与特质的人……"② 魅力型权威不需要依赖于正式组织和规则，也不依靠传统或经验的神圣性，因此魅力型权威是革命性变迁的基础。但是当革命性变迁结束后，魅力型权威往往就被传统型和法理型权威所取代。法理型权威"基于正式的、抽象的、远离于个人利益而存在的法律秩序之上。"③ 这里的"法律秩序"可做广义上的理解，可以理解为是组织中所有正式的规则和规范。在法理型权威下，组织中的个体行动要以正式规则为依据，即行动必须与规则相一致。与法理型权威相适应的权力运行组织形态是科层制组织，正像韦伯所言"法理型权威运作的纯粹形式是雇佣科层行政职员。"④

我们这里所说的"权力运作"中的"权力"是以法理型权威为依赖，受组织中正式规则制约的个体行动方式。在权力运作行动中的个体是"组织身份个体"，其行动要符合某种特定组织身份要求，当个体被组织正式规则安置于某一组织职位之上的时候，便具有了某种特定组织身份，组织中的个体对"组织身份个体"的行动具有较强预期，因此，有不少"权力运作"看上去都是在"按部就班"地进行。

---

① Max Weber, *The theory of Social and Economic Organization*, trans. A. M Henderson and Talctt Parsons, New York: Oxford University Press, 1974, p. 342.
② Ibid., pp. 358-359.
③ ［美］彼得·布劳，马歇尔·梅耶：《现代社会中的科层制》，学林出版社 2001 年版，第 65 页。
④ Max Weber, *The theory of Social and Economic Organization*, trans. A. M Henderson and Talctt Parsons, New York: Oxford University Press, 1974, p. 333.

乡镇干部互动行动的另一种手段是社会交换。在霍曼斯那里，社会交换的内涵较为广义，几乎把一切社会活动都看成是交换，而布劳则把交换理解为"特定交往"，他将社会交换定义为："人们被期望从别人那里得到的并且一般来说确实也从别人那里得到了的回报所激励的自愿行为。"[1] 在他看来，社会交换具有如下特征：（1）参与交往各方都期待他们回报，一旦他人停止了所期待的回报，这一交往关系便会停止；（2）相互信任是社会交换的基础，同时社会交换必须是双方的自愿性行为[2]。

社会交换理论展示了两个理论意图：一是"让人回归"[3]，希望能够还原个体的实际行动过程，主张关注那些以互动性、个体性、目的性以及微观社会学的名义所出现的行动；二是"希望能为微观社会学分析和宏观社会学分析之间提供一个连接"[4]。布劳的做法是首先提出一个关于交换过程的微观社会学理论，然后再用这个理论作为建构关于社会结构和制度的宏观社会学理论基础[5]。

社会交换来源于组织的"社会性"，政府组织的"社会性"是一个仍需深入讨论的话题，已有研究的症结在于总是将政府社会性置于"国家—社会"分析框架内进行讨论，认为政府等公共管理主体的社会性来源于社会对公权力的让渡[6]，这就难免会将公共性和社会性混淆。

应当从两个层面对政府组织的社会性进行重新界定：第一个层面可以称之为"外部社会性"，它基本等同于"公共性"，即"指的是一种公有性而非私有性，一种共享性而非排他性，一种共同性而非差异性。具体如：在社会公共性领域内活动的主体不是纯粹的私人主体，还有公共主体；运作的权力（利）不是纯粹的私人权力（利），还有公共权力（利）；所作的决策不是纯粹的私人自治，还有公共决策；生产的物品不

---

[1] ［美］彼得·布劳：《社会生活中的交换与权力》，李国武译，商务印书馆2008年版，第146页。
[2] 谢立中主编：《西方社会学名著提要》，江西人民出版社2007年版，第290页。
[3] ［美］杰弗里·亚历山大：《社会学二十讲：二战以来的理论发展》，贾春增等译，华夏出版社2001年版，第122页。
[4] ［美］彼得·布劳：《社会生活中的交换与权力》，李国武译，商务印书馆2008年版，第4页。
[5] 同上。
[6] 王乐夫、陈干全：《公共管理的公共性及其与社会性之异同析》，《中国行政管理》2002年第6期。

是纯粹的私人物品，还有公共物品如此等等"①；第二个层面可以称之为"内部社会性"，即将政府组织视为一个"亚社会"，本质上体现了特定范围内的"群体性"，体现为组织中行动者个体之间在非正式规则约束下的互动交往，这种互动行动具有私人性，其目的是为私利而非公利。本书第五章研究的社会交换正是乡镇政府组织内部社会性的表现。

（四）结果

组织中个体行动的"结果"是一个不易界定的概念，它类似于个体行动的影响，但结果和影响又有不同，影响的外延更大，由个体行动引起的变化都可以被认为是影响，但我们认为只有那些由个体行动所引起的具有一定稳定性、呈现出某种特点和规律的客观变化才能称之为结果。也可以说，我们这里的结果是比个体行动在时间和空间上更宏观的结构性表现，例如组织规则的变革或组织行动。因此，我们有必要首先讨论社会学领域有关微观和宏观研究思路的分野问题。

社会学领域有关个体行动的讨论往往是在"微观—宏观"二分框架下展开的。一方面，微观社会学或者说微观研究视角主要关注"行动者"的各种活动，这些问题主要交给符合互动论或常人方法学这样的理论立场来处理；另一方面，宏观社会学领域就是分析对自由活动施加限制的那些结构性制约因素②。这种观念暗含了研究者在认识论上的某种对立，他们将"微观"与"宏观"视为敌对的两种认识论取向，认为研究者似乎只能在二者之中做非此即彼的选择，例如，戈夫曼就有意拒绝关注涉及到更大范围的社会组织和历史问题，在其背后隐藏的认识论是：人们只需要通过微观社会学研究，就完全可以发现社会生活的基本现实。与此相对，宏观社会学的倡导者们则认为，研究微观个体行动是琐碎无聊的，而研究那些涉及范围较大的问题才具有意义。

事实上，在过去几十年里，上述微观和宏观研究思路的分野并没有消退，特别是当功能主义和马克思主义、或者是二者的某种结合理论来支配社会理论的时候，这种分野反而日益突出。与此同时，另有一部分社会学家开始试图填补所谓微观和宏观之间的鸿沟，例如柯林斯就认为，"要想迈向更为成功的社会学科学，至关重要的一步是努力以更为连贯一致的方

---

① 王乐夫、陈干全：《公共管理的公共性及其与社会性之异同析》，《中国行政管理》2002年第6期。

② [英]安东尼·吉登斯：《社会的构成：结构化理论大纲》，李康等译，三联书店1998年版，第233页。

式重新构想宏观社会学，把它奠基在彻底经验性的微观基础之上。"① 换句话说对他主张通过对"结构现象"进行"微观转译"（Micro-translation）才能推动社会学的发展，这种转译产生的理论会比现有的各种宏观社会学理论具有更强的经验性基础。

然而遗憾的是，柯林斯简单地将宏观社会现实理解为微观经验的简单累积，他曾明确指出"社会系统的'结构性'特征，如果不涉及数量、时间和空间的话，就只是微观情境中的行为的'结果'。"②

我们赞同柯林斯在更宏观层面上探寻微观个体行动结果的做法，认为组织中个体行动的结果主要表现在组织规则和以组织为单位的整体行动上。当然，在更宏观的层面上，例如对组织外在环境的影响尽管也存在，但并不是本书研究的重点。另外，我们认为组织中个体行为塑造结果的过程要比柯林斯所谓的"微观聚合"复杂得多，作为结果的组织规则和组织整体性行为并不能通过微观面对面的个体互动就能一探究竟，而是微观个体行动在长期互动中逐步塑造而成并且仍在持续变化的社会现象，这一过程甚至复杂到难以准确全面地加以描述，因此我们只能呈现某个时间点中的静态"结果"。当然，这个静态"结果"也并非个体行动的所有结果，仅是我们认为的值得关注的若干结果的外在体现而已。

本书将组织中的个体行动抽象为环境、行动者、手段和结果几个要素，但这仅仅是在理论抽象层面上讨论一般意义的个体行动，而在实际组织生活中，个体行动要复杂得多，这种复杂性表现在：

首先，组织中的行动者不是孤立的，往往伴随着与其他多个主体的互动，因此在某种意义上也可以说，尽管我们研究的是"个体行动"，但实质上却也是在研究"集体行动"；其次，组织中的个体行动也不是孤立的，往往是多个行动交织在一起，这种交织既有同一时间段内横向的交织，也可能有纵向时序上的交织，甚至由于人的"记忆"能力，过去曾经发生并已经结束的某个个体行动也可能对现在的行动产生影响，这类似

---

① Randall Collins, "Micro-translation as a Theory-building Strategy", K. Knorr-Cetina and Advances in *Social Theory and Methodology*, London: Routledge, 1981, p. 82.
② [英] 安东尼·吉登斯：《社会的构成：结构化理论大纲》，李康等译，三联书店1998年版，第235页。

于吉登斯所说的"反思性"①；再次，组织中的个体在采取行动时往往要考虑多种要素，这些要素既有个体对组织宏观或中观结构的理解，也有个体对自身微观情况的分析。

接下来的问题是，上述基本分析要素在实际行动过程中是如何被联系在一起的呢？首先，行动者是行动的唯一载体，在若干行动链条中，行动者看上去更像是一个转换器，他们将各种环境因素进行分析和利用，并通过合适的手段转化为外在行动。在这一过程中，行动者始终是积极能动的；第二，行动并不是互不联系的单个行动的综合，而是一个持续不断的行动流，行动也不是由一堆或一系列单个分离的意图、理由或动机组成的，而是一个我们不断地加以监控和"理性化"的过程。因此，可以通过观察不同时序上各要素之间的关系和行动各要素在时序上的总体态势来分析组织中的个体行动。

第三节　理论假设

理论假设一般可以分为两种：一是前提性假设，是指那些在理论界存在争议的先验性假设，也即那些无法验证或无需验证的竞争性观点。很多研究都是在首先明确某种竞争性立场前提下展开的。二是验证性假设，指那些需要通过研究加以验证的观点假设，验证性假设往往在演绎式研究的开始部分提出，并在研究结束部分加以回应，而对于归纳式研究则往往不需要提出验证性假设。即将讨论的两个理论假设都属于"前提性假设"范畴。首先，本研究是关于基层政府组织中"人"的研究，因此必然要涉及人性假设的问题。关于人性假设理论界有不少争论，经济人、社会人、政治人、自我实现人等等都在理论界占有一席之地，本书将重点讨论政府组织研究中最为常见的三种人性假设，并在对其进行批判性分析基础上提出"情境理性人"作为本研究的人性前提假设；其次，本研究又是关于人行动的研究，并试图考察宏观结构对组织中人行动的影响，本质上

---

① 吉登斯认为，不应该将行为看作是分散的实体，比如动机、理性和意图等等，行为并不是互不联系的单个行为的总和，而是一种不间断的行为流，是一个我们可以不断加以理性化和监控的过程，其根源就在于个体的人的"反思性"，它是"持续发生的社会流受到监控的特征"。参见［英］安东尼·吉登斯《社会的构成：结构化理论大纲》，李康等译，三联书店1998年版，第62页。

是探索行动与结构之关系这一老话题,因此还将涉及关于行动与结构关系的前提性假设。

一 情境理性:乡镇干部的人性假设

对人和人性的解读是社会科学最基础、最重要的任务之一,也是人类思考最为持久的话题之一。德国哲学家卡西尔曾经说过:"认识自我乃是哲学探究的最高目标——这看来是众所公认的。在各种不同哲学流派之间的一切争论中,这个目标始终未被改变和动摇过。它已被证明是阿基米德点,是一切思潮的牢固而不可动摇的中心。即使连最极端的怀疑论思想家也从不否认自我的可能性和必要性。"① 然而,人和人性的丰富性和复杂性造成了社会科学中关于人性的理论始终未能走向统一,一直存在巨大争议,例如传统人性理论采用"二分法"将人性简单的分为"善"与"恶",毛寿龙则从"人性冲动理论"出发将人性假设分为:"政治性的冲动与政治人假设"、"经济性的冲动与经济人假设"、"道德性的冲动与道德人假设"、"审美与情感的冲动与审美人假设"②,也即将人分为"政治人"、"经济人"、"道德人"和"审美人"。另外还有"社会人"、"自我实现人"、"宗教人"等等一些观点。我们在这里主要讨论在政府组织研究中应用比较多的三种人性假设观点:"经济人"、"社会人"和"政治人",并希望在此基础上提出"情境理性人"的人性观点,作为本研究的前提假设。

(一) 传统人性假设及其不足

自从古典经济学提出"经济人理性"的假设之后,经济人假设便以惊人的速度统治了整个经济学界并向其他学科扩展,这也是所谓的"经济学帝国主义"的表现之一,正像贝克尔所宣称的:"在现代经济学提供的框架内,各种人类行为都可以得到满意的说明。"③ 如果说"经济人"假设侧重于人的"经济性"的话,那么"社会人"假设则是从人的"社会性"出发,主张从"社会性"角度界定人性的本质。而"政治人"假设在一开始就不像"经济人"和"社会人"假设那样试图解释所有人的

---

① [德] 恩斯特·卡西尔:《人论》,甘阳译,译文出版社 1985 年版,第 1 页。
② 2001 年 11 月 4 日上午在中国社科院自然科学与社会科学交叉研究中心、中国科学院技术政策与管理科学研究所研究生会联合举办的第二次学术报告会上的演讲报告。
③ [美] 加里·贝克尔:《人类行为的经济分析》,王业宇等译,上海人民出版社 1995 年版,第 3、19、244 页。

行动逻辑，理论家们将它局限在政治领域，试图来描述政治领域中人性的特点。因此，它也成为在政治组织研究中应用最为广泛的人性假设。表2—1简要展示了经济人、社会人和政治人三种人性假设的核心观点和代表性阐释。

表 2—1　　　　　　　传统人性假设：经济人、社会人与政治人

类别	核心观点	代表性阐释
经济人假设	追求个人利益是"经济人"的行动驱动力； "经济人"是理性的："完全理性"—"有限理性"； "经济人"会无意识地增进社会利益，但需要法律和制度保障； "经济人"的谋利手段、逐利内容会变化，但其"自利"本性不变	（亚当·斯密）"每个人都不断地努力为他自己所能支配的资本找到最有利的用途。固然，他所考虑的不是社会的利益，而是他自身的利益，但他对自身的研究自然会或者毋宁说必然会引导他选定最有利于社会的用途。"①（纳桑·西尼尔）"每个人都希望以尽可能少的牺牲取得更多的财富。"②（边沁）"有一种动机是最讲究计算的，是社会由于其强度、经久性和普遍性而最可担心其越轨的。我指的是那种相当于钱财动机的东西。"③
社会人假设	人具有参与社会、构建社会关系的心理倾向； 强调社会环境对人和人之行为的塑造作用，主张从社会因素角度解释人和人的行为； 重视文化之于人行为的意义和影响，把社会性理解为文化规范和准则； 道德利他主义和经济人利己主义之间并非非此即彼，强调"利益"因素之外的社会因素。	（马克思）"人的本质不是单个人所固有的抽象物，在其现实性上，它是一切社会关系的总和"④；（亚里士多德）"当个人被隔离开时他就不再是自足的；就像部分之于整体一样。……人类天生就注入了社会本能……"⑤；（康德）"人具有一种要使自己社会化的倾向，因为他要在这样的一种状态里才会感到自己不止于是人而已，也就是说才感到他的自然禀赋得到了发展。"⑥（罗伯特·F.墨菲）"作为结果的人格大多可从社会因素得到解释"⑦；（彼得·布劳）"人们渴望社会对他们的决定和行动、意见和建议表示赞同。"⑧

---

① ［英］亚当·斯密：《国富论——国民财富的性质和起因的研究》，谢祖钧等译，中南大学出版社 2003 年版，第 19—20 页。
② ［英］纳桑·西尼尔：《政治经济学大纲》，王威辉译，商务印书馆 1977 年版，第 46 页。
③ ［英］边沁：《道德与立法原理导论》，时殷弘译，商务印书馆 2000 年版，第 234 页。
④ 《马克思恩格斯选集》第 1 卷，人民出版社 1995 年版，第 56 页。
⑤ ［希］亚里士多德：《政治学》，颜一等译，中国人民大学出版社 2003 年版，第 4 页。
⑥ ［德］康德：《历史理性批判文集》，何兆武译，商务印书馆 1991 年版，第 7 页。
⑦ ［美］罗伯特·墨菲：《文化与社会人类学引论》，王卓君译，商务印书馆 1991 年版，第 22 页。
⑧ ［美］彼得·布劳：《社会生活中的交换与权力》，孙非、张黎勤译，华夏出版社 1988 年版，第 72 页。

续表

类别	核心观点	代表性阐释
政治人假设	"政治人"追逐政治权力最大化； "政治人"以"集体本位"为主导性价值理念； "政治人"行动动力源于权力不平等性。	（马基雅维利）"他们是忘恩负义、容易变心的，是伪装者、冒牌货，是逃避为难、追逐利益的。"①（迪韦尔热）"一种权力的存在意味着一个集体的文化体制建立起了正式的不平等关系，把统治他人的权力赋予某些人（他们被称为'权威'），并强迫被统治者必须服从后者。"②（米尔斯）"如果人人平等就不会有政治，因为政治本身就包含着上下级"③。

尽管上述三种人性假设各有侧重，但在政治学行政学研究领域都被广泛应用，在不同人性假设基础上研究政治行政领域人的不同行动，问题是上述三种人性假设能否用来解释我国基层政府组织中的干部行动逻辑呢？在下一小节我们将在批判性地借鉴上述三种人性假设基础上，提出"情境理性人"的概念，以作为本研究的人性假设基础。

上述三种不同的人性假设，我们可以解释某些个体行动，但仍然存在理论弱点，主要表现在：

首先，坚持"经济人"假设的理论家们往往对其普适性深信不疑，这恰恰成为其被批评的靶子。美国学者克里斯特曼就指出"许多关于最佳努力的论点的基础是这样一个主张：人，从人性看，是使功利最大化。""这个命题的力量取决于那个据说被最大化的是什么。如果它是功利这个抽象概念，那就几乎没有什么理由，因为功利最大化所指的一切，是人们力求满足他们最喜欢的偏好，而这些偏好基于什么却没说。再者，这个主张太弱，不足以支撑各种各样的激励论点。"④ 克利斯特曼列举了工人在固定工资下仍然努力工作和学者刻苦从事学术研究是例子，"既然如此，我们为什么假设'经济人'（新古典主义的使利已最大化者）而不假设'多样人'作为动机的模型？""因此，除非所有的人都在次优地工作，否则，未必能主张：人性如此，以至人必须得到经济回报的承诺，以

---

① ［意］马基雅维利：《君主论》，潘汉典译，商务印书馆1985年版，第80页。
② ［法］莫里斯·迪韦尔热：《政治社会学》，杨祖功等译，华夏出版社1987年版，第116页。
③ Hans Gerth and Wright C. Mills, Character and Social Structure, New York: Harcourt and Brace, 1953, p.193.
④ ［美］克里斯特曼：《财产的神话：走向平等主义的所有权理论》，张绍宗译，广西师范大学出版社2004年版，第203页。

便努力工作。"① 即使不能得到更多的报酬仍然努力地工作，或者自愿追求自己喜爱的、但却收入低的工作，这如同无数"损己利人"的案例一样，构成了对经济人自利追求和最大化动机观点的挑战。如果说，有限理性范畴的提出，并没有动摇最大化动机的逻辑基础的话（因为人们在外生给定的约束条件下，仍然可以追求"力所能及的最大化"，因此，有限理性与最大化假设可以兼容），那么，偏爱收入低的工作或不计报酬地忘我工作，以及其他一些明显的"损己利人"行为，对经济人最大化动机的挑战则是颠覆性的。他启发我们，必须遵循动机多元化思路，对人性和人的欲望做出更加精确的梳理和界定。

2. 如果说"经济人"是建基于心理学假设之上的抽象人性论的话，那么"社会人"则在一定程度上彰显了马克思关于人的本质理论的历史唯物主义观念——尽管马恩不是从社会关系角度来研究人性问题的最早倡导者，他在《政治经济学批判》序言中说："不是人们的意识决定人们的存在，相反，是人们的社会存在决定人们的意识。"② 借助这一深厚的认识论基础，"社会人"似乎比抽象的"经济人"范畴具有相对的解释性优势，但其在解释力上仍有局限性，这种局限性主要表现为两点：一是"社会人"假设更多地强调社会对人的影响，也即强调人的社会性，固然这样可以提高其普适性，但当我们试图研究组织中的人及其行动时，仅观照其社会性是不够，因为组织中的人不仅是被社会化了的人，更是被组织化了的人，组织中的规则、制度对组织中人及其行动的约束力更为明显，因此建立在"社会人"假设基础上的有关组织中个体行动的理论必定不够精确；二是"社会人"假设容易导致对个体个性的忽视，在库利看来，社会性和个性之间的关系是："个性既不在时间上先行也不在道德标准上落后于社会性。它们永远作为同一物的互补的两方面并列存在，进步的轨迹是两者从低级发展为更高级而非从一者发展到另一者。如果社会性这个词被用来指更高层次的智力活动，那么，它应该像已经指出的那样，与动物性、感官或者其他一些表示智力和道德缺陷的词对立而非与个体对立。""人类的生命如同其他物体的生命一样，应该是永远既有普遍性又有特殊性，永远既有它的群体表现又有个体表现。人类生活水平的逐渐提

---

① ［美］克里斯特曼：《财产的神话：走向平等主义的所有权理论》，张绍宗译，广西师范大学出版社 2004 年版，第 206 页。
② 《马克思恩格斯选集》第 2 卷，人民出版社 1995 年版，第 32 页。

高永远是伴随着我们所提到的这两方面的因素。"① 这告诫我们，那种对人的社会性和个性在道德上加以歧视性的划分和对比的做法是十分荒唐的。这种"看客下菜碟"的行为，把原本两个在道德与价值观上平等的对象硬生生地撕扯开来，对个体的人或者人的个性另眼看待，从而犯下幼稚可笑的错误。因为，无论是社会性与个性，还是社会与个体，都只有在相互依存和联系中才有意义，离开其中一方，另一方就失去意义。库利在论述个性与社会性关系时指出："任何个体代表的特殊性倾向多少与组织起来众多的人代表的总的倾向不同，但一个人代表的倾向并不比众多人代表的倾向更加个性化或者更少社会性。一千个人正像一个人一样地富有个性。一个看上去似乎是独立的人，也是从总体生活中汲取生命养料的，这与他作为以前个人中之一员的情形同样地真实和必然。创新和保守、天才和平庸都是同等程度社会性的。区别不在于个性和社会性之间，而在于普遍和个别，必然和偶然之间。换句话说，你在生活中发现社会性的时候，也就是你发现个性的时候，反之亦然。"②

3. "政治人"假设是以分析和解释政治领域中个体行动的名义出现的，因此这里就会给人一种假象，认为当我们研究政治组织中人的行动时，"政治人"是最恰当的人性假设基础。但事实上，我们通过一段时间田野观察发现，"政治人"的前提假设与我国基层政府中的干部行动特征是不相符的，这种差异可以概括为以下几点：首先，"政治人"过分强调个体对于权力的欲望，认为在政治领域，个体理所当然的以追逐权力最大化为目标。唐斯就曾指出："政治家的动机是个人的欲望，诸如从担任公职中得到的收入、尊严和权力。因为这些属性如没有被选上就不可能获得，所以政治家行动的目的就是使政治支持最大化，他们的政策不过是达到这种目的的手段。"③ 当然，我们不否认在政治领域所谓的"政治家"们身上所体现的"政治人"特征，然而我们在基层政府中看到的更多的却是对权力并没有太多"奢望"的普通人，因此"政治人"过于简单化的动力学在本研究面前并没有表现出太强的解释力；其次，"政治人"假设和"经济人"假设实质上都是一种"先验性"假设，也即这些理论中

---

① ［美］查尔斯·库利：《人类本性与社会秩序》，包凡一等译，华夏出版社1999年版，第33页。
② 同上书，第29页。
③ ［英］帕特里克·贝尔特：《二十世纪的社会理论》，翟铁鹏译，上海译文出版社2002年版，第212页。

的人与生俱来地具有对权力或者财富的欲望,但事实上,组织中的个体在行动选择过程中往往会受到其他诸多因素影响,而这些因素却能在很大程度上抵消人对权力和财富的欲望。因此,干部行动动机需要一种能够将"后验性"因素纳入其中的理论来解释。

(二)"情境理性人"的提出

乡镇干部行动的研究的人性假设应为"情境理性人"。所谓"情境理性"即依赖于情境的理性,哈贝马斯在其《后形而上学思考》中反复使用了"情境理性"这一概念,并指出"理性"必须被放置在一定的情境里才是理性的。他在本质上抛弃了先验理性,也否定了完全非理性,而强调理性在不同场景的差异性,认为人只有在具体情境中通过交往才能够知道什么是理性的。① 我们认为乡镇干部是一种"情境理性人",也即我们试图在"乡镇政府"这一特殊组织情境下,去理解乡镇干部行动。为了更好地理解"情境理性人"这一概念,将从以下几个方面做进一步解读:

1. 强调个体所处"情境"对个体行动的影响

每一个场景都是在特殊的时空点上发生着的知识过程与人生体验②,因此"情境"可以理解为能够引发个体体验的时空要素集合。本书将乡镇干部行动的情境分为"外情境"和"内情境"两个部分。"外情境"是指组织所处的社会大环境,一般被称为组织环境,是组织外部的社会系统,主要包括政治、经济、社会文化三个方面,它们通过社会化和合法化两种途径来影响组织中的个体行动。"内情境"指那些存在于组织内部的、个体行动者之外的诸多因素(如组织结构、组织目标、组织规则、组织文化等),在这些要素中,本书重点研究组织规则对个体行动的影响。这是因为组织规则是其他诸情境要素特征的外在体现,并对个体行动也具有更为直接的影响。上一节已经对这两种情境因素有了更为详细的介绍,在此就不赘述。

2. 理性是有限理性

按照"理性选择理论"(RCT)的观点,所谓"理性"是指:"行动着的或互动着的个人具有一贯的计划和各种企图,使他或她的偏好满足最大化,同时使所花费的成本最小化。因此理性包含'按次序连接假设',这规定有关的个人面对各种不同的选择具有完整的'偏好次序关系'。社会科学家可以从这类偏好次序关系中推断'效用函数',按照其在偏好次

---

① Jürgen Habermas, *Postmetaphysical Thinking*, Cambridge: Polity Press, 1992.

② 汪丁丁:《情境理性》,《IT 经理世界》2004 年第 1 期。

序关系中的等值,给每一个选择一个数字。要是个人是理性的,那么他或者她的偏好次序必须满足某些必要条件。""理性选择说明参考个人的主观信念与偏好——而不是参考个人面对的客观条件——来解释个人行动的原因。"① 有关"理性"的理论经历了一个由"完全理性"向"有限理性"发展的过程。这得益于西蒙对"经济人"假定的批判,西蒙认为,古典经济学的"经济人"假设太理想化了,因为要实现最大化原则,其前提条件是:理性"经济人"在决策前,拥有全部的替代方案可供选择;理性"经济人"对每个方案所产生的结果都是明确的,这些结果能够按照优先次序给以排列;理性"经济人"在决策开始时已经有了一个明确的效用函数,也就是说,追求"最大化"的"经济人"应具有充分的理性。然而,在复杂多变的社会经济活动中,这些前提条件大都只能停留在理想化的假想中,更何况人的选择或经济行为也不可能是完全理性的,人的理性要受到多种因素的制约。用西蒙的话说,"经济人"实际上所寻找到的和获得的并不是最优的决策和利润(或效用)的"最大化",而是"次优满意"的决策、效用或利润。因此"有限理性"比"完全理性"更接近于现实。

3. 尊重行动动机的多元性和行动的策略性与随机性

尽管"情境理性人"这一概念强调了"情境"对个体行动的影响,但并不像"经济人""政治人"假设那样认为人的行动动机来源于某一个因素,而是更倾向于承认个体行动动机来源的多元性,因此在研究方法上认为只有深入到具体情境中才能观察特定情境下的个体行动逻辑。同时,"情境理性人"的行动选择既有策略性的,又有随机性的。这一假设将有助于理解复杂动机下的行动逻辑。

4. 反对相对主义和语境主义

"情景理性人"是批判西方传统哲学的主流思想倾向的结果,所谓西方传统哲学的主流思想倾向是指肇始于巴门尼德、柏拉图,直至在康德、黑格尔那里发展到极致的唯心主义或理念论传统。这一传统的基本特征之一就是在统一性与多样性、普遍性与特殊性、必然性与偶然性、本质与现象等对立概念系列中,强调前者贬低后者。② 因此,哈贝马斯主张抛弃先验理性,否定完全非理性,转而提出情境理性的概念。但是,在批判理性

---

① [英]帕特里克·贝尔特:《二十世纪的社会理论》,瞿铁鹏译,上海译文出版社 2002 年版,第 202 页。

② Jürgen Habermas, Postmetaphysical Thinking, Cambridge: Polity Press, 1992, pp. 29-33.

先验化和非情境化理论的同时，也容易出现另一种倾向，即过分强调情境性，以致走向了相对主义和语境主义。"如今，许多领域都被一种语境主义所统治。这种语境主义把一切真实性要求都限制在地域性的语言游戏和依照惯例而被接受的话语规则的范围之内，并把所有的合理性标准都比做是习性或仅仅是就地有效的惯例。"①

在抽象地分析了"情境理性人"之后，我们回到具体的乡镇政府中来，作为"情境理性人"的乡镇干部还具有以下特征：

首先，他们很少有明确的目标，严密的计划则更少。行动者的计划和目标是多重的，或多或少是含混的、矛盾的。他们在行动中可能会随时改变目标和计划，甚至是舍去其中一些目标和计划，发现另一些目标和计划。这是由于复杂的外部环境迫使他们重新考虑立场，重新调整行动策略。因此，认为他们的行为总是经过深思熟虑的观点，既是虚幻的又是错误的；其次，乡镇干部的行动是积极的。他们有选择的主动性，即使是一些看似被动消极的行动，在某种意义上也是他们主观选择的结果；第三，乡镇干部的行动理性更多地是相对于一些机遇和能够说明这些机遇特征的情境而言的。同时，其行动理性也是相对于其他个体行动、决策以及在他们之间建立起来的游戏规则而言的。

二 结构二重性：情境与行动互动性假设

从社会科学初创时期的经典研究到当代社会科学，有关人类行动与（社会）结构的研究一直是社会科学研究的经典议题。比如在古典社会学时期，孔德的"社会有机体"理论和斯宾塞的"超有机体"理论都探讨了社会如何以行动系统方式维持其存在，马克思则留下了关于社会主体及其行动的异化、分裂、冲突以及社会变迁的思想，迪尔凯姆则更多地关注社会行动主体的分工与合作问题，韦伯则开创了行为社会学的研究。在当代社会学领域，如符号互动论、常人社会学、现象学社会学、微观社会交换理论、宏观社会交换论以及社会批判理论等，也都没有脱离行动与（社会）结构、秩序之关系这一主题。本书所涉及的"行动"与"情境"的关系问题，在本质上仍然属于行为与结构这一主题的范畴。因此，我们试图在这一主题内为"情境"与"行动"的关系寻找到一个前提假设。

学术界在对待行动与结构关系这一问题上，存在两种相互对立的"关系学说"。第一种将行动与结构或秩序进行分离，并对两者做出预定

---

① Jürgen Habermas, Postmetaphysical Thinking, Cambridge: Polity Press, 1992, pp. 49.

性的优先选择，要么强调秩序、结构在整体上对行动者及其行动过程所具有的决定性作用，要么强调从行动及其动机、理性、信念中寻求社会秩序结构构成和变迁的根源。因此，在对行动、行动者及其自主性、能动性和创造性进行分析时，（社会）结构、秩序往往被搁置起来了。正如科恩（J. Cohen）所言，"绝大多数有些价值的社会科学理论所探讨的都只是社会现实两个层面当中的一个，即行动与互动的层面，或者社会结构或系统的一面。"① 当然，科恩在评价这两个研究倾向的时候，自己也陷入了相互分离的"两个层面"假设之中了。在两种研究倾向影响下，社会科学研究呈现出人文主义与实证主义、行动主义与结构主义、建构主义与结构主义、理论分析与经验研究、定量手段与定性手段等在研究旨趣、认识论基础和研究方法层面的多样性。但是，上述研究的分化和它们之间的不断论战也在一定程度上使研究者的研究视线被遮掩，从而削弱了理论对社会真实内涵的解释能力。

直到20世纪下半期，在行动与结构关系这一传统议题上，终于出现了第二种"关系学说"，一方面，它们尝试不再将秩序、结构视为外在于行动的存在，认为社会结构或者秩序与行动是不可分割的，蕴含于社会过程本身的因素之中，并试图说明两者之间的这种一体性；另一方面，行动者自身的主体性、自主性和积极性对外在环境和社会结构都具有积极的建构性。

本书将分别就上述两种"关系学说"中具有代表性的观点进行分析，并阐明吉登斯"结构二重性"是本研究在"行动与结构"这一关系上的前提假设。

（一）关于行动与结构关系的争论

前文提到的有关"行动与结构关系"问题上，社会科学领域存在学术分歧并在20世纪上半叶愈演愈烈，这些相互对立的学说理论可以概括为实证主义、解释学和批判主义三大流派。

1. 实证主义流派

实证主义流派的核心思想认为社会科学的目标是增强人类对事物的预见性和解释性。所谓"预见性"就是从社会规律中演绎出经验结果，通过系统观察来对规律做出经验检验，是人类认知的唯一可靠基础。所谓"解释性"就是说明社会规律的具体事例或事件。认为社会科学同自然科学一样也是建立在经验之上的，是客观理性的。这一传统下的理论包括新

---

① ［澳］马尔科姆·沃特斯：《现代社会学理论》，杨善华译，华夏出版社2000年版。

功能主义、理性选择理论和交换理论等。代表性的学者有孔德、涂尔干、（某种意义上的）韦伯以及帕森斯等。

例如涂尔干就认为"社会科学只有在认识到把社会事实当作实在物来研究时才能存在。"① 他认为诸如社会习俗、信仰、制度等现象都是外在于个体的客观事实，因此个体对这些社会事实的反应就如同物质对外界刺激的反应一样。韦伯也认为社会科学和自然科学一样都是科学的范畴，但他的进步之处在于认为两者在研究对象和研究方法上有所不同，并且认识到社会科学研究对象所蕴含的文化性，因而认为社会科学中没有规律可言，只有具体的因果关系②。因此，韦伯将那些难以发现因果联系的社会事实排除在社会科学研究范围之外，例如他曾明确指出："一个事件或者规律性如果是不可理解的，那么，在这里，它就不是社会事实或规律……"③ 这一观点与涂尔干在《自杀论》中所表达的观点极为类似，因而在这方面韦伯仍未超越涂尔干的学术思想。另一位代表人物帕森斯似乎具有更为宏大的学术理想，他试图综合功利主义、实证主义和唯心主义传统中的部分理论成果，用以建构一个可以更好地解释人类行动的分析框架，但是他这种理论建构仍然是基于实证主义关于社会存在普遍永恒规律这一假说，并将人看作是一种受社会制度指挥的客体，个体的内部价值观通过社会化而被塑造。

2. 解释学流派

解释学流派是在批判实证主义传统的基础上发展出来的，其主要目标是理解行动者的主观意义以及这种意义对行动者和社会结构（现实）的影响。因此，他们关注的只是行动者个体之间的互动。在他们看来，这种互动并不是（社会）结构刺激和反应的后果，因此，他们更强调行动者主观解释，并认为这种主观解释将直接影响人在社会结构中的进一步行动，因此，他们认为社会现实是由人的有意识的社会行动建构的。解释学流派在现代的主要代表有常人方法学、现象学以及符号互动理论等。例如常人方法学认为，在社会行动中真正起作用的是行动者的努力，社会科学家的主要任务就是描述一个社会参与者是如何看待他们的行动的，他们拒绝对（社会）结构如何获得其特征的问题做因果解释，并且怀疑任何合理性标准观念，因此他们对行为动机分析不感兴趣，而只关注日常生活中

---

① ［法］涂尔干：《社会学研究方法论》，胡伟译，华夏出版社1988年版，第11页。
② 侯钧生：《西方社会学理论教程》，南开大学出版社2001年版，第112页。
③ ［德］马克斯·韦伯：《社会学的基本概念》，胡景北译，上海人民出版社2005年版。

的行动者如何实现所采取的"自然态度"。因而,他们认为社会科学家只能描述所发现的各种不同观点,只能将研究限定在描述行动者的解释这一任务上。符号互动论则更加专注于"社会自我"①,但是当"社会自我"被重新解释成"社会决定的自我"之后,这一理论便与前面我们所提到的功能主义没有太明显的差别了,这两者之间的差别也已经被普遍地认为只不过是"微观社会学"和"宏观社会学"之间的分工。现象学认为"每一门社会科学,包括解释社会学……都将它们的主要目标定位成:尽可能地阐明生活于其中的人们是如何认识这个世界的。"② 因此,他们难以将社会现实重构为客观世界。另外,从整体取向上来看,现象学的理论也只是为了说明行动的条件,而对行动的后果很少论及,带有一定程度的"纯主观性色彩"。③

3. 批判主义流派

批判主义流派建立在对实证主义传统的批判之上,如果说实证主义传统的理论强调因果解释的话,那么批判主义流派则更强调"历史性"。另外,与实证主义传统所倡导的"去政治化立场"④ 不同,批判主义流派则认为所有社会理论都建立在关于社会现象"本质"的假设之上,而这种假设必然包含特定的价值判断。因此,他们认为所有的社会科学理论都是政治性的,任何社会科学的研究都要受到一定政治、文化、性别和社会阶层的影响,并注意到权力关系、行动者行动对建构和变革社会的重要意义。他们认为知识的目的是提高人们的意识水平并借此有助于推动社会变迁,他们的主要假设是认为事物的本质存在于对现实的否定之中,例如马克思就着力分析了现存世界的矛盾,否定现存世界的合理性,并通过这种否定和批判来改造世界,为促进社会变迁提供行动方案。因此,在马克思那里,权力、利益的分配和斗争是作为批判理论的主要内容出现的,但马克思将注意力集中在对资本主义政治经济学的批判上,并没有试图回到其早期知识生涯中吸引过他的更一般的本体论问题上去。

(二) 吉登斯的"结构二重性"假设

20 世纪中叶,在批判传统社会学的发展过程中,出现了关于"行动

---

① [美] 乔治·米德:《心灵、自我与社会》,赵月瑟译,上海译文出版社 2008 年版。
② Alfred Schutz. *The Phenomenology of the Social World*, London: Heinemann Educational, 1972, p. 220.
③ Ibid.
④ 如孔德的"社会物理学"理论、涂尔干的"社会事实"概念和韦伯的"价值中立"概念等,都是这一立场的反映。

与结构"的第二种"关系学说"。在这个学说领域里,以吉登斯的观点为代表,我们在本研究中沿用了吉登斯关于行动与结构关系的论断,作为本研究有关行动与情境关系的基本前提假设。

吉登斯关于行动与结构关系的学说被叫做"结构二重性理论"或"结构化理论",这一理论建立在对此前相关理论的批判基础之上。吉登斯首先批判了社会科学研究中的实证主义传统,他认为实证主义传统忽视了日常生活中行动者的各种认识活动,批判实证主义将社会科学直接与自然科学中的那些规律进行类比的错误观念,以及他们主张将创造规律的演绎方法视为社会科学根本方法的方法论,他认为这种观点在哲学层面上是站不住脚的。他主要从四个方面展开对功能主义的批判:功能主义将人的能动行动化约为"价值内化";没有将社会生活看作行动者行动的积极建构;将权力看作附属现象,将处于孤立状态的规范或"价值"看作是社会活动的同时也是将其视为社会理论的最基本特征;没有从概念上重视规范的可协商性[①]。

在对待解释社会学的态度上,吉登斯认为主要有三个方面缺陷,即解释社会学在强调行动者及其行为意义的同时,却忽视了实践、权力问题以及观念系统与权益斗争的关系。此外,吉登斯对马克思和哈贝马斯为代表的批判主义也进行了类似的批判。在此基础上吉登斯试图超越上述局限性,其做法是对行动以及相关概念进行重新界定,并将行动理论与制度结构的分析联系起来,并在方法论上进行了创新。

在上述批判基础上,吉登斯提出了"结构二重性"假设,我们应当从以下几个方面理解"结构二重性"的内涵:

1. 以"双重解释学"为认识论基础

这一认识论首先是在自然科学和社会科学之间划清了界限,重申了社会科学研究与自然科学研究的不同,他指出"社会科学应该从自然科学的阴影中摆脱出来,无论后者披着什么样的哲学外衣,我并不相信,人类行为研究的逻辑和方法与自然科学研究是完全不一致的;我也不想支持那些具有人文传统的人所提出的观点,他们认为,任何一种概括性的社会科学从逻辑上说都是不值得考虑的,但是如果社会科学看做类似于自然科学,那么任何这样的取向注定是要失败的,而且只能导致对人类社会的有

---

① [英]安东尼·吉登斯:《社会学方法的新规则:一种对解释社会学的建设性批判》,田佑中等译,社会科学文献出版社2003年版,第82—83页。

限理解。"① 也就是说社会科学仍然不能脱离实践性,这种"实践性"不能等同于自然科学的"技术性",他坚信"对社会科学的有效性标准的评价,完全是由社会科学所产生的'内部批判'和'外部批判'的关联所决定的"②;其次,"双重解释学"认为社会科学包含这两套意义框架:一是由普通行动者构成的充满意义的社会世界;二是由社会科学家创造出来的"元语言",这两者在社会科学的实践中相互交织,相互渗透。由此所引发的研究方法上的变化是承认并尊重研究者对客观世界的理解和对知识世界的建构意义。

2. 重新界定"行动"与"结构"

如前文所说,吉登斯关于"行动"与"结构"关系的理论是建立在对功能主义和结构主义反思的基础上的,他认为行动首先是动态连续的,是一种"生活体验"的连续流,其最根本的特征是非决定性,他也以此批判了帕森斯的"行动参照框架"以及解释学的观点。此外,他还认为产生个体间互动的必不可少的三个要素是权力的运作、交往和道德关系③,这就将行动理论与制度结构的分析联系了起来。

吉登斯认为"英美功能主义中的'结构'概念作为一个'描述性'术语出现,而法国结构主义则是以还原的方式来使用这个概念,我认为,'结构'概念的这两种使用方法将导致从概念上模糊能动的主体。"④ 在吉登斯那里,结构就是指规则,而规则就是指行动的规范和表意性符号,其中规范包括政治、经济和法律制度,表意性符号就是指具体的有意义的符号,如语言、动作等。另外,"结构可以在实践中表现出来,但不是具体实践的外显模式,而是一些记忆中的原则。结构本身也不是具体的存在,它没有实践和空间的边界,它必须以知识的延续或实践的延续才能存在。结构对于实践,如同语言规则对于说话行为的差异。结构,恰似某种抽象的规则,它只是使某种构造性行为成为可能的虚幻的存在。"⑤

在吉登斯之前,理论界在有关"行动"与"结构"的关系问题上存

---

① [英]安东尼·吉登斯:《社会学方法的新规则:一种对解释社会学的建设性批判》,田佑中等译,社会科学文献出版社 2003 年版,第 19 页。
② [英]安东尼·吉登斯:《民族、国家与暴力》,三联书店 1998 年版,第 479 页。
③ 金小红:《吉登斯结构化理论的逻辑》,华中师范大学出版社 2008 年版,第 96 页。
④ [英]安东尼·吉登斯:《社会学方法的新规则:一种对解释社会学的建设性批判》,田佑中等译,社会科学文献出版社 2003 年版,第 26—27 页。
⑤ Anthony Giddens, *The Constitution of Society: Outline of Theory of Structuration*, Berkeley: University of California Press, 1984, p. 17.

在着"二元对立"的观点,即在知识论上对行动(者)和结构进行主客体的二元结构划分,他提出了"结构二重性"的概念来批判上述错误,他认为"结构"和"行动"是互为因果相互影响的关系,社会科学理论应该着力回答行动是如何在日常环境条件下被结构化的,同时行动的这种结构化特征又是如何由于行动本身的作用而再次被生产出来的,也即结构二重性原理。"所谓的结构二重性指的是社会体系同时既是社会行为的中介,也是行为结果的结构化特征……我相信,结构二重性概念是任何关于社会再生产解释的基础,而且根本没有功能主义色彩。"[1] "结构二重性"假设前提下的行动理论,本质上是一种实践性理论,即将制度性转变和行动理论结合起来,研究行动之于制度(规则)建构的意义。在吉登斯那里,行动再也不是分散的实体了,也不再是互不联系的单个行动的总和,而是一种不间断的行动流,这一点我们在前面已有所介绍。

更为关键的是他更加强调了行动的"意外性后果"问题,认为行动是有意图的,但是结果却并不是完全可以预期的,意外性后果也是行动的结果。他还认为也正是因为存在着意外性后果,才使得系统的再生产和社会再生产有了意义,从而保证系统与社会的非复制性。[2]

---

[1] Anthony Giddens, *Politic, Sociology and Social Theory: Encounters with Classical and Contemporary Social Thought*, Stanford, Calif.: Stanford University Press, 1995, p. 19.

[2] 吉登斯解释道"在某一时刻背景下重复的行为具有规则性的后果,它们对于或多或少的远距离时空背景下从事行为的人们具有非意图性的影响。而在这后一背景下所发生的事情又直接或间接地对原初背景下的行为条件产生进一步的影响……这以无疑结果通常作为一个其参与者反思性支持的规则行为的副产品而有规律地分布。"参见 Anthony Giddens, *The Constitution of Society: Outline of Theory of Structuration*, Berkeley: University of California Press, 1984, p. 14.

第三章 环境：乡镇干部行动的外情境

认识组织环境是理解组织的前提和基础。不能笼统地用"其他一切"来定义组织环境，而应该结合组织的分析层次来考察。因为不同分析层次下组织环境的范围是不同的。斯科特将组织环境分析层次划分为四种类型：组织丛、组织种群、组织间群落和组织领域。① 对乡镇政府环境的理解应该在"组织领域"② 这个层次上进行，因为乡镇政府作为一种"组织领域"，具有独特的、相似的文化准则和意义体系，因此，在这个稳定的、制度化的领域内，"对于谁是关键行为者、什么样的行为和互动是恰当的，以及哪些组织包括在领域内、处于领域边缘或在领域之外，都有高度一致的认同。"③ 因此，我们可以将乡镇政府的环境定义为：与乡镇政府及其干部相联系的并对其有影响的、位于乡镇政府之外的诸多因素的总和。本书侧重从宏观角度考察乡镇政府的环境，将其分为：文化环境、政治环境和经济环境。当然，这三个方面不能涵盖所有的环境因素，仅是试图从这三个方面入手整体地呈现当下乡镇政府的外情境。

第一节 文化环境：乡土文化及其现代转型

文化环境是社会环境最为本质的表现形式之一。在文化和社会生活实践之间存在着密切关系，任何一种社会生活方式或社会类型，都存在一种

---

① 对于四种环境分析层次详细的介绍请参考［美］理查德·斯格特《组织理论》，黄洋等译，华夏出版社2002年版，第116—122页。
② 根据蒂马鸠、鲍威尔的定义，"组织领域"是指"那些聚集在一起，构成公认制度生活领域（a recognized area of institutional life）的组织：主要的供应者、资源和产品的消费者、制定规章的机构及其他提供类似产品和服务的组织。"转引自［美］W.理查德·斯格特《组织理论》，黄洋等译，华夏出版社2002年版，第120页。
③ ［美］理查德·斯格特：《组织理论》，黄洋等译，华夏出版社2002年版，第121页。

与其相对应的文化形式。因此，在考察乡镇干部的社会环境时就有必要对乡土文化现象给予分析，这种以文化分析为起点来研究社会环境的分析思路也是社会科学研究的传统之一。

尽管文化研究已成为社会科学领域的显学之一，但学者们却未能对"文化"这一概念达成共识。玛格丽特·阿切尔就曾指出，文化"是社会学史中对关键概念的分析发展中最弱的一个，它使文化概念在社会学理论中被最为笼统化地通用了。"① 本书是从动态过程角度理解文化的，在对待文化与行动关系这一问题时，并不赞同"文化决定论"，文化与行动之间是相互包含和依赖的关系，行动受文化影响，亦是文化的外在表现形式。

一 乡土文化及其特征

乡土文化是一个界域概念，它蕴含了两个前提假设：一是承认乡土这一"社区"类型的存在，即认为在乡土这个地理范围内存在一个自治的、自给自足的群体共享文化类型；二是认为乡土文化是一种区别于现代（城市）社区文化甚至与现代（城市）社区文化截然相反的文化类型，有所谓"传统"的东西在里面。因此，本书的乡土文化与"传统文化"或"传统乡土文化"并没有本质区别。

乡土文化是具有"乡土性的文化"。费孝通指出："从基层上看去，中国社会是乡土性的，我说中国社会的基层是乡土性的，那是因为我考虑到从这基层上曾长出一层比较上和乡土基层不完全乡土的社会，而且在近百年来更在分析方法接触边缘上发生了一种很特殊的社会。"② 如果从最表层的含义上去理解，"乡土性"所指涉的是乡村社会中以农业为主的一种生产方式，是一种完全不同于现代城市以工业或商业为主的生产方式。在更深意义上具有社会结构的属性特征。本书认为乡土文化可以从以下几个方面加以理解：

1. 乡土文化的空间特征

费孝通认为社会结构的"乡土性"最根本地表现在人与空间关系的不流动性上。这是因为，在传统乡土社会中人们谋生的方式非常单一，除了直接取资于土地之外，缺乏其他的生产方式。由于农业生产所特有的稳

---

① ［英］迈克·费瑟斯通：《消费文化与后现代主义》，刘精明译，译林出版社2000年版，第188页。

② 费孝通：《江村经济》，江苏人民出版社1998年版。

定性，传统乡土社会中的人几乎将身子"插入了土里"（费孝通语），所以，对于传统乡村社会中的人而言，世代定居是常态，迁移则是异态。从根本上说，也正是这种人与土地的"乡土性"关系决定了一种适应土地、面对土地的特殊文化形态，即乡土文化。

2. 乡土文化中的人际关系特征

乡土文化中的人际关系是以"亲缘"、"地缘"关系为基础，并以此构造人们交往与互动的"差序格局"。正是这种朴素的道义和情感义务，支撑着乡土文化和社会的持续。正如罗伯特·埃杰顿所说："乡间社会的特点就是道义和情感义务、人与人之间亲密无间、社会凝聚和持久的连续性。这都是乡间社会的特点，而人们转向城市生活以后就不复存在了。"① 这种人际关系还是一种孤立的或者说具有相对隔绝性的人际形态。乡土文化中的人际关系形态以农民的长期聚居为基础。中国传统乡村的基本单位是村落，大多数农民都是聚村而居的，由于农业生产对分工的要求较低，基本上不需要更大规模的、更多社区范围内的分工协作，因此各社区之间也因无需沟通而变得孤立和相对隔绝起来。当然这种孤立或相对隔绝并不代表乡村成员不流动，只是这种流动极其有限罢了。

3. 乡土文化中的个体理性特征

农民的行动是乡土文化最为直接的外在表现。在现代市场经济环境中，个体行动被概括为"理性经济人"。那么，乡土文化中的个体行动是否也能用"理性经济人"来解释呢？韦伯认为，处于"传统主义"下的农民，只追求代价的最小化，其行动是一种非理性的；波耶克也认为，在"乡民社会"中，由于人们只以"够用"为满足标准，其行动缺乏一种利欲和积累动机，因而表现为一种"非理性"。但也有学者从理论和经验两个方面证明，农民其实也像其他人一样具有理性的。② 他们的行动是一种具有目的性的理性行动，是"为达到一定目的而通过人际交往或社会交换所表现出来的社会性行动，这种行动需要理性地考虑（或计算）对其目的有影响的各种因素。"③ 当然，这牵涉到对"理性"这一概念的界定问题，我们主张在宽泛的意义上去理解"理性"这一概念，即认为"理

---

① ［美］罗伯特·埃杰顿：《传统信念与习俗：是否一些比另一些好？》，载［美］塞缪尔·亨廷顿，劳伦斯·哈里森：《文化的重要作用——价值观如何影响人类进步》，程克雄译，新华出版社2002年版。

② ［美］舒尔茨：《改造传统农业》，梁小民译，商务印书馆2006年版。

③ ［美］詹姆斯·科尔曼：《社会理论的基础》，邓方译，社会科学文献出版社1999年版。

性"仅仅是一种"趋利避害"的行动特征而已,而且这里的"利"不仅仅是经济利益,还包括"情感满足"、"高兴快乐"等心理因素。在此,我们赞同农民是"理性"的观点。

乡土社会中农民的理性是一种"生存理性",这种理性思维所考虑的首要因素是"生存第一",而不是"利益最大化"。中国农民的行动选择,是无法以个体的、经济理性的或追求利益最大化的原则加以解释的。也正如黄宗智所说,"几个世纪以来中国农民在人口-土地压力下不是遵循追求利益最大化的'经济理性'原则,而是为了维持整个家庭的生存而投入到哪怕是边际报酬递减的过密化农业生产活动中去。"① 农民为了维持家庭生存会选择"并非最次的行动方式"而不是"并非最优的行动方式",这是中国传统农民更为真实的内在行动驱动力。中国历史上虽然长期存在着人多地少的压力,但由于安土重迁的乡土文化传统,如果不是实在活不下去了,农民一般是不愿意背井离乡的。只要整个家庭的生计还能维持下去,他们"就宁愿守着这收益明显降低、边际收益不断递减的土地,被迫忍受着一种过密化的农业经营"②。

4. 乡土文化中的伦理本位特征

梁漱溟认为中国社会不是个体本位的,也不是社会本位的,而是"伦理本位的社会"。伦理是人们在社会生活中构成的人与人的各种关系及其原则。中国人"实存在于各种关系之上。各种关系,即是种种伦理。伦者,伦偶;正指人们彼此之间相与。相与之间,关系随生。家人父子,是其天然基本关系;故伦理首重家庭。……随着一个人年龄和生活之展开,而渐有四面八方若近若远数不尽的关系。是关系,皆是伦理;伦理始于家庭,而不止于家庭。"③ 乡土文化将农民形塑成"伦理本位"的个体,并且这种"伦理本位"也建构了一套独特的权利义务关系,以达成社会在道德意义上的整合。"伦理本位"也逐渐成为人们日常生活的一部分,或者说,它严格地限定着乡土社会中人们的行动方式。

二 乡土文化的现代转型

美国学者克拉克主张以一种世俗的眼光看待文化问题,他认为"文化其实并没能让所有的人都获得健康和幸福,从更长远的角度看,文化也

---

① [美]黄宗智:《长江三角洲小农家庭与农村发展》,中华书局2000年版。
② 同上。
③ 梁漱溟:《中国文化要义》,学林出版社1987年版,第80页。

不能确保所有社会都获得发展或生存,因为那些获得成功的社会都不是无限期地原封保存着它们的文化,而是必须使它们发生改变。"① 尽管我们并不赞同克拉克上述带有"发展目的论"色彩的观点②,但他却启发我们关注文化形态的动态性,以发展的眼光去看待文化现象。当前中国的乡土文化正在经历一场前所未有的变迁过程,这一变迁随着整个中国社会转型而发生。因此,应当在中国社会转型的框架中理解乡土文化的变迁问题。

"社会转型"(Social Transformation)是描述和解释人类社会发展的经典概念,最早出现在西方发展社会学理论和现代化理论中。"转型"本来是一个生物学概念,被社会学家借用来描述某些具有进化意义的社会结构转变。哈利生在论述现代化和社会发展时,就多次使用社会转型一词③。蔡明哲则直接把"Social Transformation"翻译成"社会发展",并认为"发展"就是由传统社会走向现代社会的一种社会转型与成长过程。④ "社会转型"也是中国社会科学界一个热门概念并被赋予本土性意义,其基本内涵是指社会的整体性变动。有学者认为社会转型就是从计划经济体制向社会主义市场经济体制的转变⑤,这是从当代中国社会的独特性视角来解释的;有学者则从社会类型视角认为社会转型是从传统农业社会向现代化工业社会和后工业社会的转型⑥,还有学者从不同社会维度将社会转型划分为文明转型、形态转型、制度转型和体制转型等四种类型⑦。可见,社会转型是人类社会从农业文明向现代文明转变过程中出现的概念。从某种意义上说,它与我们通常所理解的"现代化"有一定的联系。

本书的社会转型主要是指社会结构的整体性、根本性转变,它不是指

---

① [美]托马斯·维斯纳:《撒哈拉以南非洲的文化、儿童及进步》,载[美]塞缪尔·亨廷顿,劳伦斯·哈里森《文化的重要性——价值观如何影响人类进步》,程克雄译,新华出版社 2002 年版。
② 波特也认为"同样的文化属性,在不同的的社会中,甚至是在同一个社会的不同时期中,对于社会进步而言,可能具有很不相同的意义。"也就是说社会与经济发展之间并不一定存在一种简单的关系。参见[美]迈克尔·波特《国家竞争优势》,李明轩译,华夏出版社 2002 年版。
③ David Harrison, *The Sociology of Modernization and Development*, Unwin Hyman Ltd, 1988, p. 56.
④ 蔡明哲:《社会发展理论——人性与乡村发展取向》,台湾巨流图书公司 1987 年版,第 66、189 页。
⑤ 王宏维:《经济转型与社会价值规范调整》,《中国社会科学》1994 年第 3 期。
⑥ 施雪华:《论社会转型与政府职能转变》,《天津社会科学》1995 年第 2 期。
⑦ 刘玲玲:《对社会转型范畴的哲学思考》,《北方论丛》1996 年第 5 期。

社会某个领域的变化，更不是指某项制度的变化，而是指社会生活具体结构形式和发展形式的整体性变迁。就现阶段而言，社会转型可以指社会"从传统型社会向现代型社会过渡的时期，社会传统因素与现代因素此消彼长的进化过程"①，尤其指当代中国从传统社会向现代社会、从农业社会向工业社会、从封闭性社会向开放性社会、从自给自足的自然经济社会向商品经济社会、从乡村社会向城镇社会的变迁和发展过程。

中国的社会转型打破了传统的、陈旧的社会生活方式，使"传统形式的共同体和文化的'原生'属性不得不大大消弱。"② 也就是说，文化变迁既是社会转型的一种表现，又是由社会转型所根本推动的。当前乡土文化转型即是指乡土文化从传统形态向当代形态转变的历史过程，亦是文化本质属性的"渐变"过程。乡村的传统乡土文化的影子并没有完全消失，而呈现出一种与现代性、多样性和市场性相互交融的特点，具体表现为：

（1）从封闭同质到开放异质

乡土文化植根于传统农业这一特殊生产生活方式。自给自足的自然经济模式造就了传统乡土文化中求稳怕乱，封闭守旧的同质文化心态——一种自我满足，盲目排外，因循守旧，不重视外来信息和经验，拒绝交流与合作，求稳求安的价值观念。在这种价值观念影响下，农民将一种同质化的带有强烈儒家色彩的行动规范视为不可逾越的处事原则。但是现在，市场经济的触角已经延伸到乡村。市场经济要求资源自由流动，而资源自由流动则极大地冲击了传统乡土文化，使乡土文化逐渐具备了开放性。此外，随着乡土社会的开放，乡土文化也不再是同质的了，农民正在接受多元文化的熏陶，乡土文化正在呈现多元化倾向。③

人口流动性的增加是导致文化多元和开放的动力之一。最近几年，荃镇的不少青壮年劳动力选择外出务工，只有在农忙或年底的时候才返回家乡。表 3-1 显示出荃镇的外出务工人员逐年增加，且有年轻化趋势。

---

① 北京市社会科学联合会、北京市社会学学会：《社会学百年》，北京出版社 1999 年版，第 280 页。
② 罗伯森、罗兰：《全球化——社会理论和全球文化》，上海人民出版社 2000 年版，第 90、92 页。
③ 刘建荣：《社会转型时期农民价值观念的冲突》，《湖南师范大学社会科学学报》2005 年第 3 期。

表 3-1　　　　　　　2005—2012 年荃镇外出务工人口数

2005 年	2006 年	2007 年	2008 年	2009 年	2010 年	2011 年	2012 年
0.67 万	0.72 万	0.81 万	1.03 万	1.46 万	1.51 万	1.52 万	1.60 万

"乡土"对这些外出务工人员而言成了一个最熟悉又最陌生的地方，一方面他们骨子里继承了父辈们传统保守的一面，对生活并没有过分的奢望，也没有较明确和理性的生活目标。但另一方面，在文化心理上，对城市生活和现代文明已经产生了某种向往和依赖，对传统乡土文化和乡土社会却产生了排斥心理，这种心理变化在年轻一代农民工中尤为明显。ZCL 是一位典型新生代农民工，尽管只有 23 岁，但已在外务工六年，他觉得"到大城市里能开开眼界……在外边能多呆一天是一天，外边总比家里好，在老家呆段时间就变'土'了，跟不上形势了"。这一想法在年轻一代农民中颇具代表性。

（2）从"生存理性"到"经济理性"

传统乡土文化下的行动遵循的是"生存理性"原则。农民在人多地少的压力下学会了一分一厘地计算，一得一失地权衡，从而发现了寻求并维持生存甚至糊口而非追求利益最大化，是在现实面前做出种种选择的首要策略。但是，随着市场经济的发展，农民生存压力得到缓解，具有了更高层次的追求，他们的"意愿"里不只有"生存理性"，而且还增加了"经济理性"①。荃镇劳动保障所 F 所长曾这样说：

> 现在年轻人都想往外边打工，不像原来村里的老人，守着家里的一亩二分地不想动，一方面出去打工确实能比在家里种地赚的多，这几年不少户里买电视、盖房子都是靠打工。另一方面，年轻人也喜欢热闹，大城市里就比农村热闹，玩的也多，谁还愿意呆在农村啊……一出去就更不想回来了，看看城里人过的日子，就会越来越觉得城市好农村孬……特别年底那些打工回来的都穿得很鲜亮赶潮流，这对没出去过的小青年也影响很大……（201039 FDJ）

可见他们已经意识到：进城打工所得到的好处"完全可能超过挣点钱来修房子、讨媳妇、看病吃药、还账还款"。他们"乡土"观念的文化

---

① 文军：《从分治到融合：近 50 年来我国劳动力移民制度的演变及其影响》，《学术研究》2004 年第 7 期。

意义已经不再像原来那样被强烈认同了。再加上城市化为他们提供了大量可供选择的生存空间和发展机会。在日益松弛的结构性条件下，为追求生存以外的需求，他们成为游离于传统乡土之外同时又游离于现代城市之外的群体①。

(3) 从伦理本位到利益本位

改革开放以来，市场经济原则的渗透和冲击使得农村社会不再是传统意义上的乡土中国了，原先具有血亲关系的"自己人"关系不断"外化"，村庄层面中"熟人社会"日益"陌生化"，导致乡村生活的伦理色彩越来越淡化，村庄的交往规则正逐步摆脱"血亲友谊"和"人情面子"的束缚，走向以利益计算为旨归的规则体系，也即人际关系的基础正在从伦理本位向利益本位转变。某村支部书记 WSC 对当下的这种情境感到痛心和无奈：

> 现在人心都变了，除了我这个年龄的（笔者注：51 岁）还有再上年纪的人，现在的小年轻都注重钱，动不动就拿钱来说话，以为什么事都能用钱摆平……村里有些人也是为了钱不顾面子，有的为了钱连亲戚朋友都骗。（问：有这方面的例子吗？）前两年，老张家的二小子去广东那边打工，后来打回家电话来说有个行当很来钱，就把他堂叔家的几个兄弟还有外村的几个同学拉过去了，后来才知道是搞传销……你说为了钱他什么不敢做？（20091128WSC）

不少学者也看到了当下农民理性化程度上扬和血缘伦理意义衰退的现象，这一变化影响是极其巨大而深远的。它不仅会改写家庭的结构和意义，重塑社会的联结模式，还将造就一大批信仰缺失的农民，导致他们的生活无意义化与自利化，并对乡村社会乃至整个社会的道德与秩序产生重大影响。② 当然，我们也应当清醒地意识到，传统乡土文化的"伦理意识"仍然在起作用，当前的乡土文化只能说处于伦理本位和利益本位相

---

① ［美］詹姆斯·斯科特：《农民的道义经济学》，程立显等译，译林出版社 2001 年版；［美］黄宗智：《中国农村的过密化与现代化：规范认识危机及出路》，上海社会科学院出版社 1992 年版；黄平：《寻求生存——当代农村外出人口的社会学研究》，云南人民出版社 1997 年版。

② 董磊明、陈柏峰、聂良波：《结构混乱与迎法下乡——河南宋村法律实践的解读》，《中国社会科学》2008 年第 5 期。

互交融的状态之中。

第二节 政治环境：国家授权与社会授权

本书的政治环境指的是那些影响政治权力配置和运行方式的因素。这些因素可以是制度化的，也可以是非制度化的。本书仅讨论两种政治环境因素：一是自上而下的压力型体制，二是自下而上的农民非制度化政治参与。

一 国家授权：压力型体制及其衍生机制

荣敬本等学者在研究县乡两级政治体制时提出了"压力型体制"的概念，用来概括县乡两级政治体制的运作特点。按照荣敬本的研究，所谓"压力型体制"是指："一级政治组织（县、乡）为了实现经济赶超，完成上级下达的各项指标而采取的数量化任务分解的管理方式和物质化的评价体系。"[①] 荣敬本还将压力型体制的运作过程划分为四个阶段（如图3-1），这四个阶段都围绕着数量化的指标和任务展开。

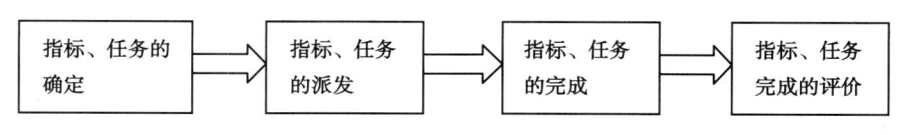

指标、任务的确定 → 指标、任务的派发 → 指标、任务的完成 → 指标、任务完成的评价

图3-1 压力型体制的运作过程

县委县政府每年都会确定乡镇政府下一年度的工作重点，并下达具体指标任务，乡镇政府再根据这些工作重点和指标任务制定更为详细的"工作重点责任分工实施细则"，并报县委批准。这些工作重点和责任分工就成为乡镇政府全年的工作指导。从表3-2可以看出，荃镇的目标考核几乎涉及了荃镇政府未来一年所有重要的工作，涵盖经济、政治、社会等多个方面，这些任务使得处于国家政权体系末端的乡镇政府承受了伊斯顿所说的"过分容量的压力"[②]。

---

① 荣敬本：《从压力型体制向民主合作体制的转变》，中央编译出版社1998年版，第28页。
② [美]戴维·伊斯顿：《政治生活的系统分析》，王浦劬译，华夏出版社1998年版，第67页。

表 3-2　　荃镇 2009 年度目标考核责任分工

序号	指标名称	任务目标	责任领导	备注
1	国地税收入	培植新税源，大力开展综合治税，确保应收尽收，足额入库，完成财政税收 755 万元以上	WY	各项任务目标务必争取全县前 3 名。在年终全县综合考核单项排名中，位列全县前 3 名的，对责任领导予以 2000 元的现金奖励，对位列全县倒数 3 名的，对责任领导予以 2000 元的现金处罚，年终一次性兑现
2	人均地方税收收入		WY	
3	固定资产投资	固定资产投入 19557 万元以上	LDH	
4	高新技术产业产值及占规模以上工业产值比值	以完成县下达的任务数为基础数，争取更高指标（目前县任务未下达）	LDH	
5	服务业发展状况	以 S 发 [2009] 4 号文件为依据，扎实做好旅游工作，各项指标全面争先	LDB	
6	新增规模以上企业个数	新增规模企业 4 个以上	LDH	
7	直接利用外资	实际利用外资达到 150 万美元以上	LDH	
8	国内招商引资	完成招商引资额 2500 万元以上	LDH	
9	外贸出口总额	出口创汇 100 万美元以上	LDH	
10	开发区项目引进建设	确保一个新登记注册 5000 万元以上项目落户	LDH	
11	农业经济	以 S 发 [2009] 6 号文件为依据，全面完成县下达的各项任务目标	WYT	
12	教育目标	完成灰泉、石漏、荃镇 3 处小学的异地新建；荃镇初级中学、泗源小学、韩家村小学扩建立项并开工建设	RGS	
13	医疗卫生目标	参合率达到 95% 以上，完成 20 处村级卫生室的改造工作	RGS	
14	劳动和社会保障目标	以 S 发 [2009] 4 号文件为依据，全面完成县下达的各项任务目标	LDH	
15	农村"四民主、两公开"工作	抓好每年 4 次政务、财务公开和村务公开日活动，抓好村级财务账目管理	ZY	
16	人口与计划生育管理目标	全面完成县下达的各项任务目标，确保育龄妇女普查率、节育措施落实率、补救措施落实率等关键指标达标	ZJH	
17	耕地保有量和基本农田面积及林木覆盖率		WYT	

续表

序号	指标名称	任务目标	责任领导	备注
18	环境保护及生态村、生态乡镇建设	确保完成县政府下达的环保指标,彻底清楚非法硫磺窑、小淀粉、黑洗棉、塑料颗粒等"土小"企业,保证新上项目"三同时"要求	LDH	
19	驻地建设和村镇综合整治	以 S 发［2009］7 号文件为依据,全面完成县下达的各项任务目标	LDB	
20	精神文明建设	全面完成县里下达的文明小康村、文明生态村创建任务,新建 1-2 处示范典型	LYX	
21	党的建设	开展村级组织活动场所"规范化建设年"活动,抓好新一轮村级组织活动场所的建设和修缮工作;抓好村支部书记、主任培训,做好党员发展工作,做好党员信息库维护,规范管理各远程教育网络站点;深入开展实践科学发展观活动	WF	
22	党风廉政建设	落实泗委［2008］15 号文件,完成与县签订责任状任务,着力加强村级党员干部教育管理,查办突出案件,深化治本抓源头工作	ZY	
23	社会治安综合治理	扎实做好技防村建设、农村治安保险推行工作,抓好各项专项行动;完成全国、省、市、县重大节日、活动期间的信访稳定任务,加强重点人员稳控、加强矛盾排查、解决落实信访老案,力争不出现上京、去省、进市情况	WYL	
24	信访稳定	完成各级两会及重大节日、活动期间的信访稳定任务,加强重点人员稳控、加强矛盾排查、解决落实信访老案,力争不出现越级访、群体访、重复访案件	ZY	

压力型体制是我国特有的集权式政体在行政体制上的反映,在转型期衍生出三个"子机制",并成为影响乡镇干部行动的制度性因素。

(一) 膨胀型机构设置

县、乡两级在机构设置上具有很高的同构性。但是乡镇的很多机构设置是没有必要的,任务一下来,还是多个部门联合行动,机构的部门性并没有体现出来。也就是说,乡镇政府的机构设置并非出于实际工作需要,其目的更多地是为了与上级政府组织某机构对口衔接,以及方便任务下达和经费下拨。有时即便是乡镇为开展特定职能方面的需要设置了某机构,也会因为上级政权组织没有相同或相似的对应机构,而最终被取消。[①] 这

---

① 赵辰昕:《乡政府管理》,中国广播电视出版社 1998 年版,第 78 页。

种制度设计的一个必然后果是政府机构的膨胀，县乡两级政府形成"上下一般粗"的机构格局。荃镇退休的 S 镇长曾这样告诉笔者：

>　　过去镇里的机构部门很多，"七站八所"，还有卫生院等一些事业单位，外面的人很难摸清到底有多少个机构，那时候开个全镇工作人员大会都没地方开，人太多啊，最多的时候我记得"吃皇粮的"都快二百人了，开会只能借镇小学的大礼堂……人多是因为部门多，部门多是因为上面部门多，县里有啥镇里就得有对口的机构，你说说人能不多吗？后来有的站所垂直了，有的机构合并了，不过现在看来还是多。我感觉基层有基层的特点，应该根据基层的实际情况来设机构。（2010324 SYW）

（二）双向预算软约束

财政体制是政府内部资源分配方式的体现。在尼斯坎南的官僚动机模型里，工资、官僚机构的输出、公众声誉、权力、奖金、办公室津贴、变革的难易度和管理官僚机构的难易度等几个变量都是政府"官僚"的效用函数。他认为，"在某个官僚在位期间，除了最后两个变量以外，其他所有变量都是该官僚机构的总预算的正相关函数。"[①] 表现为政府成员有追求预算最大化的倾向。那么乡镇干部通过何种方式来实现预算最大化呢？

改革开放之初，基层干部就表现出显著的"软预算约束"[②] 色彩，具有强烈的突破已有预算限制、实践权力扩张之冲动，并且试图通过游说上级政府以获得预算以外的资源。于是，政府试图通过财政包干、财政拨款

---

① ［美］威廉姆·尼斯坎南：《官僚制与公共经济学》，王浦劬等译，中国青年出版社 2004 年版，第 37 页。
② "软预算约束"是经济学家科尔奈在研究公有制企业的经济活动时提出的一个概念，他认为公有制企业在经营过程中往往一味地追求产出，但是不注重效率，它们可以在出现亏损或资源短缺时，通过向上级部门索取资源来弥补亏空，这种实质上突破了硬预算限制的经济现象就叫做"软预算现象"。也就是说"预算"条件对企业行为实际上并没有产生真正有效的约束力，20 世纪 80 年代以来，"软预算约束"成为解释社会主义计划经济中企业行为的一个重要思路和工具。参见 Janos Kornai, "Resource-Constrained Versus Demand-Constrained Systems", Econometrica, Vol. 47, 1979, pp. 801–819; Janos Kornai, Economics of Shortage, Amsterdam: North-Holland, 1980.; Janos Kornai, The Soft Budget Constraint, Kyklos, Vol. 39, 1986.

与财政收入挂钩、收支分流等方式硬化财政预算，达到限制地方政府规模扩张之目的，并取得了一定成效①。但是地方政府仍无法摆脱"精简—扩张—再精简—再扩张"的恶性循环②。到90年代后期，甚至出现了与改革初衷相背离的结果：一方面机构未能实现精简；另一方面，地方政府改变过去向上索要资源的倾向，转而向下攫取资源，也即"逆向软预算"现象。具体表现为：一是基层政府通过税收之外的各种杂费，将政府之外的资源转变为政府可支配的（正式或非正式的）财政能力；二是基层政府通过各种政治压力或者交换关系迫使或者诱使所管辖区域中的企业或其他实体单位向政府倡导的政绩项目或其他公共设施工程捐资出力；三是自上而下的"钓鱼工程"，即上级政府拿出很少一部分资金做诱饵，鼓励下级政府或单位用各种方式集资来完成某项工程。③

具体到县乡一级，"逆向预算软约束"表现为：县级政府不断增加对乡镇的税收索取，使得乡镇一级的财政任务逐年上调。在这种情况下，乡镇政府就不得不向下攫取资源，1994年分税制改革之后变得更为明显。

这种现象在荃镇同样存在，由于未做科学的税源调查，S县政府很难摸清乡镇一级的实际收入。像全国很多地方一样，S县在向乡镇分配财税任务时也采取"基数法"，即结合S县县级财政目标（由市一级确定）和乡镇政府的上年度任务来设定。结果是不管乡镇实际经济发展状况如何，县级所制定的上缴任务始终在增加。（表3-3）

表3-3　　　　　　　荃镇国地税考核目标（2005—2010）

年份	2005	2006	2007	2008	2009	2010
国地税考核目标（万元）	455	509	575	656	755	868

表3-3显示，荃镇2005年的税收任务是455万元，到2010年则增加到868万元，差不多翻了一番，荃镇的税收考核目标几乎以每年13%的速度递增，远高于同期国家公布的GDP的年均增长率。在这种巨大的任务压力下，乡镇政府不得不一方面继续向上索取资源，跑项目争取资本，另

---

① Qian Yingyi and Gerard Roland, Federalism and the Soft Budget Constraint, *American Economic Review*, Vol. 88, 1998, pp. 1143-1162.
② 乌杰主编：《中国政府与机构改革》，国家行政学院出版社1998年版；殷静志：《机构改革启示录》，中国政法大学出版社1994年版。
③ 周雪光：《"逆向软预算约束"：一个政府行为的组织分析》，《中国社会科学》2005年第2期。

一方面还要向下攫取资源,呈现出明显的"双向软预算约束"现象。

(三)惩罚性政务激励

责任状、指标任务等激励方式是压力型体制最直接的体现。尽管有"奖"有"罚",但实际上却是"罚重于奖",在"奖"方面往往侧重于经济手段,而在"罚"方面则更多地侧重于政治方式。这种重视"负激励"的管理制度会给干部更大的压力。当下,县乡之间最为流行的管理制度是目标责任制,县政府通过制定明确的经济社会发展的"硬指标",并将该指标层层分解——从县到镇、从镇到村,来运行政务管理。我们将这种运行机制称之为"惩罚型政务激励机制"。

每年年初,荃镇都要与S县政府签订"目标责任书",具体内容则由县级政府根据各乡镇的不同情况制定。责任书里详细规定了未来一年乡镇所要完成的任务、指标、考核标准以及奖惩规定等等。荃镇再根据这些要求列出详细的重点工作,作为未来一年的工作计划和指导。(见附录5)

在这些指标和任务中,那些上级政府认为最为重要的往往被归为"一票否决"事项。所谓"一票否决"是指一旦所规定的某项或某几项任务没有完成,则该单位或个人不得参与各种先进称号和奖励的评选,单位负责人也不得提拔升迁。从S县对荃镇一票否决项目的规定中也能看出乡镇的工作重心之所在。(表3-4)

表3-4　　　　　　　　荃镇工作目标与定责方式

项目名词	奖惩方式	荃镇负责部门	是否签订责任状
计划生育	一票否决	镇党委、镇政府	是
财税	一票否决	镇党委、镇政府	是
招商引资	一票否决	镇政府	是
信访稳定	一票否决	镇党委、镇政府	是
社会治安综合治理	单项考核	镇政府、综治办	是
党风廉政	单项考核	镇纪委	是
法制建设	单项考核	司法所	是
党建工作(争先创优工程)	单项考核	镇党委、组织办	是
党报征订	一票否决	组织办	是
村镇建设	单项考核	镇政府、村镇办	是
景区内违建	一票否决	镇政府、村镇办	是

有些项目如"财税"、"信访稳定"和"招商引资"等是"一票否决"的传统项目，而最近几年，有些项目则不再用一票否决方式考核了，如"计划生育"、"社会治安综合治理"和"党风廉政"。此外，如"景区内违建"则属于新增的"一票否决"项目，该项目之所以被列为"一票否决"的范围内，是为了配合 S 县在荃镇建设旅游景区的需要，体现了一定时期的工作重心。本书第四章还将深入讨论乡镇政府内的目标责任制问题。

这种一票否决的管理制度给乡镇领导干部们带来了巨大而且直接的压力。荃镇的 X 书记曾无奈地说，"别人看着一个个书记、镇长怪风光，实际上都不能体会这些人的苦处。现在的这种管理制度，给基层干部的压力太大了，一个工作做不好政治前途就没有了，有的甚至会丢掉乌纱帽。"① 县对镇实施一票否决所带来的一个直接结果是，乡镇在内部也同样实施一票否决制度。荃镇规定了对镇直各部门和村的一票否决项目，并规定凡是"被一票否决的单位、村和个人，集体年终考核一律不得参与评先树优，不给予荣誉、现金奖励，个人一律不得参与评先树优，不予提拔或重用。"② 但是从调研的情况来看，这种转嫁压力的结果多是负面的，乡镇干部背负了巨大的心理压力，"比吃不饱睡不着还难受"。③

二 社会授权：农民非制度化政治参与

乡土政治在本质上涉及的是有关乡土场域内政治资源的配置问题，其核心是政治权力的分配，也即乡土社会治理权力主体的变迁问题。从纵向上看，国家对底层农民自治权力的强化是最近几年乡土政治变迁的主要内容，直接表现为农民逐渐增强的政治参与冲动和逐渐增多的政治参与行为。但矛盾的是：国家的目的是试图在制度性框架内发展这种政治参与权力，而实际上，这种自下而上的政治参与却是"非制度"化的。更大的问题还在于基层政权缺乏接纳这种"非制度"性政治参与的制度设计。

传统乡土社会治理是"少数人"的游戏，高度分散的农民个体又缺乏适当的制度性利益表达途径。当国家权力或其他社会力量对农民个体的掠夺超过其维持最简单的小农经济再生存底线时，农民则往往付诸于"揭竿而起"等不合法的表达方式争取权利。于是，古代中国便始终难以

---

① 访谈资料：2010308 WY。
② 荃发 [2009] 18 号《关于 2009 年度岗位目标责任制考核的暂行规定》。
③ 访谈资料：2010219 XBL。

摆脱治乱循环的怪圈，没有哪个封建王朝能实现乡土社会的长治久安。传统乡土社会的上述政治现实，也逐渐养成了传统农民在政治上的高度依附性，马克思曾对这种现象给予过生动的分析：

> 小农自己不能代表自己，一定要别人来代表他们。他们的代表一定要同时是他们的主宰，高站在他们上面的权威，是不受限制的政府权力，这种权力保护他们不受其他阶级侵犯，并从上面赐给他们雨水和阳光。所以表现为行政权力支配社会。①

新中国成立之后，人民公社体制的建立从制度上实现了国家政权和乡土社会的高度重合。人民公社既是国家政权在乡土社会的延伸，又是乡土社会组织生产和生活的机构。"政权组织经济化、行政活动党务化、管理活动军事化"② 是人民公社的突出特征，"公社控制了对土地等生产资料的所有权，直接具有对全公社范围内经济活动的管理权，对人力和资金的支配权，并且凭借这些权力在流通领域控制了一切生产和生活资料的自由流动和交易。"③ 它在实质上实现了乡村社会的"国家化"，农民的政治利益表达也被"国家化"了。尽管农村社会表现出一种超稳定结构状态，但却是以农民的政治愿望和诉求被压抑为代价的，国家几乎控制了乡土社会的整个社会生活和农民个人自由。

改革开放之后，国家通过家庭联产承包责任制使农民获得了土地经营权。农民在经济上获得了一定自主性，可以根据自身情况安排生产活动，在某种程度上摆脱了国家"强控制"。同时，随着市场开放程度增加，农民外出务工人数逐年增多。在这一背景下，原本分散化的农民变得更加原子化了，就像马克思所形容的"马铃薯"——他们既无力把握风云际会的政治，也无力把握变幻莫测的市场。自由经济所带来的高风险使农民感到了自身的脆弱性，同时政治信息缺乏、利益渠道狭窄、组织化水平低，又进一步加剧了他们在村级公共事务中的无力感④。经济资源的缺失与政

---

① 《马克思恩格斯选集》第 1 卷，人民出版社 1972 年版，第 693 页。
② 发展研究所综合课题组：《改革面临制度创新》，上海三联书店 1988 年版，第220 页。
③ 周晓虹：《中国农民的政治参与：毛泽东和后毛泽东时代的比较》，《香港社会科学学报》2000 年秋季号。
④ 金太军：《村庄治理中三重权力互动的政治社会学分析》，《战略与管理》2002 年第 2 期。

治地位的低下决定了普通村民在村庄政治中的"棋子"角色。他们在形成政治态度时往往受到村庄精英的裹挟,被动或主动地依附于村庄精英进入村庄政治生活①。

但在村庄精英普遍蜕化为"赢利型经纪人"的背景下,即便农民知道自身需求,也因缺乏制度化和组织化的利益表达渠道,而无法与相对强大得多的乡镇政府讨价还价,处于近乎失语状态。在调查中当我们问及"对乡村政府和干部有何要求"时,许多农民的回答是:"对于干部没有什么要求,只要他们少收点钱就行了";更有甚者说道:"不敢想干部的什么服务,只要他们少干点坏事就行了"。这体现了农民对乡村政权和干部的失望不满和"沉默的反抗",显示了基层政权和农民之间的疏离。当正式的利益表达和意见输入渠道被堵塞时,非制度化政治输入便成为农民的一种选择,给乡镇干部带来了极大的政治压力。这种非制度化的政治参与主要有三个表现:

(一) 越级上访

上访也叫信访,是指"公民、法人或者其他组织采用书信、电子邮件、传真、电话、走访等形式,向各级人民政府、县级以上人民政府工作部门(以下简称各级行政机关)反映情况,提出建议、意见或者投诉请求,依法由有关行政机关处理的活动。"② 上访是公民表达利益诉求的一种制度性途径,也是政府提高合法性和有效制约基层干部行动的一种制度设计,是"国家高度科层化的片面发展和与社会之间联结机制存在断裂的一种修补性措施。"③ 而所谓"越级上访"则是指"上访人越过所在的基层单位,或者应该处理他提出诉求或反映问题的单位,到他的上一级机关去上访"④ 的行动。由于信访稳定是每一级政府的重要考核项目,另外,领导者也普遍认为,上访所反映的都是自身工作中的不足,是自己的"短处"。因此,各级政府都反对"越级上访",尽管《信访条例》中并未明确禁止"越级上访"。

"信访稳定"是荃镇的中心工作之一。所谓"信访稳定"工作实质是就是要"减少本级上访,杜绝越级上访、群体访",从荃镇的文件中我们

---

① 仝志辉、贺雪峰:《村庄权力结构的三层分析》,《中国社会科学》2002 年第 1 期。
② 《信访条例》,中国法制出版社 2005 年版,第 2 页。
③ 应星:《大河移民上访的故事》,生活·读书·新知三联书店 2001 年版,第 314—327 页。
④ 张双山:《正解"越级上访"》,《公民导刊》2006 年第 8 期。

也能看得出乡镇一级政府对"越级上访"的敏感程度。

> 镇党委、政府要求各管区、行政村"一把手"务必增强责任意识,树立稳定压倒一切的思想,安排包村干部、村干部切实抓好稳控工作。任务上肩,责任砸死,对可能越级到省进京上访的人员看死盯牢,想尽千方百计,不惜一切努力,坚决杜绝到省进京上访滋事情况的发生。对发生到省进京上访问题情况并产生恶劣影响的管区、村,副科级领导,由县委给予戒勉,年底定为考核不称职等次;村支部书记一律停职检查,村主任不得领取年终奖。同时按年初镇与管区、村签订的"责任状"给予经济处罚。对包案领导、管区总支书记、有关部门负责人、各管区主任、包村干部所负责包保的上访人发生到省进京上访情况,另扣发两月工资。同时,镇党委安排各管区写了保证书,进一步砸死了责任。①

但是,荃镇最近几年越级上访的数量不仅没有减少,反而在增加。荃镇的信访办主任就坦言,"基层信访工作越来越难做了。"②越级上访数由2005年的13起16人次上升到2009年的21起26人次,总体上访事件和人次也都呈现出增长趋势。(表3-5)

表3-5　　　　　　　　荃镇上访情况(2005-2009)③

时间	2005	2006	2007	2008	2009
平级上访	49起106人次	48起132人次	56起118人次	59起138人次	56起141起
越级上访	13起16人次	13起14人次	15起17人次	18起22人次	21起26人次
总计	62起122人次	61起146人次	71起135人次	77起160人次	77起167人次

越级上访事件的增多也说明基层政府和干部公信力的削弱,因此农民常会采取直接到省、市政府甚至中央政府上访的方式。以2008年荃镇的上访情况为例,共有9起13人次到市上访,9起9人次到中央上访。这些越级上访多数发生在政府重要会议和重要节日期间。因此,每到这些

---

① 荃镇党政办材料:2008年7月22日荃镇委镇政府向县委、县政府所做的《关于信访稳定的工作汇报》。
② 访谈20091208ZAG。
③ 根据荃镇信访办内部材料整理。

"敏感时期",乡镇政府就格外"紧张"。荃镇每年年初,在"两会"召开期间都会专门下发通知,并召开会议部署工作,砸死责任,严格奖惩。

> 春节将至,中央、省、市、县"两会"即将召开,做好这一时期的信访稳定工作,确保不发生越级上访、集体上访和滋事闹事问题,维护社会大局稳定,是当前一项重要政治任务……实行区域负责制,包案领导、相关部门、管区及时了解第一信息,掌握第一资料,分析第一信号,研究第一动向,制定周密可行的严防措施;包村干部作为各村的信访信息联络员,与村支两委主要干部是村级直接责任人;各管区总支书记、管区主任为管区第一责任人……这段时间内,镇带班领导、有关部门、各管区及所辖行政村负责人严格落实监控措施,24小时不间断监控,手机24小时开机,确保人员在位,信息畅通,反应迅速,处理及时。①

荃镇对上访事件的"重视"也使得一些农民逐渐意识到似乎利用上访的手段能更好、更快地解决问题,这也是上访事件逐渐增多的原因之一。甚至还出现农民为了"获取不合法不合理的利益",利用上访来"要挟"地方政府的情况,荃镇的领导干部把这些人称之为"刁民"。② 荃镇的一个典型案例是,Y 村 48 岁的村民 CQL 自 2006 年初便多次到省、市、县上访,主要反映该村村干部违纪问题,荃镇党委政府曾经成立专门调查组,经过调查认为"其上访目的是撤换掉现任支部书记兼村主任,本人想当村干部。其反映的问题基本与事实不符。"③ 并分别于 2006 年 4 月 20 日、6 月 2 日将调查处理结果向上访人进行了答复。2006 年 7 月 20 日、11 月 30 日,S 县信访局、荃镇镇党委政府将调查处理情况还先后两次向省信访局接访一处领导进行了汇报,但是由于"CQL 性格比较固执,对所有调查处理意见一概不予认可,坚持撤换村干部。在镇、村多方做其思想工作的同时,CQL 又到京上访,给首都的政治社会稳定造成了不良影响。"当时这件事搞得荃镇的领导干部"焦头烂额,也给正常的政府工作造成了很大影响……有的干部都睡不着觉了……像这种无理上访的人,抓

---

① 荃发〔2010〕4 号"关于做好四级'两会'及春节期间信访稳定工作的通知"。
② 访谈 20091208ZAG 以及一些非正式访谈。
③ 根据访谈及中共荃镇委、荃镇人民政府于 2007 年 2 月 9 日向国家信访局所做的"荃镇 YJD 村村民 CQL 上访问题调查处理情况汇报"等资料整理。

住一个得很治，不下狠心不行。"①

（二）组织化抗争

荃镇农民的非制度化政治参与多是分散的缺乏组织性。但在一些地方已经出现了农民"组织化抗争"事件。有学者认为"组织起来抵制地方社区组织的种种非政策甚至非法行为，已经成为农民自觉或不自觉的行动趋向。"②

农民的组织化抗争是转型期社会冲突的重要表现形式，表明目前我国农村政治体制已经面临比较严重的治理性危机，不仅影响到农村的社会稳定和发展，而且在一定程度上制约了国家由传统社会向现代社会的转型。但基层政府往往采取粗暴方式压制农民组织化抗争，客观上激化了干群矛盾，进而使农村基层政权出现功能性退化。

尽管荃镇并没有发生过农民的组织化抗争事件，但却有抗争组织化的倾向。荃镇在 2009 年曾经发生过一起南石匣村 15 户居民集体越级上访事件，上访所反映的问题主要集中在：一是 2005 年小麦直补款被挪用买变压器、2006 年小麦直补款没有发放的问题；二是反映"327 国道拆迁补偿不知道标准，要求全部发放"的问题；三是反映"村干部四人多占土地 200 多亩"的问题；四是反映"村干部违反计划生育政策"的问题；五是反映 15 户低保户发放低保款不及时的问题。荃镇政府的处理决定是：

> 上访人 YRM 等 3 人反映问题基本属实。关于 2009 年度小麦直补款问题县镇财政所会同管区正在入村丈量核实，将按实际情况如实发放到户；关于村干部 4 人多占土地问题，目前由县纪委牵头，农业局、司法局镇党委政府积极配合，根据《农村土地确权办证实施方案》要求，正在整改中；关于于洪恩违反计划生育政策问题，镇纪委根据《中国共产党纪律处分条例》已给予于洪恩撤销支部书记职务；关于低保款发放不及时问题，现经镇政府民政部门督查，现已全部领发放了低保款。以上所有问题查清后，将根据该村党员干部违规违纪情况进行坚决处理。③

---

① 访谈资料：20091208ZAG。
② 赵树凯：《矛盾、引导和历史的契机：关于 196 封农民来信的初步分析》，《农民日报》1998 年 1 月 28 日。
③ 荃发 [2009] 15 号"荃镇南石匣村上访案件的调查报告"。

这表明，相对于单个农民抗争而言，乡镇干部对农民组织化抗争具有更强烈的畏惧感，这种形式给乡镇干部带来更大的政治压力。在应对方式上他们会尽量避免粗暴压制，而更倾向于通过合法手段同群众协商解决，在处理结果上倾向于对群众有所照顾。

（三）"弱者的武器"

如果说"越级上访"和"组织化抗争"是一种公开的、正式的抗争形式的话，那么下面将要讨论的这种抗争形式则涉及那些更为隐蔽和非正式抗争行动：农民利用"弱者的武器"所进行的"日常抗争"。斯科特曾系统研究过这种抗争形式，他在马来西亚一个村庄进行了为期两年（1978—1980）的田野研究，他并没有关注那些在以往研究中占主角的有关农民大规模的、有组织的抗议行为，而是将目光聚焦于那些在现实中更普遍的却被研究者所忽视的"农民反抗的日常形式"。

他认为"在第三世界，农民很少会在税收、耕作模式、发展政策或繁琐的新法律等问题上去冒险与当局直接对抗；他们更可能通过不合作、偷懒和欺骗去蚕食这些政策。他们宁愿一点一点地挤占土地而不是直接侵占土地；他们选择开小差而不是公开发动兵变，他们宁可小偷小摸也不去抢公共的或私人的粮仓。而一旦农民不再使用这些策略而采取堂吉诃德式的行动，这通常是大规模铤而走险的信号。"[①] 也就是说，农民与国家权力的斗争往往是以一种更加隐蔽却更加普遍和温和的方式进行的。

荃镇干部常说"老百姓越来越难管了"。"难管"暗含了一种对农民不合作或对抗行动的无奈情绪。农民常常表现出对镇政府及村委会的不信任感，乡镇政府在乡村开展的一些活动往往得不到农民的积极配合。笔者曾经参与了一次 S 县"春季计划生育集中活动"，这是由县计生办联合荃镇政府的一次大活动，县里来了 20 人，镇里有一大半人员都参加了，主要是为了迎接省里的计划生育抽查活动。事先由县乡两级对育龄妇女体检、抚养费征收、长效避孕节育措施落实以及超生情况进行筛查摸底，做到"心中有数"，调查人员按管区分成八个组，由管区主任和各村的包村干部负责带领检查人员进村进行"拉网式"排查，即每个村都要挨家挨户"入户"进行询问和登记。第一天在 QS 村的调查，我们一行五人于上午九时到达该村，可奇怪的是，发现很多住户都

[①] ［美］詹姆斯·斯科特：《弱者的武器》，郑广怀等译，译林出版社 2007 年版，前言第 3 页。

大门紧闭,随行的包村干部笑言肯定是谁"走漏了风声"。对于那些大门紧锁的人家我们试图通过询问邻居了解情况,可得到的答复却往往是"不知道"。我们还到过一户怀孕 9 个月的人家调查情况,尽管该户是第一胎合法怀孕,但显然男主人依然对我们充满戒心,让我们出示工作证。这些日常抗争行为的确为基层工作的开展带来诸多不变,也给乡镇干部带来无形压力。

第三节　经济环境:资源配置失衡与"资本差序格局"

经济环境的本质是资源配置的结构和方式问题。乡镇资源配置呈现出两个特点:首先是资源配置结构失衡,主要表现在财政资源具有向上集中的倾向,而更多的事务责任则下压给下一级政府,造成基层政府资源匮乏;其次是资源的流动既不通过价格也不通过权力运作来实现,而是通过建立在人际关系之上的交换来实现,呈现出非制度化色彩。

一　乡镇资源配置的结构性失衡

改革开放之初,我国改变了过去"统收统支"的方式,转而实行"分灶吃饭"的财政体制,本质上是"包干制"在财政领域的延续。该体制扩大了地方政府财权,在特定历史阶段激发了地方政府的积极性,促进了地方经济增长。但是随着市场经济发展,财政包干制的弊端逐渐显露,其中最突出的一个问题是中央政府财政占比下降,中央政府在财力分配中丧失主导地位,进而影响了中央的宏观调控能力。在这种背景下,20 世纪 90 年代理论界展开了关于"分税制"改革的研究和讨论。1992—1993 年,先期在一些地方进行了分税制改革试点,积累了一些经验后,于 1994 年全面实施"分税制"改革。所谓"分税制"是指一个国家通过对税种或税源以及税收管理权限在中央和地方之间的划分,以确立中央和地方政府间收入分配的一种制度。在分税制下,集权与分权的程度取决于税收管理权限在中央与地方间的划分,也即税收立法权和征收管理权在央地之间的划分。1994 年分税制改革主要集中在四个方面。(表 3-6)

表 3-6　　　　　　　　　　　1994 年"分税制"改革内容①

关键词	改革具体内容
税制改革	1. 间接税改革： 　（1）重点在生产、批发零售和进出口环节全面推行增值税；对卷烟、白酒、化妆品、珠宝首饰、烟花炮竹、汽油、柴油、汽车轮胎、摩托车、小汽车等 11 种产品征收消费税；对劳务、无形资产转让和出售固定资产征收营业税；（2）实行统一的生产型增值税。征税基础是生产和流转环节的新增价值。取消旧的多环节重复征税的产品税。参照国际经验，增值税改革实行简单统一的税率，只设置了一个基本税率 17% 和对几种产品适用的低税率 13%。新的增值税贯彻了"中性原则"。同时，新税制实行发票注明税额扣税制度，有利于根据增值税的特点推行交叉稽核；（3）对小规模纳税人适用 6% 的征收率；（4）外资企业也适用新的增值税、消费税和营业税。取消工商统一税。
税制改革	2. 直接税改革： 　（1）取消旧的国营企业所得税、集体企业所得税和私营企业所得税。统一后的企业所得税适用 33% 的单一税率。统一的内资企业所得税付诸实施的同时，即取消国营企业调节税、能源交通基金和预算调节基金。新的税收法规，规范了投资还贷制度和企业所得税所得的计算，依法取消了承包制；（2）新的个人所得税改革在原来对中国公民征收的个人收入调节税、对外国人征收的个人所得税和个体工商业户所得税的基础上实行分类税率结构。 3. 其他税改革： 　1994 税制改革方案，将对城建税、土地使用税、房产税、盐税和资源税进行改革。屠宰税和筵席税的立法权部分下放给了省级政府。取消其他七种税。 　4. 从 1994 年 1 月 1 日起，增值税、消费税、营业税、外商投资企业和外国企业所得税、个人所得税、土地增值税、资源税适用于外资企业。随着税制改革的推进，一些新税种也将用于外国人以取代旧税种。最后，除企业所得税之外的所有税种，都统一适用于国内企业和外国企业。
按照事权划分各级财政的支出范围	中央财政主要负担国家安全、外交和中央机关运转所需经费，调整国民经济结构、协调地区发展，实施宏观调控必需的支出以及由中央直接管理的事业发展支出。具体包括：中央统管的基本建设投资，中央直属企业的技术改造和新产品试制经费，地质勘探费，由中央财政安排的支农支出、国防费、武警经费，外交和援外支出，中央级行政管理费，由中央负担的国内外债务还本付息支出，以及中央本级负担的公检法支出和文化、教育、卫生、科学等各项事业费支出。 　地方财政主要负担本地区政权机关运转以及本地区经济、事业发展所需的支出。包括地方统筹的基本建设投资，地方企业的技术改造和新产品试制经费，支农支出，城市维护和建设经费，地方文化、教育、卫生、科学等各项事业费和行政经费，公检法支出，部分武警经费，民兵事业费，价格补贴以及其他支出。

---

① 中国注册会计师协会：《税法》，经济科学出版社 2007 年版。

续表

关键词	改革具体内容
按"分税制"划分中央与地方收入	在合理划分中央与地方政府的事权范围基础上，依照税种划分中央财政与地方财政之间的收入范围，依照事权划分支出范围，建立规范的中央对地方转移支付制度。 "分税制"要求：一些税种归中央，一些税种归地方，另一些税种则由中央和地方共享。在划分税种的同时，分设中央和地方两套税务机构，分别征收。 中央固定收入包括：消费税，关税，海关代征的消费税和增值税，中央企业所得税，地方银行和外资银行及非银行金融机构企业所得税，铁道部门、各银行总行、各保险总公司等集中缴纳的收入（包括营业税、所得税、利润和城市维护建设税），中央企业上缴利润等。 地方固定收入包括：营业税（不包括铁道部门、各银行总行、各保险公司等集中缴纳的营业税），地方企业所得税（包括上交利润），城镇土地使用税，个人所得税，城市维护建设税（不含铁道部门、各银行总行、各保险总公司等集中缴纳的部分）、房产税，车船使用税，印花税（不含证券交易印花税），屠宰税，农牧业税，农业特产税，耕地占用税，契税，土地增值税，国有土地有偿使用收入等。 中央与地方共享收入：包括增值税、资源税、证券交易税。增值税中央分享75%，地方分享25%；资源税按不同的资源品种划分，大部分资源税作为地方收入，海洋石油资源税作为中央收入；证券交易税，中央地方各分享50%。由地方税务机构负责征收地方税，同时将屠宰税和筵席税的开征停征权下放给地方。
改革国有企业利润分配制度	改革国家与国有企业利润分配制度。主要内容是在统一内资企业所得税后，对国有企业不再执行所得税与利润统一承包办法；在取消向国有企业征收能源交通重点建设基金和预算调节基金后，允许企业新老贷款利息计入成本的基础上，不再执行企业税前还贷制度，企业贷款还本一律用税后留用资金归还，对企业税后利润，国家作为所有者有权处置，具体办法依企业实际情况确定。

在"分税制"改革之后的几年，特别是新世纪以来，还进行了一系列配套的改革，主要是围绕构建公共财政框架展开的，其中比较重要的财政改革包括：

表 3-7　　　　　　　　1994 年"分税制"后续财政改革

关键词	具体改革内容
农村税费改革	第一个阶段是进行"费改税"，第二个阶段是取消农业税。在 2000 年对安徽全省进行农村税费改革试点的基础上，逐步扩大试点范围，2004 年改革粮食流通体制，对农民实行直接补贴，全面取消了除烟叶外的农业特产税。2006 年实现了在全国范围内全面取消农业税，这标志着中国几千年的"皇粮国税"成为历史。
预算管理制度改革	主要以深化"收支两条线"管理、部门预算和国库集中支付等为主要内容的。这对于规范财政支出程序、减少资金周转环节、提高资金使用效率、推动政府职能转化等都发挥了积极的作用。

续表

关键词	具体改革内容
改革财政支出结构	主要是为了解决"缺位"和"越位"问题。在合理控制财政支出总量的同时，优化财政支出结构。将那些不属于政府承担的事务逐步推向市场，与财政供给脱钩，财政支出逐步退出竞争性投资领域，通过压缩一般性项目投资，优先保证重点事业发展的需要。财政增加对农业、能源、交通等基础产业和基础设施的投资，在财政政策上支持国家支柱产业和高新技术产业的发展，并增加对教育、科技等方面的投入，政府与市场的分工逐渐地在财政支出结构上显现出来。
税制改革	党的十六届三中全会明确提出"分步实施税收制度改革"的任务，并提出"简税制、宽税基、低税率、严征管"的改革原则。其主要内容为：增值税由生产型改为消费型，将设备投资纳入增值税抵扣范围。增值税转型试点2004年首先在东北老工业基地对8大行业进行增值税转型的试点，范围扩大到中部六省部分城市。改进个人所得税，实行综合和分类相结合的个人所得税制。从2006年1月1日起，个人所得税工资、薪金所得费用扣除标准，从800元调整到1600元；其后又增加到2000元。2007年企业所得税法草案在十届全国人大五次会议上审议通过，从2008年1月1日开始新税法正式在全国实施，这标志着我国结束了实行内外有别的两套企业所得税法的历史，一个有利于企业公平竞争的税制环境正逐步建立起来。
完善财政管理体制	从2002年1月起，打破按隶属关系和税目划分所得税收入的办法，实施所得税收入分享改革，新成立的企业所得税由国家税务局负责征收管理。对2002年的所得税增量，中央和地方各分享50%；对2003年以后的增量，中央分享60%，地方分享40%。中央增收的部分主要用于对中西部地区的一般性转移支付，以缩小地区差距。 中央在十七大报告中，明确提出财政体制改革的方向：要深化预算制度改革，健全中央和地方财力与事权相匹配的体制；完善省以下财政体制，增强基层政府提供公共服务的能力。对于现行财政管理体制的进一步改革方案正在酝酿中。

"分税制"改革所带来的影响是广泛而深刻的，其中一个影响是使得资源在纵向行政系统中的分配结构发生了质变。(图3-2，图3-3)

由图3-2可以看出，1994年"分税制"改革之后，中央财政所占的比重明显增大，1993年中央财政收入占全部财政收入的22.1%，地方财政收入占77.9%，到1994年中央财政收入所占的比例上升到55.7%，而地方财政收入所占比例则下降到44.3%，在此之后，中央与地方财政收入比基本维持在这个位置（2009年中央财政收入占52.4%，地方财政收入占47.6%）。但同时，图3-3又显示出，1994年以后地方政府的财政支出比重却没有太明显的变化，仍然占较大比重，而且从总的趋势看还在增加，统计数据显示，1994年地方政府财政支出4038.19亿元，占政府总支出的不到70%，但到了2009年，这一比例上升到80%。以上数据表明，在"分税制"下，地方政府的财权小于事权，也就是说财政资源表现出向上集中的倾向，而更多的事务责任则向下压向地方政府。

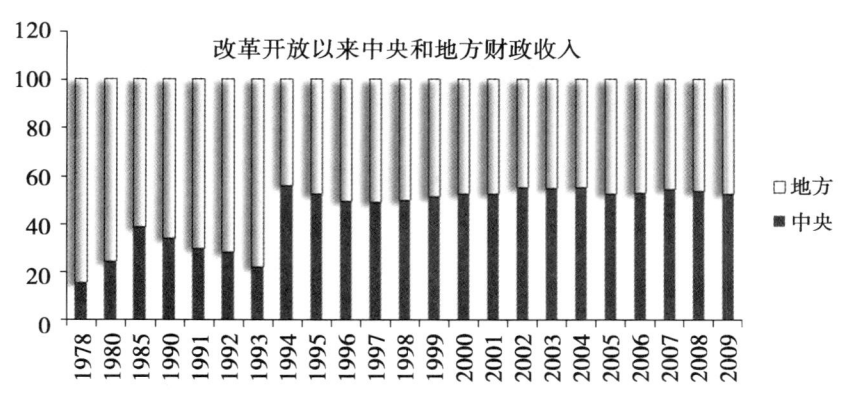

图 3-2　改革开放以来中央和地方财政收入比

（注：1. 中央、地方财政收入均为本级收入；2. 本表数字不包括国内外债务收入）

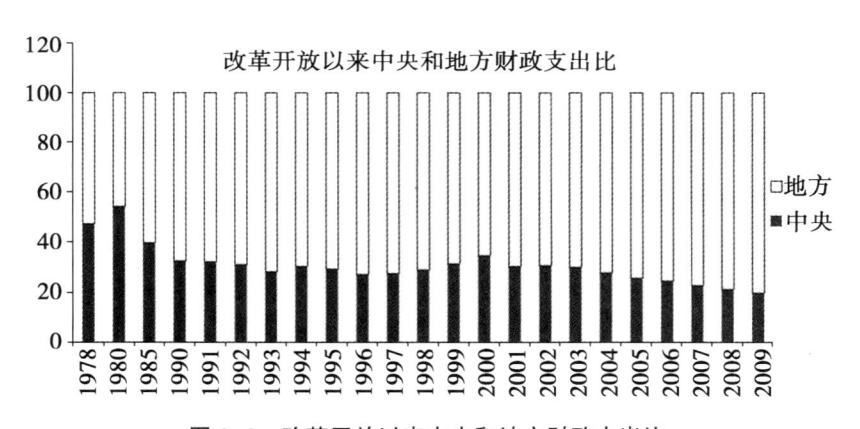

图 3-3　改革开放以来中央和地方财政支出比

（注：1. 中央、地方财政支出均为本级支出；2. 本表数字 2000 年以前不包括国内外债务还本付息支出和利用国外借款收入安排的基本建设支出。从 2000 年起，全国财政支出和中央财政支出中包括国内外债务付息支出。）

二　从"关系差序格局"到"资本差序格局"

按照波兰尼的观点，人类社会有三种生产方式：市场、再分配以及互惠①。那么在这个框架之内，我们可以对应地找到三种资源配置的方式：市场、权力以及社会关系网络。我们将在简单地介绍三种资源配置方式基

---

① 张婉丽：《非制度因素与地位获得》，《社会学研究》1996 年第 1 期。

础上，进一步分析当下乡村社会资源配置方式的特点。

（一）资源配置方式：市场、权力与社会网络

市场是在建立市场经济体制之下遵循市场规则的一种资源配置方式。古典经济学家认为，市场像一只"看不见的手"能够自发地实现资源高效配置。在这种观念下，他们主张压缩政府权力，把"管的最少"的政府视为好政府，将政府定位于"守夜人"的角色，政府职能被限制在非常有限的领域：保护社会和社会规则，保护个人财产和权利不受他人非法侵犯，以及提供公共品。

在古典经济学之后，经济学家们围绕市场和政府在资源配置中的作用和地位展开了激烈争论，逐渐形成了两种对立的观点：一是自由市场派观点，主张自由放任政策，让市场机制来调节资源配置；二是强调政府干预，用权力平衡资源配置以弥补市场配置缺陷。尽管两者争论不休，但两者都主张以市场作为主要的资源配置方式，他们争论的焦点在于政府在多大程度上干预市场。

在国家权力作为主要资源配置方式的社会模式中，资源主要由国家权力掌握，这是权力配置方式的一种极端表现。我国计划经济时期便是这种方式的典型代表。在计划经济时期，乡土社会的资源完全由"国家权力"来配置。正如撒列尼所指出的那样，在这种资源配置模式下，缘于国家发展目标和意识形态的追求，自上而下来自中央控制机构的指令或命令，取代了市场机制、特别是劳动力市场的机制，成为社会资源分配的主要机制。在这样的社会中，劳动力市场以及其他资源市场都不存在，所有的剩余资源都由高度集权的中央政府集中起来进行配置。[①]

社会关系网络作为第三种资源配置方式在最近几年才受到关注，并形成了不少有影响的理论观点。他们认为整个社会是由相互交错或平行的网络所构成的一个大系统，这些客观存在的社会关系向个体施加着外在的影响，个体作为一个"自由"主体可以运用其社会网中的社会关系来实现各种工具性目标，比如获得职位、地位升迁等。社会网络就像另一只"看不见的手"在特定的情境中配置各种资源。对此，卡尔·波兰尼使用"嵌入性"的概念阐述观点，他认为社会网络之所以能够成为资源配置的一种方式，是因为经济行为都是嵌入于一定的社会结构，即社会网络之中的，嵌入的机制是信任。格兰诺维特更是发展了该思想，提出"弱嵌入"

[①] Ivan Szelenyi, "Social Inequalities in State Socialist Re-distributive Economies." *International Journal of Comparative Sociology*, 19, 1978, pp.63-87.

的概念，认为网络虽然能够为嵌入于网络的个体提供资源，但个体也并非完全受制于网络，在某种程度上说个体互动是构成网络的基础。同时，格兰诺维特还提出了著名的"弱关系力量假设"，"弱关系"比"强关系"更有利于人们对资源的获得，而边燕杰则在中国的场景下抛出"强关系力量"之说。①

可见，资源配置的方式大致有三种：一是市场配置，即亚当·斯密所说的"看不见的手"，市场如何才能实现资源优化配置或者说如何提高市场配置资源效率是数代经济学家共同关心的话题；二是权力，即资源由国家权力来实现分配，这种方式最典型的代表是我国计划经济体制下的资源配置模式；三是关系网络配置，即资源通过人们所掌握的"关系"网络实现配置，通过建立在人与人之间关系之上的交换来实现，是一种非制度化的资源配置方式。学者们常用"差序格局"来描述中国情境下的关系格局。

(二)"资本差序格局"的提出

在《乡土社会》一书中，费孝通提出了至今仍被中国乃至世界社会学界津津乐道的经典概念——"差序格局"。

我们的格局不是一捆捆扎清楚的柴，而是好像把一块石头丢在水面上发生的一圈圈推出去的波纹。每个人都是他社会影响所推出去的圈子的中心。被圈子的波纹所提及的就发生联系。每一个人在某一件事某一地点所动用的圈子是不一定相同的。②

尽管费孝通先生是想用"差序格局"来指称中国传统社会结构的基本特征，在其之后关于传统社会人际关系的研究中，也大多是从伦理、道德角度入手。但"差序格局"也可以看作是传统中国社会或者说传统乡土社会的一种资源配置方式，也就是说，在传统乡土社会中，资源配置是以血缘和地缘关系特别是血缘关系为基础的，比如财产是按照血缘关系一代一代继承，生产和消费也是以家庭为单位进行，人与人之间的交往与合作也是以血缘为基础的家庭或家族以及以地缘为基础的乡邻为主要形式，而交换也基本上是以地缘为基础实现的。这样，血缘和地缘关系就形成了一定的权威性，个人也产生了对血缘与地缘关系的依赖感和忠诚感。

那么接下来一个重要的问题是，当下的乡土社会是否延续了"差序格局"这一传统的资源配置方式呢？

---

① 边燕杰：《社会网络与求职过程》，《国外社会学》1999年第4期。
② 费孝通：《江村经济》，江苏人民出版社1998年版，第25页。

如前所述，在计划经济年代，整个社会资源主要依赖权力的再分配模式，也就是说建国以后，资源配置方式发生了根本性的变化，社会主义权力再分配经济模式取代了传统中国以血缘和地缘为基础的资源配置方式，在这个时期国家权力几乎垄断了社会中所有的重要资源。1980 年代的改革在本质上是试图用"市场"来代替"权力"作为资源配置的主要方式，经过 40 年发展，我国基本上建立起了社会主义市场经济体系，但是在乡村社会，市场经济体系仍不发达，形成了一种既有别于现代市场配置方式又有别于传统中国社会"差序格局"配置方式的混合形式。

有学者已经敏锐地注意到了这种变化，比如李沛良提出"工具性差序格局"的概念，来解释人们是如何运用传统文化资源建构功利性社会关系的①。杨善华等人则用"差序格局的理性化"② 描述这一特点。但这两个概念都不能很好地概括当下乡村社会的资源配置方式，首先"工具性差序格局"考虑到了关系的工具属性，即利用关系来获取利益，但忽略了如何利用关系的问题；其次，"差序格局的理性化"旨在表明利益成为建构关系网络的一个重要维度，实质上表明的是关系利益导向属性，另外，这里的利益也太过模糊，并没有比较明确地表达出当下乡村社会资源配置方式的突出特点。在此，本书提出"资本差序格局"这一概念来说明当前独特的乡村社会资源配置方式，其内涵是：

1. 建立在传统社会"差序格局"基础之上，仍以亲缘、血缘、地缘等为最根本的关系格局维度；

2. "资本"是经济学意义上的概念，是指能够创造财富的物质资源，这里主要指钱、礼品等物质资源。在当下乡村社会，由于市场经济仍不发

---

① "工具性差序格局"概念包括五个方面的含义：1. 社会联系是自我中心式的，即围绕个人而建立起来；2. 人们建立关系时考虑的只要是有利可图，所以，亲属和非亲属都可以被纳入格局之中；3. 从中心的格局向外，格局中成员的工具性价值逐级递减；4. 中心成员常要加强与其他成员亲密的关系；5. 关系越亲密，就越有可能被中心成员用来实现其实际目标。李沛良：《论中国式社会学研究的关联概念与命题》，载北京大学社会学与人类学所：《东西社会研究》，北京大学出版社 1993 年版。

② 这一观点认为，在当前市场化的背景下，利益成为差序格局中决定人际关系亲疏远近的一个重要维度。人际关系在差序上的亲疏远近，实质上是利益关系的远近。由血缘关系、伦理维度决定的差序格局一旦产生，即已固定；而使这种既定关系得以维持和扩展的关键，在于关系双方在互动中彼此占有的稀缺资源的交换或利益的交换。参见杨善华、侯红蕊《血缘、姻缘、亲情与利益——现阶段中国农村社会中"差序格局"的"理性化"趋势》，《宁夏社会科学》1999 年第 6 期。

达,"资本"尚未成为建构关系格局的主要维度之一,而只是作为建立在其他维度之上并能强化其他维度的因素;

3. 资本和关系是互动的,资本可以用来巩固和扩展关系,关系也成为增加自身资本的前提。

此处仅是从一般意义上对"资本差序格局"做一个简单分析介绍,在下文"非正式规则"部分还将更为深入地涉及乡镇政府中的工作人员如何利用"资本差序格局"获取利益的问题。

第四章 规则：乡镇干部行动的内情境

人类社会的规则广泛存在且极为复杂。为了理解规则现象，理论家们对规则进行了分类。常见的分类有：强制性规则和非强制性规则、内规则和外规则、正式规则和非正式规则等。正式规则与非正式规则是以规则产生途径和表现形态为标准进行划分的。诺斯把宪法、成文法、普通法、条例等说成是正式规则的代表，而把社会行动规范、约定、道德准则等列为主要的非正式规则形式。简单地说，正式组织是由社会、国家或组织中具有法定权力的部门或个人制定并明确公示，具有合法地位的一类规范，它往往和社会、国家或组织的正式结构联系在一起。而非正式规则产生于人们长期交往过程中，并不依靠法定权力确立，一般也不存在明确的表现形式，在无形中发挥约束和规范作用是它们的主要特征。非正式规则往往与人类社会的正式结构无关。

第一节 正式规则与"规定行动"

乡镇政府的正式规则是指那些通过法律、法规或行政命令等正式形式所规定的行动准则，在本质上规定了乡镇干部的权责范围和权力运作方式。这些正式规则可以简单地概括为："党"与"政"的规则、"条"与"块"的规则、"指标化奖惩"规则以及"中心任务"规则。其结果是塑造了乡镇干部的"规定性行为"，通过准任务型组织、会议与通知、检查与迎查可以看出这些"规定行动"在荃镇是如何运作的。

一 乡镇政府的正式规则

现行法律法规以及行政命令是乡镇政府正式规则的基础，其中最根本的是宪法和组织法。《中华人民共和国宪法》（2018年修正版）第九十九条规定了乡镇的基本职责，即："依照法律规定的权限，通过和发布决议，审查和决定地方的经济建设、文化建设和公共事业建设的计划。"还界定了县乡两级的权力格局，规定"县级以上的地方各级人民代表大会审查和批准本行政区域内的国民经济和社会发展计划、预算以及它们的执行情况的报告；有权改变或者撤销本级人民代表大会常务委员会不适当的决定。"第一百零七条规定"乡、民族乡、镇的人民政府执行本级人民代表大会的决议和上级国家行政机关的决定和命令，管理本行政区域内的行政工作。"

《中华人民共和国地方各级人民代表大会和地方各级人民政府组织法》（2015年修订版）第六十一条则把乡镇的职权划分为七类："（一）执行本级人民代表大会的决议和上级国家行政机关的决定和命令，发布决定和命令；（二）执行本行政区域内的经济和社会发展计划、预算，管理本行政区域内的经济、教育、科学、文化、卫生、体育事业和财政、民政、公安、司法行政、计划生育等行政工作；（三）保护社会主义的全民所有的财产和劳动群众集体所有的财产，保护公民私人所有的合法财产，维护社会秩序，保障公民的人身权利、民主权利和其他权利；（四）保护各种经济组织的合法权益；（五）保障少数民族的权利和尊重少数民族的风俗习惯；（六）保障宪法和法律赋予妇女的男女平等、同工同酬和婚姻自由等各项权利；（七）办理上级人民政府交办的其他事项。"

《中华人民共和国宪法》和《中华人民共和国地方各级人民代表大会和地方各级人民政府组织法》的上述规定是乡镇政府及其干部权责最权威和最根本的来源，但较笼统。大量的行政法规、部门规章、地方性法规以及行政命令成为乡镇政府正式规则的最直接来源。这些制度在长期的运作过程中逐步建构了乡镇政府的正式规则，主要包括：

（一）"党"与"政"的规则

有关"党"与"政"的地位、职责及相互关系的一系列规范是乡镇政府中居于核心地位的基本规则。对于荃镇干部而言，了解"党"与"政"的规则是基本工作常识，正像荃镇党政办的WQ所说，如果不了解这些"规矩"，"很多工作都难以开展，开会或者吃饭给领导干部排座次，领导干部讲话的顺序安排……都要考虑到这些规矩。"[①] 如果从横向权力分工的角度来看：党委（书记）处于权力核心地位，镇长肩负"行政首长负责制"，其他党委委员共同行使权力，同时又要共同承担责任。具体地，"党""政"规则体现在以下两个原则上：

---

① 访谈资料：2010322 WQ。

1. 党委领导

乡镇政治场域中党委的领导地位是由中央一系列重要文件确立的。《中共中央、国务院关于加强农村基层政权建设工作的通知》指出："乡镇党委对乡镇政府的领导，主要是政治、思想和方针政策的领导，不得包办乡镇政府的具体工作；乡镇党委要保证乡镇政府依照宪法和法律的规定独立行使职权，支持乡镇长大胆地开展工作。"《中国共产党农村基层组织工作条例（1999年3月）》进一步规定"乡镇党委领导乡镇政权机关和群众组织，支持和保证这些机关和组织依法充分行使各自职权。"《中国共产党党内监督条例》又规定"党的各级委员会实行集体领导和个人分工负责相结合的制度。凡属方针政策性的大事……按照集体领导、民主集中、个别酝酿、会议决定的原则，由党的委员会集体讨论做出决定。党的委员会成员要根据集体的决定和分工，切实履行自己的职责；同时要关心全局工作，积极参与集体领导。"这些文件确立了乡镇党委之于乡镇政府的领导地位和政治权威。

在荃镇经常能听到"书记抓，抓书记"的说法，确保党委书记的绝对领导地位是荃镇最根本的一项领导原则。这就要求党委书记必须具备较高的驾驭全局、处理复杂问题的能力以及较高的权威。镇长兼任镇党委副书记，自然处于镇党委书记领导之下。党委集体领导的体制决定了党委书记、镇长、党委委员是一起承担责任的，但是党委书记的地位更高一些，但承担的责任却没有镇长、党委委员具体，这也是党委书记规避风险的一种行动方式，后文将对此做进一步分析。

表4-1　　　　　　荃镇党委、政府、人大分工（2008）①

姓 名	职 务	分管工作
PJG	党委书记	主持党委全面工作
XMS	党委副书记、镇长	主持政府全面工作
WY	党委副书记	主持政协工作组工作，分管组织人事、基层组织建设、纪检、信访、老干部、武装、宣传、精神文明、党政办公室等工作
ZY	党委委员、纪委书记	主持纪检工作，分管计划生育、审计工作
LDB	党委委员、副镇长	分管村镇建设和管理、村村通工程、国土资源等工作，协调交通、商贸、粮食、供销、网通、移动、联通、旅游等工作，兼任村镇办公室主任

---

① 资料来源：荃镇 2008 年党政办资料。

续表

姓 名	职 务	分管工作
LDH	党委委员、副镇长	分管招商引资、民营经济、安全生产、食品卫生、外经贸、保险、电力、劳动保险、环保、工商等工作，兼任招商局局长
BH	党委委员、人武部长	主持武装部工作，分管党政办工作，协助招商引资工作
WF	党委委员	主持组织办公室、远程教育办公室工作
LYX	党委委员	主持宣传办公室工作，分管邮政、广播工作，协助招商引资工作
RGS	副镇长	分管文教卫生、科技、统计、民政、残疾人等工作
ZJH	副镇长	主持计划生育办公室、计生服务站工作
WYT	人大主席	主持人大工作，分管基金会、农机、农技、林业、水利、农经、畜牧等工作
XQG	人大副主席	主持人大日常工作

尽管镇政府设置了具体工作部门，但这些部门的权力被集中到"党口"领导干部手中（表4-1）。乡镇内部的权力设置是金字塔形的，书记权力最大，镇长次之，他们承担总体责任；其次是分管党委委员（包括副书记、副镇长），负责管理相应事务。在这种分工模式下，党的领导参透到乡镇行政微观环节。另外，在决策机制方面。荃镇党委定于每周一、四集中讨论一周工作安排，内容涉及荃镇各项重大决策。由于决策民主化的要求，同时也为了规避风险，使得集体决策所占的比重日益提高。同时，镇党委书记、镇长个人对于决策方案却具有主导影响力，这使得副职领导人看上去更像是"参谋"、"配角"或"助手"了。

2. 形式上的镇长负责

《中华人民共和国宪法》（2018年修正版）第一百零五条明确界定了乡镇长权责："地方各级人民政府实行省长、市长、县长、区长、乡长、镇长负责制。"上级政府将乡镇的责任主体定位于乡镇长，要承担具体的行政责任，有学者认为这种责任界定方式使得乡镇长的压力被人为加重了[1]。但是，党内职务是衡量荃镇干部权力地位的坐标，党委书记是党内"一把手"，自然被视为乡镇"一把手"，处于荃镇权力"金字塔"顶端；

---

[1] 徐晓军：《农业乡镇组织运作的机制：以武汉市郊X乡为例》，载李昌平、董磊明《税费改革背景下的乡镇体制研究》，湖北人民出版社2004年版。

乡镇长兼任党委副书记这一职务，这也意味着乡镇长处于党委书记之下[1]，乡镇长成了"二把手"。这客观上造成镇长名义上对镇人大负责，但实际上是对书记负责。书记镇长权责划分的不清晰，也使得镇长规避责任的动机增大。

（二）"条"与"块"的规则

"条"与"块"是描述我国政府体制内纵向和横向机构设置的一种形象说法。"条条"是指从中央到基层各级政府中那些职能相似或业务内容相同的职能部门；"块块"则是指各层级的地方政府[2]，包括省（自治区、直辖市）、市（省辖市、地区、自治州）、县（县级市、市辖区、自治县）、乡（镇、民族乡）四个层级。"条块关系"是指政府实际运作过程中形成的"条条"与"块块"相互影响、相互作用的结构模式，其中既有协调统一的一面，也有矛盾冲突的一面[3]。"条块关系"在乡镇层面变得更为复杂。为了更好地呈现荃镇的"条块关系"，我们以"有无执法权"为标准将荃镇的"条条"机构分为两种类型。（表4-2）

表4-2　　　　　　　　　　荃镇的"条条"机构

分类标准	部门
有执法权	镇法庭、司法所、派出所、工商所
无执法权	水利站、林业站、统计站、防疫站、镇教办、文化站、敬老院、农技站、兽医站

"在乡镇行政区划内所设的各机构，如果有钱的，条上就收权归他们自己管辖；凡是钱少的，甚至根本无钱的，条上就将包袱放归块管。"[4]这一现象在荃镇得到了印证。那些有行政执法权特别是收费权力的站所成为县乡两级政府争夺的香饽饽。近年来这些机构逐步被上收，乡镇政府的自利空间被压缩。[5]但矛盾的是，由于县级财政紧张，"条条"机构从县

---

[1] 王雅林：《农村基层的权力结构与运行机制》，《中国社会科学》1998年第5期。
[2] 这里的"政府"也是指大政府，即国家机构的总体与执政党之和，包括立法、行政、司法、军队和中国共产党的组织系统在内的有组织的权力系统。
[3] 周振超：《当代中国政府"条块关系"研究》，天津人民出版社2009年版，第2页。
[4] 曹锦清：《黄河边的中国：一个学者对乡村社会的观察与思考》，上海文艺出版社2000年版，第94页。
[5] 贺雪峰：《新乡土中国：转型期乡村社会调查笔记》，广西师范大学出版社2003年版，第179—180页。

里难以获得足够经费，离开乡镇政府支持便无法运转。再加上实行属地管理，"条条"机构一把手的任命往往受到乡镇党委的影响。"条"与"块"在财政和人事上的暧昧使得二者关系"剪不断理还乱"。

派出所是荃镇行政执法类"条条"机构中规模最大的，工作人员有40多人，WYL是现任所长，他还兼任副镇长和政法委书记，镇里给他的分工是"分管社会治安综合治理，协助LDH同志抓信访稳定，协调公安、检察院、法院、司法等部门"。WYL的访谈很好地说明了条块间的微妙关系。

> （问：现在所的经费主要来自哪里？）原来主要靠罚款，那时候主要靠两个，一是"桌上"，二是"路上"，也就是靠赌博罚款和交通罚款，有的地方的派出所还靠"床上"（嫖娼罚款）（笑）……咱这个地方还比较保守，没那些东西……现在收支两条线了，我们罚款没收的钱要靠县里财政返还才行，罚款的动力就不大了，再加上现在稳定工作很难做，老百姓难管了，不再敢随便罚款了。
>
> （问：镇里还是县里给你们的支持大？）镇里啊，属地管理嘛，我们和县公安局只能算是业务、人事上的领导与被领导的关系，有些大案还得县公安局支持，不过镇才是我们的"衣食父母"，每年镇里给我们40万，是我们的"吃饭钱"，剩下的我们得自己解决，另外所里的主要领导也是得经过镇里点头的，书记要说哪个所长不配合工作，县里也不能任命啊，你是大学生不了解，乡镇就这样，书记最大（笑）……（20091123WYL）

荃镇无执法权的"条条"机构主要包括水利站、林业站、统计站、防疫站、镇教办、文化站、敬老院等。这些机构往往经费紧张又缺乏创收渠道，是县乡两级都不想要的"冷蘑菇"、"双不管"。但是由于这些机构有业务专长，且在机构设置上又要和上级"对口"，遇到相关项目和检查还需要他们配合，因此镇里也不得不勉强维持这些机构的运转。无执法权的"条条"机构在人事上也少有激励，造成这些机构的干部工作积极性较差，一些干部要么消极工作，要么想方设法活动到所谓的"重点部门"去。即便是机构负责人，也会有比"重点部门"一般办事员还"低一等"的感觉。ZY是林业站站长，也是荃镇为数不多的女干部之一，对她进行访谈的时候她正在织毛衣，这种休闲的工作状态对她来说似乎是常态。

（问：站里有几个人？平时工作忙吧？）站里就俩人，平时工作不忙，主要还是配合镇里工作，镇里有什么活动有时候我们也参加，我也有包的村。（问：什么时候会忙一些？专业方面的工作多吗？）主要是上面来检查的时候忙点，比如前几天的"冬干"活动①，就主要是我们负责。（镇里还是县里给你的支持大？）我们是"双不管"（笑），我们不是重要部门，谁都不想管，林业局是我们的业务领导，人事上和经费上主要还是镇里说了算，其实也没什么经费，就是工资这一块，其实镇里也没花多少钱在我们身上，就是有活动的时候镇里会投点钱，比如这次冬干镇里就拿了15万，因为这是县里的任务，必须得干的事，到时候县里还得下来检查。（问：你是女干部，今年提副科级你希望大吗？）像这种部门根本不可能的，提副科的都是像计生办、管区、村镇办、党政办，这些重点部门的一把手才有希望提，要不我还在这里天天织毛衣啊（笑），别说提拔了，就是平时吃吃喝喝也轮不到我们（笑）……（20100212ZY）

尽管"条块"问题对乡镇权力的完整性具有负面影响，但乡镇干部在既有"条块"关系结构中却找到了同上级政府"讨价还价"的空间，并在某些行动上实现了"条块"合作，这是有趣的基层行政现象。

众所周知，乡镇政府的不少工作是综合性的，需要"条块"间的协调配合。尽管实行属地管理，但在某些需要"条条"机构配合的事务上，也常会出现"踢皮球"现象。为解决这类问题，荃镇的做法是：对于每一项重点工作，都明确规定"责任部门"和"配合部门"。并安排一个副科级干部作为"责任领导"协调工作。也即以具体工作为核心，打破部门限制，并用行政层级压力确保合作行动实现。表4-3部分呈现了某些重点工作中的"条块合作"。

表4-3　　　2009年度荃镇部分重点工作的责任部门和配合部门②

项目内容	责任部门	配合部门	责任领导	配合领导
整体任务目标	经贸办	劳保所、财政所、安监站、统计站	LDH	RGS

---

① "冬干"即每年农闲的时候组织农村劳力集中起来搞"冬季农业会战"，因为荃镇多丘陵，多数"冬干"会在丘陵地带挖很多坑，以便来年开春种植一些经济类树苗。
② 根据荃发［2009］34号"关于明确重点项目重点工作以及目标考核责任分工的通知"和附件2"荃镇重点项目和重点工作一览表"整理。

续表

项目内容	责任部门	配合部门	责任领导	配合领导
财政税收	财政所	国税局、地税局	WY	RGS
积极争取政策性资金	财政所	涉及申报项目的相关部门	RGS	涉及部门领导
安全生产	安监站	经贸办、派出所	LDH	WYL
环境保护	经贸办	武装部、安监站、派出所	LDH	WYL、BH
X村万亩核桃基地	林业站	聂家村管区	WYT	WF
小麦直补、农机补贴良种补贴、库区移民补贴、家电下乡	财政所	农技站、农机站、水利站各管区、各村	WYT	各管区总支书
畜牧养殖	兽医站	相关管区、相关村	WYT	相关管区总支书
林业工作	林业站	相关管区、相关村	WYT	相关管区总支书
沼气池建设	农技站	马家庄管区、余粮管区西点村、张家庄	WYT	LDB
农田水利建设	水利站	相关管区、相关村	WYT	相关管区总支
社会治安综合治理	综治办	派出所、各管区、各村	WYL	各管区总支书
信访稳定	信访办	司法所、各管区、各村	ZY	WYL、QSZ
污水处理厂建设	村镇办	经贸办、财政所	LDB	LDH、ZW
新农合	新农合办	财政所、卫生院、各管区	RGS	各管区总支书
村级卫生室建设	卫生院	相关管区、相关村	RGS	相关管区总支
文化建设	宣传办	文化站	LYX	RGS

（三）"指标化奖惩"规则

奖惩规则是影响干部行动最直接的基本规则，其基于"目标设定—考核—奖惩"的一系列机制设计。每年年初荃镇都会依据S县制定的任务指标和重点工作制定更为详细的考核目标责任分工以及未来一年的重点工作任务目标，带有显著的"指标化"色彩，这是荃镇奖惩领导干部的重要依据。（表4-4）

表 4-4　　　　　　　　2009 年荃镇工作要点责任分工实施细则

重点工作	任务目标	工作进度（任务完成情况量化到每月或每季度）	责任人
1. 招商引资工作	年内全面完成 S 发〔2009〕5 号文件下达我镇的各项任务目标	鲁泉白酒等在谈项目争取 6 月底前签订合同，年内开工建设	XBL、WY、LDH
2. 重点项目建设	不锈钢丝加工项目	一季度完成用地等相关手续办理，并开工建设，年底前投产运营	WY、LDB、LDH、RGS
	天丰机械项目	6 月底前投产运营	WY、LDH
	青岛服装加工	6 月底前完成相关手续办理，二期项目开工建设	LDB、LDH、ZW
	荃镇泉群景区开发	加强与管委会、建设局、旅游局、发改局等部门的协调，加强项目包装、推介、招商，协助搞好景区 157 公顷可研、环评、立项等工作，力争实现招商引资新突破。	XBL、WY、LDB、LDH、ZW
	机械工业园项目	完成详细规划、尽快完成土地手续办理，6 月底前开工建设，年底前有项目入驻	XBL、LDB、LDH、RGS
3. 农业结构调整	全面完成 S 发〔2009〕6 号文件下达我镇的各项任务目标	3 月底完成韩家村 3000 亩核桃园建设，年内完成北贺庄核桃基地建设，李家庄 3000 亩核桃基地建设；年内完成李家庄、东城、西城等村 3 万只规模肉鸭基地建设，力争规模基地达到 15 个，扶持建设年出栏 50 头生猪养殖户 160 个	WY、WYT
4. 农田水利建设	完成石旺水库除险加固、唐村水库干渠维修及部分截潜工程建设	汛期前完成石旺水库除险加固工程，其他工程年内完成	WY、WYT
5. 城乡建设、规划及管理	全面完成 S 发〔2009〕7 号文件下达我镇的各项任务目标	"五一"前完成总规审批，村庄规划覆盖率 100%，抓好两个工业园地块详细规划。6 月底前完成土地可利用规划和房地产市场调研，启动房地产开发项目试点工作。年内完成李家寨、卞一、青龙庄、西点等示范村建设（按市示范镇建设要求实施），完成 10 公里硬化路建设，完成柳河、泗源、北泽沟等三座桥梁建设，完成镇驻地 5 公里路灯安装和 6500 平方米绿化任务，污水处理厂争取立项，成立村镇建设行政执法中队，全面清理违章建筑	XBL、LDB ZW

续表

重点工作	任务目标	工作进度 （任务完成情况量化 到每月或每季度）	责任人
6. 生态文明村建设	全面完成县里下达的文明小康村、文明生态村创建任务，新建1—2处示范典型	按县里规定时间完成创建任务	LYX
7. 土地流转机制	探索机制，搞好试点	开展调研，制定切实可行的操作办法，年内争取创造1—2个成功案例	LDB、ZW
8. 计划生育工作	1. 已婚育龄妇女普查	年内完成四次普查任务，确保普查率100%	XBL、WY ZJH
	2. 违法妊娠人员流引产	认真排查，摸清违法妊娠人员情况，年内完成县里下达的166例流引产任务	
	3. 长效避孕节育措施落实	严格落实长效避孕节育措施落实政策，年内完成县里下达的1087例放环、837例结扎任务	
	4. 育龄妇女孕情跟踪及三大随访服务	严格落实育龄妇女孕情跟踪及三大随访服务，确保达到要求（全年）	
	5. 社会抚养费征收	严格按照相关政策征收社会抚养费，年内完成县里下达的任务	
	6. 流动人口管理服务	按照要求，确保办证率、合同签订率、回执率、妇查证明联系率100%（全年）	
	7. 宣传教育	加大宣传教育，形成严抓共管的计划生育舆论氛围（全年）	

这种"指标化奖惩"规则容易造成干部追求短期效益。按照周雪光的解释，这种激励机制诱发了乡镇干部追求超越其财政能力的短期政绩，而领导岗位的有限性又加剧了这一行动。① 那些能够完成行政年历中各项任务指标的乡镇干部往往受到上级重视，不仅会得到物质奖励，而且还可能因此而获得机会晋升。荃镇官场所奉行的原则是："不仅奖励集体，而且还要奖励个人，努力做到使镇领导人经济上有实惠、社会上有地位、政

---

① 周雪光：《基层政府间的"共谋现象"：一个政府行为的制度逻辑》，《社会学研究》2008年第6期。

治上有进步。"① 而那些无法完成任务指标的干部则要面临上级"问责"所带来的惩罚。"指标化奖惩"也是荃镇各项工作得以开展的重要保证。《镇机关干部年度考核奖励方案》把荃镇干部的具体考核标准细化为满分300分的操作标准②：

1.1 主要工作完成情况（60分）。以县主管部门年终单项排名为准，第1名直接得60分，第2名以下的得分计算方法为：以1减去实际名次与参加排名单位总数的比值乘以60，数学公式即：（1-实际名次/参加排名的单位数）×60＝业务完成情况得分。县级主管部门没有排名的，参照县综合考核涉及相关单项的排名，涉及两个以上单项排名的取平均分。

以上具体事项由考核委员会进行考评。

1.2 平常考核（20分）。一是镇党委政府统一安排部署的重大任务，如计划生育集中活动等；二是镇党委政府根据工作需要，安排部分单位开展的工作。每次活动都按"好、合格、差"三个等次评定，评为"好"等次的得20分，"合格"等次的得12分，"差"等次的依据实际情况得0—11分。各次工作的得分加和与开展工作的次数比值即为最终得分。因部门或个人原因，使该项工作在全县评比中被县领导、县主管部门批评、处分的，单次成绩直接判为0分。

以上具体事项由每次活动的牵头部门及分管领导组成考评小组进行考评，考评结果经考核委员会审核后，确定最后得分。

1.3 党风廉政情况（20分）。每年由镇纪委牵头，审计站负责对各单位财务管理情况审计一次，审计结果将作为党风廉政情况的重要指标。财务规范、没有违纪违规现象的得20分；财务管理不规范的，根据实际酌情扣10—15分；违纪违规事实较重，受到党纪、政纪处分的不得分。

以上具体事项由镇纪委、纪检监察室、审计站及分管领导组成考评小组进行考评，考评结果经考核委员会审核后，定为最后得分。

---

① 荃镇政府资料：2009.2.21XBL书记"在全镇经济工作暨春季计划生育集中活动动员大会上的讲话"。

② 荃镇政府《镇机关干部2010年度考核奖励方案》。

第四章 规则：乡镇干部行动的内情境

表 4-5 荃镇目标考核责任分工表

序号	指标名称	任务目标	责任领导	备注
1	国地税收入	培植新税源，大力开展综合治税，确保应收尽收，足额入库，完成财政税收755万元以上	WY	各项任务必须全县目标争取以上。
2	人均地方税收收入		WY	各项任务目标争取全县前3名，在年终全县综合考核单项排名中，位列全县前3名的，对责任领导予以2000元的现金奖励。对位列全县倒数后3名的，对责任领导予以2000元的现金处罚，年终一次性兑现。
3	固定资产投资	固定资产投入19557万元以上	LDH	
4	高新技术产业产值及占规模以上工业产值比值	以完成县下达的任务数为基础数，争取更高指标（目前县任务未下达）	LDH	
5	服务业发展状况	以S发〔2009〕4号文件为依据，扎实做好旅游工作，各项指标全面争先	LDB	
6	新增规模以上企业个数	新增规模企业4个以上	LDH	
7	直接利用外资	实际利用外资150万美元以上	LDH	
8	国内招商引资	完成招商引资额2500万元以上	LDH	
9	外贸出口总额	出口创汇100万美元以上	LDH	
10	开发区项目引进建设	确保一个新登记注册5000万元以上项目落户	WYT	
11	农业经济	以S发〔2009〕6号文件为依据，全面完成县下达的各项任务目标	RGS	
12	教育目标	完成灰泉、石漏、荃镇3处小学的异地新建；荃镇初级中学、泗源小学、韩家村小学扩建立项并开工建设	RGS	
13	医疗卫生目标	参合率达到95%以上，完成20处村级卫生室的改造工作	LDH	
14	劳动和社会保障目标	以S发〔2009〕4号文件为依据，全面完成县下达的各项任务目标	LDH	
15	农村"四民主、两公开"工作	抓好每年4次政务、财务公开和村务公开日活动，抓好村级财务账目管理	ZY	

续表

序号	指标名称	任务目标	责任领导	备注
16	人口与计划生育管理目标	全面完成县下达的各项任务目标，确保育龄妇女普查率、节育措施落实率等关键指标达标	ZJH	
17	环境保护及生态乡村、生态乡镇建设	确保完成县政府下达的环保指标，彻底清楚非法硫磺窑、小淀粉、黑洗棉、塑料颗粒等"土小"企业，保证新上项目"三同时"要求	LDH	
18	驻地建设和村镇综合整治	以S发〔2009〕7号文件为依据，全面完成县下达的各项任务目标	LDB	
19	精神文明建设	全面完成县里下达的文明小康村、文明生态村创建任务，新建1~2处示范典型	LYX	
20	党的建设	开展村级组织活动场所"规范化建设年"活动，抓好新一轮村级组织活动场所的建设和修缮工作；抓好村支部书记、主任培训，做好党员发展工作，规范管理各远程教育网络站点；深入开展实践科学发展观活动	WF	
21	党风廉政建设	落实泗委〔2008〕15号文件，完成与县签订责任状任务，着力加强村级党员干部教育管理，查办突出案件，深化治本抓源头工作	ZY	
22	社会治安综合治理	扎实做好技防村建设，农村治安保险推行工作，抓好各项专项行动；完成全国、省、市、县重大节日、活动期间的信访稳定任务，加强重点人员稳控，解决落实信访老案，活动期间不出现赴京、去省、进市情况	WYL	
23	信访稳定	完成各级两会及重大节日、活动期间的信访稳定任务，加强重点人员稳控，加强矛盾排查，解决落实信访老案，力争不出现越级访、群体访、重复访案件	ZY	

针对重要任务也设定了具体目标，并责任到人（表4-5）。奖惩措施不仅针对领导干部和主要部门，而且还扩展到一般工作人员。针对全体荃镇干部的评分办法包括工作绩效、民主测评和考勤情况三个方面，分别占60%、30%、10%，有些评分项目是与干部所在部门评分相结合的，具有一定科学性。（表4-6）

表4-6　　　　　　　　荃镇机关干部职工评分办法①

项目	分值（100分）	具体内容
工作绩效	60分	工作关系在单一部门或管区人员。本人所在部门或管区得分为个人工作业绩得分数。
		在多个部门或管区兼职的人员。本人所在的各个部门、管区得分加和数与兼职单位总数的比值，即为个人工作业绩得分数。
民主测评	30分	由领导干部无记名民主测评和全体干部民主测评两部分组成，各占50%。民主测评票分为"优秀、良好、合格、差"四个等次，依次得15分、12分、9分、0~8分。
		领导干部民主测评占15分。领导干部对每位在职干部在民主测评票上划出等次，按照等次赋予的分数加和，加和数与参与测评领导干部人数的比值即为领导干部打分。
		全体干部民主测评占15分。每位干部对在民主测评票上划出所有在职干部的等次，按照等次赋予分数加和，加和数与参与测评干部人数的比值即为全体干部打分。
		领导干部测评打分与全体干部测评打分相加即为个人民主测评干部个人得分。
考勤	10分	以每天点名、日常和节假日值班签到以及重大会议点名记录为依据，全勤得10分，请假每次扣0.1分，婚假、产假、病假等法定和特殊情况不扣分，无故旷工每次扣1分。此项由党政办负责统计汇总，所有扣分直至扣完本项10分为止。
减分因素		因个人失职、渎职影响全镇总体工作的，因个人违规违纪（与本职工作无关）受到党纪、政纪处分或违法犯罪的，经考核委员会研究，个人总成绩酌情扣分。

荃镇的奖惩规则中"负向激励"多于"正向激励"，更侧重用经济和政治手段监督、约束、追究干部责任，而对干部的奖励则较少。传统的精神奖励已经很难起到激励作用了，几乎每个办公室的墙上都挂着上级政府授予的各种"奖励荣誉"或锦旗，不少荃镇干部也都拥有一些荣誉称号，但在干部眼里奖金的多少似乎更为重要。

---

① 根据荃发［2009］18号"关于2009年度岗位目标责任制考核的暂行规定"整理。

(四) 中心任务规则

在荃镇复杂多样的基层事务中，有几项工作是每年都要抓好的重点工作，它们是荃镇的"中心任务"，是荃镇在全县评比中取得好名次的关键，也是领导干部升迁的关键。

1. "招商引资是中心"

对于荃镇政府而言，发展经济是各项工作的中心，荃镇的行政年历是紧密围绕这个中心运转的。荃镇发展经济的主要手段是"招商引资"，专门成立了"招商引资工作领导小组"，由镇党委书记任组长，镇长WY、纪委书记WYL、党委副书记LDH、副镇长ZCZ任副组长，成员由各部门负责人组成，其重视程度可见一斑。每年年初还会专门召开"全镇经济工作会议"，全面部署经济发展工作，并将招商引资放在所有工作的"中心"位置来强调，认为"招商引资是推动经济发展的最直接、最有效的方式"，从荃镇X书记在2009年经济工作会议上的讲话也能看出招商引资工作在乡镇工作中的重要性①：

全镇上下要树立"一切为项目建设服务，一切为项目建设让路"的观念，围绕项目成立服务班子，加强项目建设过程中的协调、服务，为项目建设提供高效优质的服务，促使日本合资5600万元的数控机床电主轴加工、青岛客商投资2800万元的工艺品加工等在谈项目尽早落户；促使投资2000万元的韩国合资华亿玩具、投资2200万元的青岛服装等新上项目尽快建成投产。

荃镇还出台了一系列优惠政策，为招商引资创造政策环境，这也是地方政府横向竞争的一个表现，比如荃镇就规定②：

（一）镇党委、政府成立荃镇机床附件（工具）工业园区管理服务办公室，主要对园区进行规划、管理、服务、招商。

（二）按照依法节约使用土地的原则，由镇政府协调、申办、报批土地，办理土地有关手续。对于新上固定资产投资额在500万元以上的进园区项目，以税收地方留成部分返还的方式，无偿提供土地；对固定资产投资在1000万元以上或省级以上科技部门认定的高新技术项目，可采取一事一议、一企一策、特事特办的方法给予更大优惠。

（三）对于入园区项目实行"一条龙"服务，在协调使用土地、办理

---

① 荃镇政府资料：2009年2月21日XBL书记"在全镇经济工作暨春季计划生育集中活动动员大会上的讲话"。
② 荃镇政府文件：2009年2月"关于进一步加强招商引资工作的实施意见"。

有关执照、证件等方面提供高效无偿服务,并积极协调上级有关部门,最大限度地减免各种费用。

荃镇除了对外出台优惠政策,对内还加大招商引资奖励力度,主要方式是将招商引资成果和年终考评结合,并给予诱人的现金奖励,这些现金奖励对于收入不算高的荃镇干部而言着实是不小的诱惑。

对当年引进固定资产投资超过500万元的单体新上项目或年度引进项目总额达到1000万元(以县招商引资部门实际认定为准),引进方为部门或单位的,年终综合考核中加10分,并按项目到位资金额的0.1%给予现金奖励,同时授予"招商引资贡献单位"称号,以后每年按照当年到位资金额的0.05%给予现金奖励,最多奖励3年;引进方为个人的,年终综合考核中加15分,并按项目到位资金额的0.1%给予现金奖励,同时授予"招商引资功臣"称号,以后每年按照当年到位资金额的0.05%给予现金奖励,最多奖励3年。[1]

尽管荃镇加大了招商引资力度,但是一些上规模项目却越来越难招,甚至出现了多个地方政府"争抢"项目的现象。按照招商办主任MJ的说法就是"蛋糕就那么大,谁都想吃"。但荃镇干部招商引资的热情却不减,因为招商引资的业绩是与干部晋升联系在一起的,也在客观上促进了地方经济发展。简·奥伊在实地考察基础上认为,乡镇经济的发展同乡镇领导人追求自身政治利益是同步的,且这种微观机制便是"地方法团主义",即乡镇政府具有企业特征[2]。改革开放以来,不少地方经济发展中形成了地方政府主导型经济发展模式,是和地方干部的积极行动分不开的。[3]

2. "稳定是前提"

在荃镇的政治语汇中,"稳定"问题就是"上访"问题,更准确地说是"越级上访"问题。在荃镇政府干部眼里,社会稳定不稳定是"上级政府说了算",而上级政府做出判断的一个重要标准就是看群众的"上访"数据。如果"上访"少则群众满意、社会安定,反之则群众不满意、社会不稳定。这样"维护社会稳定"的政府职能就被异化为"压制上访"

---

[1] 荃镇政府文件:《关于进一步加强招商引资工作的实施意见》(2009.2)。

[2] Jean, Rural China Takes Off: Institutional Foundations of Economic Reform, Berkeley: University of California Press, 1999, pp. 135-137.

[3] 王乐夫、唐兴霖:《珠江三角洲:地方政府在经济发展中的地位和作用》,《中山大学学报》1997年第4期。

的行动了。

为了"遏制"群众上访，荃镇"按照'分级负责、归口办理、多措并举、齐抓共管'原则，确立党政主要负责人为第一责任人，负总责、亲自抓；分管负责人为第二责任人，总负责、靠上抓，明确任务目标，砸死相关责任，形成一级抓一级，层层抓落实的良性工作机制。"与各村、各部门、各单位签订信访工作责任状。在所谓的"特殊时期"，如各级两会和重大节日等，荃镇干部更为紧张，往往采取"对信访重点对象进行重点监控，实行主要领导按时带班、信访工作人员轮流值班的24小时监控工作制"的措施。表4-7呈现了2007年"两会"期间对一些"老上访户"的责任包干明细。

表4-7　　　　2007年"两会"期间重点包保明细表（部分）

包案领导	管区包保人员	监控人员	监控对象	单位	主要情况
PJG	YY、XSM	YHZ	吴**	Q村	宅基地问题
DQ	YY、PF	PF	乔**	PP村	村干部作风问题
WY	YY、WQ	PF	巩**	SFQ村	法院诉讼问题
ZY	YH	ZAG	李**	HQ村	村内问题
ZY	WCW、WQ	ZAG	刘*等7人	SL、SY村	兽药厂拖欠工资问题
LDB	DC	ZQ	陈**	YJD村	村干部问题
RGS QSZ	WCW YH、YK	FSJ YHZ	李**等 陈**等 40人	BE村 DD村	土地纠纷问题 村土地问题

此外，荃镇还制定了对包案干部、管区以及村干部的奖惩措施，比如对包案干部的奖惩措施是："对所包案件一年内无县以上上访案件，优先参与评先树优活动，同时在镇里年终综合奖励的基础上，另发奖金200元。如出现上访情况则从年终综合奖励中按以下规定扣罚：进市一次扣罚奖金50元；进省一次扣罚奖金100元；进京一次扣罚奖金400元，直至扣完所有奖金。另外，对所包案件出现县以上上访案件的，取消一切评先树优资格，在各级'两会'等特殊时期造成恶劣影响的给予一定的党纪、政纪处分，并记入个人档案。"①

---

① 根据2007年荃镇信访办相关材料整理。

3. "越发重要的计生工作"

由于我国人口基数大且增长迅速,从 20 世纪 80 年代,国家开始实施计划生育政策,目的是通过推行"一对夫妻生育一个子女",提倡晚婚、晚育、少生、优生,有计划地控制人口。由于农村地区的文化特殊性,计划生育政策在农村推行要晚于城市,到 20 世纪 90 年代才逐渐严格起来。另外,在政策内容上也有差异,比如夫妻双方均属农业人口,第一个子女是女孩的,且达到一定规定年限的可以生育二胎,这是法规政策对农村地区"香火"观念的妥协。

同全国其他乡镇一样,计划生育也是荃镇的重点工作,一直是上级"一票否决"的工作项目之一。其具体工作涉及:已婚育龄妇女普查;违法妊娠人员流引产;长效避孕节育措施落实;育龄妇女孕情跟踪及三大随访服务;社会抚养费征收;流动人口管理服务;宣传教育等多个方面。

随着外出务工人员增多,对育龄妇女进行普查和孕情跟踪的工作难度加大。另外,由于农民收入提高,超生罚款对一些农村家庭并不构成太大经济压力,这使得荃镇的政策外生育率出现反弹。根据荃镇计生办提供的资料,2008 年全镇计划生育率低于 S 县 4 个百分点;人口出生率达 14.3‰,高出全县 2 个千分点;政策外生育率村达到了 75.4‰,政策外生育人数高达 188 人,平均每村 2.8 例。在 S 县政策外生育超过 10 人的 16 个村庄中,荃镇就占到了 1/4。另外,性别比也严重偏高,达到了 124.7,高出县下达指标的 15.7 个百分点,其中二胎性别比为 154.8,高出县下达指标 38.8 个百分点。①在荃镇干部看来,这种情况是很严重的,用荃镇 X 书记的话说就是:"我们的计划生育工作已经到了危险的边缘,到了不得不抓、不能不抓的地步,再不下大气力扭转这种被动局面,我们怎么对得起全镇 6.8 万群众?怎么对得起子孙后代?怎么对得起上级党委政府的期望?"②

"集中活动"是荃镇最常见的计划生育工作方式。例如 2009 年的春季计划生育集中整治活动,从 2009 年 3 月 9 日到 3 月 27 日历时 18 天,活动的重点是:查环、查孕、落实计划外流引产、落实节育措施四项工作。具体任务目标是:

完成四种手术 1318 例,其中放环 576 例、结扎 614 例、引流产 128

---

① 根据荃镇计生办 2008 年年度报表整理。
② 荃镇政府资料:2009 年 3 月 9 日《XBL 同志在全镇春季计划生育集中活动动员大会上的讲话》。

例。已婚育龄妇女普查率确保 100%，计划外妊娠人员流引产率 100%；一孩放环率达到 98% 以上，二孩及以上结扎率达到 95% 以上，一孩的 60 天内无医学禁忌的全部落实放环措施，二孩及以上的 90 天内无医学禁忌的全部落实绝育措施；已婚育龄妇女信息覆盖率、综合统计合格率确保 100%；"服务手册"、"生育证"发放、审批合格率确保 100%。①

荃镇干部在计划生育"集中活动"中仍然存在一些过激行动，而且这些行动得到了上级的暗示或鼓励。在 S 县的计划生育工作集中活动动员大会上，县委 T 书记就要求各乡镇要"敢于采取超常规措施，敢冒风险，勇担责任"。在 S 县的 XC 镇就实行了"三个一"工程，即强制拆除拒交社会抚养费的一个超生户、拘留一个扰乱活动秩序的违法户、撤掉一个活动中不积极作为的支部书记。一些乡镇的集中活动工作组还配备了铲车等设备，随时配合工作组开展行动。在乡镇干部眼中，这种行动不仅不违法，而且相当合理，认为这是保证工作"正常开展"的必要手段。荃镇 X 书记在 2009 年的全镇春季计划生育集中活动动员大会上就公开说道：

大家知道，八、九十年代搞计划生育，喝药给瓶、上吊给绳、撬门砸锁、拆屋扒墙，都是"家常便饭"，县集中活动动员会议要求我们的措施要超过以往任何时候。我们认为，对于那些屡教不改的顽固分子，对于那些别有用心或故意干扰正常工作的刁民，要灵活机动，随机应变，必要时可以采取"土办法"，也可以申请司法机关参与协助，以达到震慑和警示作用，推动活动的正常开展。②

乡镇干部感言，之所以采取这些措施也是没办法，因为"上面压的紧"，有"一票否决"的压力，因此不得不投入大量的时间、精力放在计划生育工作上，其他更有意义的事却没时间和精力去做了。

二 乡镇干部的"规定行动"

本书提出"规定行动"这一概念，用以概括乡镇干部在正式规则约束下的行动，这类行动主要包括：

（一）设置准任务型组织

任务型组织的日益增多是 20 世纪 70 年代以来最值得关注的组织现象之一。所谓任务型组织是指以任务为导向、具有临时性特征的组织，它在

---

① 荃镇政府资料：2009 年 3 月 9 日《XBL 同志在全镇春季计划生育集中活动动员大会上的讲话》。

② 同上。

资源获取、组织结构、运行机制、人力和物力的安排使用、管理的方式方法等各个方面都不同于常规组织。特别是任务型组织设立方式的灵活性，任务完成后解散的及时性，都使它能够弥补常规组织在处理非常规性事务上的缺位。①

组织理论家们很早就对任务型组织这一组织现象给予了关注，例如马奇和西蒙在 1958 年的《组织》一书中就首次提出了任务型组织的概念，他们认为"大多数任务型组织都有很强的追求多数人一致的倾向"②；"在大型任务型组织中比较重要的冲突领域是权威和权力关系领域。"③ 当然，任务型组织这一概念在马奇和西蒙那里还是较为含混的，他们并没有把任务型组织作为一个独立重要的组织现象加以关注。其后，不少理论家提出了一些类似概念，如彼得斯和沃特曼提出的"专案小组"④，彼得斯在 1988 年的《乱中取胜》中提出的"混沌组织"⑤，沃伦·本尼斯（Warren Bennis）则在《临时社会》中创造了"专案决策组织"（Adhocracy）⑥ 一词，它几乎被当作"取代过度僵化的官僚制组织的更加灵活而又非正式的组织形式和管理方法"⑦ 的代名词。

除了一些常设机构外，荃镇政府中也存在大量类似于任务型组织的临

---

① 张康之：《任务型组织研究》，中国人民大学出版社 2009 年版，第 9 页。
② James G. March and Herbert A. Simon, *Organizations*, New York: Wiley, 1958, p. 118.
③ Ibid., p. 122.
④ 彼得斯和沃特曼概括了"专案小组"的六个特征：1. 专案小组人数不多，通常不超过 10 人，报告级别及成员的资深程度与问题的重要性成正比；2. 存在的期限非常短暂；3. 成员通常是自愿的，组合非常迅速，需要他们时，即快速成立，一般不具有正式组织章程和程序；4. 接受迅速的追踪考核；5. 没有幕僚人员；6. 文件档案是非正式的，而且通常少之又少。参见［美］托马斯·彼得斯，罗伯特·沃特曼《追求卓越》，胡玮珊译，中央编译出版社 2003 年版，第 114—115 页。
⑤ 彼得斯提出了"追求灵活性结构"的问题，在分析了现有组织存在的各种问题的基础上，指出现有的"牛顿型组织"（Newton Organization）必将为"混沌组织"（Chaos Organization）所取代。Pascarella Perry, "Management: Tom Peters Invites Chaos for Survival", *Industry Week*, Vol. 235, No. 2, 1987, pp. 48-53.
⑥ Adhocracy 一词来自拉丁词组 adhoc，原意为"为了特殊的目的而特别安排的，专门安排的"，本尼斯取该词的名词形式，最早使用它，指没有或很少有结构的组织（an organization with little or no structure），该词后来为托夫勒和明茨伯格等人沿用，在相关的中文译著中因翻译的差异，被译成"特设性组织"、"专题工作班子制"、"专题决策委员会"等。
⑦ 参见［英］Judy Pearsall《新牛津英语词典》，上海外语教育出版社 2001 年版，第 21 页。

时性组织，它们常以负责推进或完成某项具体事务的"领导小组"或"委员会"形式出现。但这种临时性组织只能算是一种"准任务型组织"，还不能称之为完全意义上的任务型组织。这是因为：首先，尽管这类组织在形式上看是为开展某项具体工作任务而设置的，但这些任务就是常设部门的常规工作，最终还是要交给各常设部门落实，设置这类组织的目的仅仅是为了突出该项工作，显示出对这项工作的重视，以获得上级合法性评价；其次，即便有些组织是为处理一些"突发性事件"而设立的，但在运作过程中成员更多地依附于常规部门的科层权威而缺乏自主性和合作精神。因此，乡镇政府中的那些临时性"领导小组"或"委员会"只能算是"准任务型组织"，目的在于获取合法性，让上级觉得某些事务是引起乡镇足够重视的。

在荃镇党委和政府文件中也经常会看到不少"领导小组"或"委员会"成立或调整的文件，而且几乎每项重要工作的开展都要成立"领导小组"或"委员会"。以2009年的党委政府文件为例，2009年全年荃镇共成立或调整24个"准任务型组织"。（表4-8）

表4-8　　　　2009年荃镇"准任务型组织"一览表①

文件号	时间	机构名称
Q发［2009］2号	2009年3月20日	调整减轻农民负担工作领导小组
Q发［2009］4号	2009年1月8日	荃镇镇农村党员干部集中培训活动领导小组
Q发［2009］13号	2009年5月25日	荃镇镇环境综合整治工作领导小组
Q发［2009］14号	2009年5月25日	荃镇镇基金会清欠工作领导小组
Q发［2009］25号	2009年6月25日	调整招商引资工作领导小组成员
Q发［2009］28号	2009年8月10日	荃镇镇困难职工帮扶工作领导小组
Q发［2009］30号	2009年9月8日	荃镇镇信访稳定工作领导小组
Q发［2009］32号	2009年8月28日	调整全民普法依法治理工作领导小组成员
Q发［2009］33号	2009年9月18日	荃镇镇学习实践科学发展观活动领导小组
Q发［2009］39号	2009年10月28日	迎接省综治暨平安建设检查考核领导小组
荃政发［2009］5号	2009年5月11日	荃镇中型水库库区与移民安置区基础设施项目建设管理处
荃镇发［2009］1号	2009年4月11日	荃镇耕地占用税征收工作领导小组
荃镇发［2009］4号	2009年4月20日	调整荃镇镇美国白蛾防治工作领导小组

① 根据荃镇2009年度党委政府文件整理。

续表

文件号	时间	机构名称
荃镇发［2009］6号	2009年5月28日	"安全生产月"活动指导委员会
荃镇发［2009］9号	2009年6月18日	荃镇镇二〇〇九年防汛救灾指挥部
荃镇发［2009］10号	2009年6月25日	荃镇镇救灾应急指挥部
荃镇发［2009］11号	2009年7月24日	成立旱作农业示范基地建设工作领导小组
荃镇发［2009］13号	2009年4月2日	荃镇镇2009年棉花良种补贴项目领导小组
荃镇发［2009］14号	2009年5月9日	荃镇镇2009年玉米良种补贴项目实施领导小组
荃镇发［2009］17号	2009年9月23日	荃镇镇2009年秋季禁烧工作领导小组
荃镇发［2009］18号	2009年10月15日	调整重大动物疫病防治指挥部
荃镇发［2009］19号 荃镇发［2009］22号 荃镇发［2009］25号	2009年10月22日 2009年10月26日 2009年11月25日	2009年征兵工作领导小组 调整安全生产工作领导小组 成立荃镇镇人防民防工作领导小组

上述这些准任务型组织几乎涉及到了荃镇在该年度所有比较重要的行政工作，这些组织的成员一般包括党政主要领导和分管领导，以及某些部门的负责人。一般情况下，这些组织都不会设置专门办公室，只"存在于文件"中，但又不能没有。一方面，上级检查该项工作时，专项组织的设置会是一项比较重要的检查内容；另一方面，在该项具体工作运作过程中，通过准任务型组织明确责任分工，便于协调部门关系，使问题得到有效解决。

(二) 会议与文件

会议和文件是正式规则约束下的信息传递方式，乡镇政府通过会议和文件分派任务、明确权责、公布奖惩。"会议制度"也作为一项重要的机关工作制度而存在，荃镇对"会议制度"做了如下规定[①]：

1. 周一至周五，每天早8:30召开领导干部碰头会，9:00点名并召开全镇机关干部例会，由主要领导主持会议。会议传达上级文件、会议精神，安排当天工作，通报当前全镇工作情况，或根据需要安排其他事情。

2. 大型会议根据实际情况和需要，由镇党委政府研究召开，会

---

① 荃镇内部资料：《荃镇机关工作制度》(2009)。

务由党政办公室承办。会议通知由党政办公室下达到各单位或具体参会人员，村一级由管区负责通知，企业由经贸办负责通知。

3. 各部门、单位需要召集会议的，应向分管领导汇报，由分管领导向党政办公室提出申请。经党政办公室主任同意后，由党政办公室配合申请单位搞好会务工作，会议通知由各申请单位自行下达。

4. 会议考勤：机关例会和镇党委政府召开的各类会议，参会人员接通知后，必须准时参加。会议实行严格的考勤制度，考勤结果计入年终考核成绩。

5. 会议纪律：会议期间，参会人员要关闭所有通信工具。在会场上不得随便走动，不得交头接耳，不得无故提前离会。如有特殊情况，要向大会报告，在得到明确指示后，方可处理其他事情。

6. 会议请假：确有特殊情况不能到会或由他人替会，需提前向分管领导说明情况，得到允许后，根据领导指示再作出具体安排。重大会议需向主要领导请假。

和其他层级政府一样，荃镇的日常行政也可用"文山会海"形容。"文山"是指各种文件、通知；"会海"是指各种会议。荃镇会议形式繁多，比如"动员大会"（或曰"准备会"）、"调度会"、"现场会"、"总结会"、"机关干部例会"、"党政领导联席会"等等。像计划生育集中整治、违章建筑拆迁等重要活动，一般都要召开"全镇干部动员大会"，有时甚至要包括村党支部书记和村主任。调度会是指工作推进过程中下级向上级汇报进度、上级向下级提出要求的会议。现场会最常见的是在某项工作的先进典型所在地召开会议，以便推广其先进经验。总结会则是工作结束时对某项工作的评价，有时也顺带进行表彰。表4-9以2009年2月4日至3月12日荃镇政府向县委信息科上报的"工作动态"为基础，列举了这一个月内荃镇的会议情况。

表4-9　　　　2009年2月4日至3月12日荃镇主要会议①

2月4日，根据县委要求，镇相关人员到县参加全县经济工作会议，镇里组织设立了分会场
2月5日，召开党政联席会，贯彻学习全县经济工作会议精神，根据会议精神，结合我镇实际，对2009年工作再研究、再部署

---

① 资料来源：根据2009年2月4至3月12日荃镇政府向县委信息科上报的《工作动态》整理。

第四章　规则：乡镇干部行动的内情境　111

续表

2月4日，根据县委要求，镇相关人员到县参加全县经济工作会议，镇里组织设立了分会场
2月13日，召开党政联席会，安排部署春季林业生产工作
2月20日，召开党政联席会，传达学习全县组织工作会议精神
2月21日，全镇经济工作暨春季计划生育集中活动动员会议召开
2月23日，召开书记办公会，就加快部分重点项目建设拿出具体意见，并为不锈钢丝项目办理用地手续
2月26日，召开计划生育春季集中活动调度会，听取各责任单位工作情况汇报，安排部署下一步工作
3月2日，召开党政联席扩大会议，部署全国"两会"期间信访稳定工作，安排专人对重点人员秘密稳控，对重点路段、车站加强巡查，确保不出现进京上访案件
3月3日，召开部分村庄支部书记会议，安排部署长防林二期工程，主要围绕青龙山展开整地造林工作
3月6日，按照县要求，组织相关人员参加"全县春季计划生育集中活动动员大会"
3月9日，召开全镇春季计划生育集中活动动员大会，贯彻落实全县春季计划生育集中活动动员大会精神，安排部署春季计划生育集中活动工作，县计生局局长廉加华到会做指导
3月31日，召开耕地占用税征收调度会议，根据实际完成情况兑现奖惩 3月12日，召开春季计划生育集中活动情况调度会议，听取各管区工作开展情况，安排下一步工作

作为信息传播方式的会议是有成本的，特别是一些规模较大的会议。比如"荃镇各村党支部书记大会"每年只举行3-4次。因此，更多信息是通过文件方式传达。这些文件涉及一些重要活动实施方案、临时组织设立、制度公布、人事调整公示、人员奖惩以及转发的上级文件等。（表4-10）

表4-10　　　　2009年度荃镇党委政府所发文件分布

计划方案		临时组织		制度设计		上访调查		人事调整		人员奖惩		转发文件		其他	总计
党委	政府	党委	政府	党委	政府	党委	政府	党委	政府	党委	政府	党委	政府		
7	14	7	7	5	2	5	0	3	2	8	0	1	1	5	74

从表4-10也可以看出，荃镇党委政府所发文件中，以工作计划方案、临时组织筹建调整、人员奖惩以及制度设计为主。值得注意的是，发布文件不仅是为了传递信息，有时候还是为了树立镇党委政府的权威，以

便有效约束干部行动。另外，2009年度荃镇所发的所有奖惩文件都来自于镇党委，显示了党委在基层人事管理中的绝对权威地位，另外，这8个文件都是"惩罚性"文件，但并不是所有人员惩罚都是以文件形式予以公布的，以文件形式公布的只是少数，按照镇党委书记XBL的话说就是"为了杀一儆百"。比如，2009年8月份，荃镇刚进行完一次计划生育突击检查，发现荃镇NH村党支部书记在计生管理中弄虚作假，包庇亲属。本来这件事情可以息事宁人，但荃镇X书记刚刚上任不久，也第一次抓计划生育工作，他认为这是"顶风而上""必须杀一儆百"。因此，在2009年8月16日的党政联席会上，X书记坚持要以文件的形式对其进行党纪处分，以达到"对其他干部的威慑作用。"①

> 关于给予WSA同志党内严重警告的处分决定②
> WSA，男，汉族，1962年2月出生，中专文化，2000年7月入党，2002年至今任荃镇镇南贺村村党支部书记。
> NH村村民WCL（再婚）1979年1月5日出生，2001年12月12日与前妻合法生育一胎女孩，2005年1月与LQY（1984年10月5日出生）登记结婚，2009年4月13日违法生育二胎女孩。WCL是WSA侄子。2009年4月份荃镇镇进行育龄妇女大普查，LQY已怀孕，为达到违法生育目的躲避查体，WSA于2009年4月6日带着一名从社会上雇的妇女冒充LQY到镇计生办查体，镇计生办妇查站长秦××因其没带身份证明不予查体，WSA担保是LQY本人，计生办工作人员秦××对其进行了查体出具了未孕证明。2009年4月13日LQY在县妇幼保健院违法生育一女孩。
> WSA身为村党支部书记，因党性不高，对计划生育管理要求不严，弄虚作假，导致构成包庇他人超生错误，在社会上造成很坏的影响，为严肃党纪，推动计划生育工作的开展，挽回影响，依据鲁纪发[1999] 9号文件第十条之规定，经镇党委会研究，决定给予WSA同志党内严重警告处分。
> 本决定自2009年8月21日起生效。如不服本决定，可向本机关或上级党组织提出申诉。
> 2009年8月21日 中共荃镇镇委

---

① 2009年8月16日党政联席会会议记录。
② 荃发[2009] 24号《关于给予WSA同志党内严重警告的处分决定》。

（三）检查与迎查

检查是上级督促下级的工作方式，检查结果是考评的重要依据。上级对乡镇政府的检查项目繁多，涉及到计划生育、财务、卫生、安全等多个方面。有检查就有迎查，即迎接上级检查。在检查比较密集的时候，迎查几乎成了乡镇干部的主要工作内容。表 4-11 列出了荃镇在四月份的迎查工作，共有 18 项，占四月份总工作量的 72%。① 其中绝大多数是县级政府的检查活动。

表 4-11　　　　　　　　2009 年 4 月荃镇的迎查活动②

4 月 1 日，县委副书记 XFL、副县长 PJG 到镇督导计划生育工作
4 月 10 日，县委书记 TZF 同志到镇就计划生育工作进行调研，县委常委、副县长 SAD，县委常委、县委办公室主任 WYD 陪同调研
4 月 14 日，组织开展基干民兵集结拉练活动，并代表全县接受军分区领导检验
4 月 14 日，县教育局领导到镇检查指导手足口病防治工作
4 月 15 日，县委常委、常务副县长 LQE 一行到镇调研耕地占用税征收工作
4 月 17 日，县政协、县劳动局相关领导就镇政协工作组提出的提案到镇进行答复
4 月 21—22 日，筹备并迎接全县春季农业生产调度现场会
4 月 14 日，县教育局领导到镇检查指导手足口病防治工作
4 月 15 日，县委常委、常务副县长 LQE 一行到镇调研耕地占用税征收工作
4 月 17 日，县政协、县劳动局相关领导就镇政协工作组提出的提案到镇进行答复
4 月 22 日，副县长 YXD 到镇就历山石材工业园项目进行调研
4 月 22 日，县病险水库除险加固工作领导小组到镇检查石旺水库工程进展情况
4 月 23 日，县政协主席 ZHL 等县政协领导到镇调研农村超市发展情况，并到县联社系统设立的全县第一家农村超市——余粮超市进行视察
4 月 24 日，县林业局到镇督导美国白蛾防治工作，着重就美国白蛾防治专用荧光灯的安装使用情况进行了检查
4 月 26 日，县老龄委到镇走访、核实 90 岁以上老人
4 月 26 日，县委副书记、县新农村建设帮扶工作团团长 LSK 一行到镇调研新农村建设帮扶工作，实地察看了北贺庄等帮扶点
4 月 27 日，市计划生育检查工作组到镇检查流动人口管理工作
4 月 28 日，县委副书记 XFL、县建设局负责同志到镇部署指导城乡环境综合整治暨 327 国道沿线环境综合整治工作，根据县会议精神，进一步提出了具体要求

作为上级部门监督、督促下级工作的一种方式，检查具有一定的积极意义。但在实际操作过程中却被异化了。一些检查走形式、走过场，不仅给基层带来了不小的负担，还助长了腐败、浮夸等不正之风。笔者在荃镇参加过几次迎查活动，印象最深的是一次迎接市委组织部关于基层党建工作的活动。接到检查通知后，荃镇党委"高度重视"，召开了全镇村支书

---

① 这些数据来源于荃镇上报县委信息科的材料，这些材料显示四月份荃镇共开展迎查工作 25 项。

② 资料来源：根据 2009 年 4 月荃镇政府向县委信息科上报的《工作动态》资料整理。

大会，荃镇 X 书记在强调这次迎查重要意义的时候说到"今年党建工作干的好不好，就在这一次检查，这次迎查结果好不好，将事关 S 县在全市的位次，事关我们荃镇在全县的位次。我希望，不要因为你思想不重视、准备不充分，而拖其他支部的后腿，而影响了全镇、全县的成绩。"① 可见，迎查的目的已经不再是为了接受上级监督、真实反映情况和存在问题了，而是异化为在竞争中取得好成绩。为了迎接这次检查，镇里还给各个村支部印发了"明白纸"，将各个检查项目和细节都详细列出：一是否有支部办公场所；二组织规章制度是否"上墙"②；三是否正常开展远程教育（主要看远程教育的硬件设备完好情况和节目拷贝、收看情况）；四是否正常召开民主生活会。县市两级的检查分别在 11 月中旬和 12 月初开展，当时留给荃镇准备的时间实际上不足 10 天。很多材料都是临时抱佛脚，例如荃镇组织办专门联系了印刷厂统一制作了制度宣传板，每一份价格为 200 元，每个村支部都花钱购买了一份。一些村支部没有像样的办公室，就临时找了空置的房屋挂了牌子做办公室用。几年前购买的一些远程教育设备，由于长期闲置已经无法使用，有的电视机甚至直接被村干部搬回家中使用。另外，由于外出务工人员增多，村里不少党员都在外地，即便在村里的党员也几乎没有召开过民主生活会，但为了迎接检查，不得不临时"编写"民主生活会的内容。不少基层干部认为，这种检查实在是没必要，搞得基层干部焦头烂额，不仅影响了正常的工作，还给基层增加了负担③。

第二节　非正式规则与"策略行动"

正式规则与非正式规则是以规则产生途径和表现形态为标准进行区分的。诺斯把宪法、成文法、普通法、条例等看作正式规则的代表，而把行动规范、约定、内心的准则视为非正式规则的主要形式。它们共同存在于组织当中。赛尔兹尼克曾研究过组织中两种规则的冲突现象，认为"从组织作为一个正式系统的角度出发，作为一个合作系统中特定部分的参与

---

① 荃镇政府文件：2009 年 11 月 3 日《XBL 同志在全镇基层党建迎查会议上的讲话》。
② 所谓规章制度"上墙"就是将一些重要的规章制度条文制作成宣传板钉在墙上，以达到宣传教育的目的。
③ 2010 年 2 月对村干部的非正式访谈。

者，每个人在扮演各自角色方面都被认为是功能性的。但是事实上，个人有一种抵制非人格化、超越职能界限进行整体参与的倾向。正式系统（极端而言，像军队中的士兵一样）不可能考虑到下属的各种异常情况。"① 也就是说，每个人都是多角色、多身份的，在组织中不可能完全按照组织规则行事，他的行动不可避免地受到其他社会规则的影响。比如乡镇干部不仅是基层政府工作人员，还是他所在的家庭、家族以及乡土社会中的一分子，这些不同的社会身份塑造了乡镇干部的非正式规则意识，甚至会出现与组织正式规则相冲突的现象。

一 乡镇政府的非正式规则

乡镇政府的非正式规则指那些隐性的、非正式的却对干部行动起着重要影响的准则。本部分主要从三个方面对乡镇政府中的非正式规则给予呈现，当然它们不可能涵盖乡镇政府的所有非正式规则，而只是笔者所总结的非正式规则之几种。

（一）人情面子规则

"人情"是中国社会一个复杂的社会文化概念，大致上有三种不同含义：一是指当个人遭遇不同生活情境时，可能产生的情绪反应。《礼记》中有言："何谓人情？喜、怒、哀、乐、惧、爱、恶、欲，七者，非学而能。"这里的"人情"是人与生俱来的情感类型；二是指人与人进行社会交易时，可以用来馈赠对方的一种资源。在中国社会，他人有喜事，我赠送礼物；他人有急难，我给予帮助。这时，我便是"做人情"给对方。对方接受了我的礼物或帮助，便欠了我的人情。因此，这里的人情又是一种可以交易的"资源"②。作为社会交易资源的人情，可以是金钱、物品或服务，还可以是抽象的情感。所以从这个角度看，人情往往不易计算，也难以清偿；第三个含义是指人与人相处的一种社会规范，即"人情规则"，其本质是一个关系网络内成员的共有知识，可以增加网络内成员行动的可预期性。

本书的"人情"及人情规则是在第二和第三个意义上讨论的。"通晓人情"是乡镇干部的基本能力，他们视之为重要的人际手段。乡镇的人情规则主要涉及两大类社会行动：第一类是在日常交往中，干部会经常用馈赠礼物、互相问候、拜会访问等方式与其关系网内的其他人保持联系，

---

① ［美］菲利普·赛尔兹尼克：《组织理论的构建》，《美国社会评论》1948年第13期。
② 黄光国：《面子：中国人的权力游戏》，中国人民大学出版社2004年版，第11页。

维持良好的人际关系。"有来有往,亲眷不冷场"就是这个道理。荃镇重要的一种人情往来形式是"红白喜事",诸如结婚(包括儿女结婚)、直系亲属丧事、乔迁新居等等,几乎每个月都会有。赶上副科级以上干部家的人情世事,几乎每个荃镇干部都要交"份子钱",通常是由办公室的工作人员代收,并记下所有交份子钱的名字和数额。一般情况下,每个人要交60元到100元不等,但大多是100元,这对于月收入仅有1300多元的荃镇干部而言显然是一笔不小的开支[①],但这又是不得不花的一笔钱,不然会被认为是"不通人情"。

第二种是当关系网内的某个人遭遇到贫病困厄或生活上遇到重大难题时,其他人应当有"不忍人之心",同情他,体谅他,并尽力帮助他,这就是"做人情"。"而对方受了别人恩惠,欠了别人人情,也应当想办法回报,即所谓的'受人点滴之恩,须当涌泉相报'"。荃镇调研期间曾赶上一位干部的孩子得了白血病,需要不少医疗费,荃镇X书记还专门在一次全镇干部大会上发动大家为其捐款,很多干部都很自觉地捐了钱,抱以同情态度。捐钱者也希望当自己遇到类似困难的时候,能够得到同样的帮助,这体现了人情规则的交换性特征。

人情规则在本质上体现了一种"还报"思维,人类社会从产生之初便具备了"报"的行动逻辑,并成为几乎任何社会文化场域所公认的基本行动准则,在"报"的规范基础上建立起社会关系。特别是中国文化中的人情法则,则是"报之规范"的衍生物。人情法则下的人情关系得以维系的前提,是交往双方必须讲究"投之以桃报之以李"、"礼尚往来"。当一方寻求帮助时,另一方会对对方回报做出预期,人们常常是基于这种回报预期而对别人"做人情"的。但是如果有一方"不讲人情",那么双方就很难将"投桃报李"的人情关系延续下去。

中国社会中经常与"人情"一起被提及的还有"面子"这个词汇。"面子"是他人所给予的尊重。而所谓"给面子"、"给脸"则是肯将个人资源或者尊重给予他人的一种行动。如"给面子就含有可以让那些相关的他人分享自己的荣誉、名声以及由此而来的物品、财富、地位、权势等意义。"[②] 可见,面子本质上是作为一种资源扩散方式而存在的。此外,面子还涉及人的尊严问题,费正清对此有相当的认识,他认为"中国式

---

① 这些数据来源于2011年的荃镇调研。

② 翟学伟:《人情、面子与权力的再生产:情理社会中的社会交换方式》,《社会学研究》2004年第5期。

的人文主义包括关心个人尊严的问题，但那是从社会的观点来关心的。'面子'是个社会性的问题。个人的尊严来自行为端正，以及他所获得的社会赞许。'丢面子'来自行为失检，使别人瞧不起自己。人的价值，并不像西方所认为的那样是每个人固有的品质，而是需要从外界获得的。"①

（二）晋升资本规则

乡镇干部行动常常围绕如何在激烈的乡镇政治权力角逐中胜出展开。荃镇那些"有前途"的干部们似乎具备一些共同特点，即必须掌握某些有利于晋升的资源，这是荃镇隐秘的晋升规则。我们把这些有利晋升的资源称之为"晋升资本"，主要有以下几类：

1. 关系资本

本书把那种通过对上级攀附而建立起来的关系网络称之为"关系资本"，即荃镇干部所说的"靠山"。这个关系可能是地缘、亲缘等先天产生的关系，也可能是学缘、业缘如同学、同事、领导等后天经营出来的关系。干部通过这种关系的建构积累"关系资本"，使得他们能够维持和提升自身地位。干部会努力进行持续的关系经营，谋求"关系"再生产。

2. 体制资本

体制资本是指干部所属的部门和岗位及其所提供的独特资源，是既有体制所赋予干部的独特优势。在荃镇政治场域中，党政办、计生办、组织办、村镇办、宣传办等所谓"重要部门"的负责人更有机会晋升，而林业站、水利站、老龄办、旅游办等部门则被认为是"冷衙门"，这些部门的负责人少有被提拔为副科级的，这几乎成了乡镇政治场域不成文的规矩。那么为什么会有这样的差别呢？党政办的 L 的一段话颇能说明这个问题。

……（问：办公室这么忙、这么累，有没有想过去其他部门?）我不太想离开党政办，你要知道办公室在哪个机关单位都是重要的部门，在这样的部门被提拔的机会大。（问：为什么呢?）这样的部门和领导打交道机会多，和领导有机会接触，才能有机会表现，要不 W 怎么会直接从办公室主任提拔为副镇长？另外，办公室这样的部门有它的特殊性，和其他部门打交道的机会也多……还有一点就是，办公室有它的优势，比如签单子报销，调度车什么的，平时谁没有个事啊，要是用车你给他及时的调一台，这个人情人家就记住了，你的

---

① ［美］费正清：《美国与中国》，张京理译，世界知识出版社 1999 年版，第 125 页。

群众基础不就好了嘛。领导重视、群众基础就好，当然就有被提拔的机会了。所以，前一阵子调整干部的时候，不少人都挤破头想当办公室主任。(20090928 LY)。

3. 个人资本

个人资本主要是指文化素质以及以性格、价值观、处世哲学等为基础的人格魅力等。文化素质集中体现为人的学历、学位、培训经历等，基层政府在选拔干部时越来越重视这些方面，而那些没有学历的干部往往会在竞争上处于劣势。党政办主任 WQ 就是一个例子，他是工人身份，没有学历，尽管在办公室主任这个位置上干得也不错，但却很难得到提拔，他自己也不对未来仕途抱有太多幻想。① 另外，个人政绩也是个人资本的一个重要方面，那些写在"个人履历表"上的优秀成绩，能为晋升增添不少砝码。

（三）关系运作规则

"关系"的内涵丰富且微妙，在西方文化语境中没有准确的对应词汇，但却是中国社会文化的核心概念。华尔德在对中国工厂的研究中认为，"从社会学的角度来讲，'关系'不是一个含义明确的术语。在通常的用法中，它指的是包括了从高度的个人间忠诚到礼节性贿赂等种种实用性私人关系。"② 学术界对"关系"一词有多种理解：一是"社会关系网络"视角。如格兰诺维特从关系强度角度出发，提出将关系分为强关系和弱关系③。边燕杰对格氏的"关系"也做了进一步阐释，将其理解为一种关系纽带④。还有学者特别强调个人利用社会网络争取社会资源或地位的意义，代表人物主要有科尔曼、林南、伯特等。二是方法论的视角。在

---

① 访谈资料：20090928 LY。
② [美] 安德鲁·华尔德：《共产党社会的新传统主义》，龚小夏译，牛津大学出版社1996年版，第202页。
③ [美] 马克·格兰诺维特：《镶嵌：社会网与经济行动》，罗家德译，社会科学文献出版社2007年版。
④ 关系指"人与人之间、组织与组织之间由于交流和接触而存在的一种纽带关系。这种关系与社会学分析中的变量关系（relationship between variables）、阶级关系（class relations）是不同的，因为后两者关系只是人们的属性、类别的抽象关系，处于这一关系中的现实的人并不一定有相互的交流、接触。"参见边燕杰《社会网络与求职过程》，《国外社会学》1999年第4期。

布迪厄等社会学家的研究中，可以看到这种研究路径的应用①。可见，关系既是一种行动方式，又是一种社会网络。

在有关中国社会的研究中，"关系"一直是理解中国社会结构的关键社会文化概念。它同前文中所提到的"面子"、"人情"等概念已经成了中国人处理日常生活的基本"储藏知识"②。不少研究证明了"关系"现象在中国社会中的普遍性③。梁漱溟曾在比较中西方社会文化的基础上，提出中国社会既非个人本位，也非社会本位，而是"关系本位"的观点。他写道："在一个关系本位的社会系统中，不把重点放在任何一方，而从乎其关系，彼此相交换；其重点实际上放在关系上了。"④ 费孝通也较早注意到了中西社会人际结构的差异，他认为西方是团体格局，而中国是"差序格局"，这种差序格局的一个重要结构特征便是由"关系"形成的"圈子"，"在差序格局中，社会关系是逐渐从一个一个人推出去的，是私人联系的增加，社会范围是一根根私人联系所构成的网络。"⑤

"关系规则"是荃镇政治场域中隐秘的行动逻辑，几乎渗透到乡镇干部行动的各个领域，它同正式权力运作结合起来，构成了独特的干部行动现象。意识到"关系"的重要性并谙熟乡镇政府的"关系规则"对乡镇干部至关重要，甚至被认为是每一位乡镇干部的"基础课程"。他们几乎将"搞关系"与日常工作等同起来，所谓"搞关系"、"拉关系"都是指建构个人关系网络。荃镇干部在其日常交往中展示了成熟的令人难忘的"拉关系"技巧，那么乡镇干部是如何拉关系的呢？王崧兴认为，中国人可以根据个体同其他特定个体或社会群体共存的"归属性特征"来发生"多元的"认同关系。个人拥有的归属性特征越多，他就越能拉关系，在

---

① 何友晖、彭泗清：《方法论的关系论及其在中西文化中的应用》，《社会学研究》1998年第5期。

② "储藏知识"这一概念是由舒茨提出来的．Alfred Schutz and Thomas Luckman, The Structure of the Life World, tran. By R. M. Zainer and H. T. Englhardt, Jr. Evanston : Northwestern Universtiy Press, 1973, pp. 99-182.

③ J. Bruce Jacobs, A Preliminary Model of Particularistic Ties in Chinese Political Alliance : Kang-ching and Kuan-his in a Rural Taiwanese Township, China Quarterly, Vol. 78, June 1979, pp. 237-73.

④ 梁漱溟：《中国文化要义》，上海人民出版社2005年版。

⑤ 费孝通：《乡土中国，生育制度》，北京大学出版社1998年版，第27—30页。

调动资源以在一个竞争的世界上实现其目标的过程中就处于更为有利的地位。① 另外，在中国社会中，"拉关系"过程中最具共同性的归属性特征就是地域（籍贯）、亲族、同事、同学、结拜兄弟和师生关系。荃镇干部通过利用"归属性特征"来拉关系的行动是非常普遍的，荃镇干部在访谈中多次提到在招商引资中利用"老乡关系、战友关系、同学关系"的行动便是例证。

另外，"拉关系"展现了荃镇干部在前定性关系不存在或十分疏远的情况下，处理复杂人际关系的高超技巧。在荃镇，那些成功拉得重要关系的干部往往成为大家赞美的对象，笔者多次听荃镇干部说起一位干部与某位省领导拉上关系成功跻身市政府工作的故事。这些故事的流传更加深了荃镇干部对关系规则的敬畏，也强化了这一非正式规则。

二 乡镇干部的"策略行动"

欧阳静曾经使用"策略主义"一次来概括当前乡镇政权运作的独特逻辑，指的是"乡镇政权组织""通过各种正式和非正式方式获取资源，进行策略生存"的基层政治现象。她将策略主义视为一种"行为原则"而非具体的"权力运作技术和方法"②。可见，欧阳静的"策略主义"侧重在组织层面上分析的乡镇政权组织的行为原则，而本书则侧重对更加微观具体的"干部行动"的呈现和分析。因此，我们使用了"策略行动"概念。"策略行动"是博弈论的核心概念之一，指的是行动主体在复杂情境中的理性反应策略。博弈论中的许多模型，如"囚徒博弈""智猪博弈""重复博弈""威胁博弈""排队博弈"等等，被广泛应用于企业管理、市场行为（特别是价格竞争）等研究领域。

"策略行动"的复杂性根源于人与人之间的依存性。Elster 研究了个体互动情形下的三种依存形式：一是每个行动者的报酬取决于所有行动者的报酬；二是每个行动者的报酬取决于所有行动者的选择；三是每个行动者的选择取决于所有行动者的选择③。那么，行动者在进行策略行动选择时至少要考虑两个重要因素：其他行动者的行动选择以及策略选择对其他

---

① 王崧兴：《汉人的家族志》，载金耀基《金耀基自选集》，上海教育出版社 2002 年版，第 100 页。

② 欧阳静：《策略主义：桔镇运作的逻辑》，中国政法大学出版社 2011 年版，第 12—13 页。

③ Jon Elster, *Rational Choice*, New York: New York University Press, 1986, p.7.

行动者的影响。也就是说，采取策略行动的个体必须对其他人将要如何行动做出预期。组织中的行动者在做出行动选择之前还要考虑组织的规则因素，包括正式规则和非正式规则。

乡镇干部的"策略行动"与乡镇政府的正式规则和非正式规则有关。正式规则为"策略行动"限定了行动"边界"，而非正式规则为"策略行动"提供了空间。笔者并不想回答非正式规则如何影响"策略行动"的问题，而仅是呈现乡镇政府中存在的三种"策略行动"，即：制度性说谎、责任规避和关系运作。

（一）制度性说谎

"说谎"是人类社会常见的行动现象，意为"有意说不真实的话"。人为什么会说谎呢？心理学家费尔德曼认为人类说谎的动机大致有三个：一是为了讨别人欢心，让人家感觉好一点；二是为了夸耀自己和装派头；三是为了自我保护①。尽管"说谎"是人类普遍且难以杜绝的社会现象，但在一个文明社会里它仍然是一种"个别行动"而非"群体行动"。握有公权力的政府及其干部则更应该限制甚至杜绝"说谎"，因为"说谎"会丧失公信力，并最终损害合法性。

遗憾的是，在某些情况下"说谎"成了基层政府常见的"政治语言"。某些基层政府及其干部通过夸大数据、弄虚作假等方式迎合上级或者应付上级检查，具有一定的普遍性和准制度性，且为多数干部所默认，本书将这种现象称之为"制度性说谎"。"村骗乡，乡骗县，一直骗到国务院"，这类官场流行语便是"制度性说谎"的生动写照。

最为常见的一种说谎形式是虚报浮夸。在荃镇，"数字出官"几乎成了共识，上级政府看的不是地方政府真正为老百姓做了什么，存在哪些问题，而是看报上来的数据是否让领导满意，是否完成指标任务，能完成甚至超额完成的才是好官。李昌平曾感叹到"现在作为一名农村基层干部不出假典型，不报假数字，不违心说话，不违心做事，做实事求是的干部太难、太难啊！"② 李昌平的感叹道出了基层干部的无奈，但在这种无奈面前乡镇干部的力量又显得太过弱小。吊诡的是，只有少部分荃镇干部会以"李昌平式"的悲情态度看待这种现象，大多数干部已经"熟视无睹"到近乎麻木，有的干部甚至认为这就是他们的本职工作，"让领导高兴，让领导放心才是一个过关的干部"。

---

① ［美］费尔德曼：《发展心理学》，苏彦捷译，世界图书出版公司2008年版。

② 黄广明、张仲民：《逼农"致富"逼死农妇》，《南方周末》2000年6月23日第5版。

由于基层财政困难，乡镇政府绞尽脑汁提高税收、增加收入，创造了不少独特的方法，"外协税"便是其中的一种。所谓"外协税"就是指乡镇工作人员到外县市区甚至外省市引税、拉税或者挖税。其一般操作程序是：在当地政府和财税部门达成协议或默契的基础上，由乡镇政府从地税部门领取建筑业、运输业税票及税务代扣代徵凭证，到外县（市区）甚至外省采取拉靠关系、减并税种、降低税率来引税，吸引到的税种主要是建筑业、运输业的营业税及附加税。税款入库后经地税、财政部门审核，由财政部门按相当高的比例以各种专项资金的名义返还给乡镇。乡镇政府取得返还款后，一部分用作纳税人回扣、拉税人提成及税务部门的办公补助，另一部门用于弥补乡镇办公经费或专项支出之不足①。"外协税"既能"增加"地方税收，也使乡镇政府获得一定比例的返款，这使得县乡两级政府的积极性都很高。荃镇在 2010 年专门成立了"荃镇外协税工作领导小组"，由镇党委副书记、镇长 WY 担任组长，镇党委副书记、纪委书记 LDH 和镇党委委员、常务副镇长 ZCZ 担任副组长，成员由镇财政所所长、镇财政所副所长、地税分局局长、国税分局局长组成。领导小组下设办公室，办公室设在镇财政所。从领导小组组成情况可以看出荃镇对外协税工作的重视程度。此外，荃镇还明确了奖励办法，即"对引进的新外协税项目，按镇财政实际得到返还款的 10% 给予现金奖励，引进方为单位、村或个人的，在年终综合考核中，按每增 50 万元的税额加 1 分计算。"②

另一种常见的"制度性说谎"形式是项目造假。1994 年实行分税制改革之后，随着"两个比重"（税收占 GDP 的比重和中央财政收入占财政总收入的比重）的提高，国家汲取能力和宏观调控能力迅速增强。但税制导致的财权集中也在 1990 年代中后期引起了严重的农民负担问题，促使国家在 21 世纪之初作出大规模政策调整，即利用分税制带来的强大的中央政府财政"反哺"中西部地区尤其是农村，而政府逐步取消来自农村的各种费用乃至税收，具体表现为大规模自中央向地方的转移支付。巨量的转移支付资金有相当大的一部分被政府部门指定了专门用途，戴上了各种"项目"的"帽子"，这些资金成为地方治理的宝贵资源。于是，全国上下到处都在申请专项和项目，而大量的财政资金也都以"项目"

---

① 《什么是乡镇外协税（或称协议税）》来源：新农村会计教育［2008-5-7］［EB/OL］. http://www.xncjy.com/list.asp? articleid=1733。

② 荃政发［2010］12 号《外协税奖励暂行办法》。

和专项的方式下拨，并伴随着层层审批、检查及审计，这对基层政府行为和基层治理产生了巨大影响，俨然形成了一种新的治理模式，周飞舟将其称之为"项目治国"①。

在这种背景下，"拉项目"也成为荃镇政府获取资源的重要方式。拉来的项目款项部分用于弥补县乡两级政府的日常支出，剩下的才真正用于相关项目建设，人为拉低了项目资金的使用率。项目造假还引发资源分配上的"马太效应"，也即那些基础设施好的村反而会得到更多的项目，而那些需要项目的村却很少能得到项目支持。荃镇有一个"典型村"QL庄，基础设施建设较为完善，由于QL庄在山区，2006年省里在这里投资兴建了一些池塘和供水设施。到了2010年，镇里申请到了省财政600万的水利设施项目仍被分配给了QL庄，而距QL不远的WF庄似乎更需要这个项目。宣传办的W给我解释道："道理很简单，这600万要是投在WF庄，可能要用600万，但是要是投在QL庄，只要200万就行了，因为QL庄的水利设施本来就不错，在这个基础上再稍微弄弄，到时候上边来检查的时候也好应付，这样600万的项目，县里和镇里就能分400万了……这种现象很普遍，哪个乡镇不这么做啊，再说县里也不反对……"②

（二）风险规避

所谓"风险规避"是指乡镇干部将本该由自身承担的责任风险化解或者转移给他人的行动。荃镇干部风险规避的主要方式包括"行政扩张"和"责任下移"。

1. "行政扩张"

乡镇干部通过加强对所辖村的政治和财政控制，以化解乡镇责任风险。在政治方面，尽管乡镇政府不能直接控制村委会选举，但却可以通过乡镇党委和村党支部的领导关系间接地影响村庄人事变动③。在荃镇农村，村党支部书记相对于村委会主任处于强势地位，基层干部大多都有这

---

① 周飞舟：《财政资金的专项化及其问题——兼论"项目治国"》，《社会》2012年第1期。
② 访谈 2010317 LJQ。
③ 1994年《中共中央关于加强农村基层组织建设的通知》就明确地规定"党支部要加强对村民委员会的领导，支持村民委员会依法开展工作。村民委员会必须把自己置于党支部领导之下，积极主动地做好职责范围内的工作。"参考《中共中央关于加强农村基层组织建设的通知（1994年11月5日）》，载全国基层组织建设联席会议办公室《农村基层组织建设工作指导》，党建读物出版社1995年版，第15页。

样的观念:"村党支部书记是领导班子的'主心骨',关系到基层组织强不强;是党员队伍的'排头兵',关系到党的形象好不好;是发展经济的'领头雁',关系到农民群众富不富;是农民群众的'当家人',关系到农村社会稳不稳。"① 这为村支书干预甚至控制村主任工作创造了条件。更为重要的是,现在不少村实行的是"一肩挑",即村支书和村主任由一人来担任,客观上增强了镇党委对村干部的实际控制权。荃镇所辖的63个行政村,有42个村的支部书记都是"一肩挑"。

在财政方面,乡镇政府通过多种方式控制和监督村级财务。比如荃镇实行的"村账乡管"办法就是一例。荃镇各村的账目统一由荃镇经管站管理,每月月初,各村会计都要到荃镇经管站做账,未经经管站审核不得入账,同时上报各村收支细目,便于镇政府核查。另外,荃镇还掌握了村干部工资的扣发权。从2010年开始,S县的所有支部书记都可领取每月800元的工资,这在基层干部中俨然是一件大事。然而,由于这些工资是由市财政直接划拨给荃镇政府再由荃镇政府发给村支书,这样荃镇政府便掌握了工资的扣发权。作为合法报酬的工资成了乡镇监督约束村支书的又一抓手。X书记在"荃镇关于村党支部书记工资发放会议"上讲道:

> ……因为考虑到大家的辛勤劳动,大家也很不容易,市里和县里在财政非常困难的情况下,决定对农村党支部书记落实待遇、发放补贴。也可以说,从今天开始,我们村支部书记也吃上财政补贴了,也可以说吃上"财政饭"了,这是开天辟地第一次! 这是对大家工作的肯定和认可,也体现了党组织的关心和支持,我想这样,是不是大家要理解县委、县政府的苦心,是不是更没有理由我们不干好工作,是不是更没有理由辜负组织的重托……不要以为这些工资已经攥在手里、放在兜里了,这些工资怎么发、发多少,我们镇党委、镇政府还要有个权衡、有个比较,对于那些完不成任务,或者任务完成的不够好的村,我们有权扣发书记一定的比例的工资,这也是为了进一步树立镇党委政府权威,也为了进一步约束村干部行为的好方法、好手段……②

---

① 荃镇政府资料:2009年11月13日《S县县委书记WBH在农村党支部书记待遇发放仪式上的讲话》。
② 荃镇政府材料:荃镇党委书记XBL《关于村党支部书记工资发放的讲话》(2009.11.18)。

2. "责任下移"

除了上述方法，荃镇政府还通过签订"责任状"向下分派责任，以减轻压力规避风险。荃镇在同各村党支部、村委会签订的"年度工作目标责任状"上详细列出了五个大项 27 个小项的年度目标任务，并设定了具体考核分数。这些得分将与各村书记、主任的年终考核和政治前途联系起来，在一定程度上实现了"责任下移"规避风险的目的。（表 4-12）

表 4-12　　　　　　　荃镇 2009 年度村级工作目标①

项目	编号	年 度 目 标		应得分	实得分
农业及工业工作(40)	1	高价值经济作物发展＿＿＿亩		4	
	2	林果业	经济林建设＿＿＿亩	5	
			封山育林＿＿＿亩	4	
			苗木花卉用材林等＿＿＿亩	4	
	3	标准化基地发展（无公害、绿色）＿＿＿亩		4	
	4	畜牧养殖场（小区）发展＿＿＿个		4	
	5	完成自来水等水利建设项目＿＿＿个		3	
	6	新上农机具＿＿＿台		4	
	7	实施"一池三改"＿＿＿户		5	
	8	农民人均纯收入达到＿＿＿元		3	
	9	招商引资完成＿＿＿万元			
	10	发展民营经济＿＿＿户			
劳保(5)	11	劳务输出累计＿＿＿人		2	
	12	完成农村保险＿＿＿万元		3	
计划生育(15)	13	全面完成《计划生育目标责任书》签订内容		15	
平安建设(15)	14	落实安全生产责任制，杜绝死伤事故的发生		2	
	15	全面完成《信访稳定工作目标管理责任状》签订内容		6	
	16	实行保安进村、十户联防和夜间轮流值班等制度，社会治安状况良好		2	
	17	贯彻执行惠农和减轻农民负担的各项政策		2	
	18	"四民主、两公开"制度健全，每季度按时进行政务财务公开，群众的满意率达 90%以上		3	

---

① 2009 年荃镇经济工作会议材料："荃镇农村党支部、村委会年度工作目标责任状"（2009.2）。

续表

项目	编号	年度目标	应得分	实得分
村镇建设(10)	19	完成村庄新一轮规划	2	
	20	完成镇里下达的拆迁安置等工作	3	
	21	建成1处健身文化广场等公益设施	2	
	22	搞好水电路等设施建设，做好"三清、四通、五化"建设，建立保洁绿化队伍	3	
党建及文明建设（15）	23	村支两委班子健全，团结协作，政治素质好，工作能力强，发挥作用好	5	
	24	积极开展"五好村党支部"、"双强双富"等，管护并充分利用好远教设备	3	
	25	村各项制度健全，作用发挥好，机制运行灵活	3	
	26	党员干部廉洁勤政，群众满意率在90%以上	2	
	27	积极创建文明生态村、文明小康村，村风村貌良好	2	
合计			100	

按照邹谠"权力同心圆"的观点，荃镇的权责结构是以党委书记为核心，再外一层是镇长和党委委员成员，然后是部门负责人和直接办事人员，最外面一层则是村干部。通过这样一个"同心圆"结构，镇党委书记将权责压力分散给其他人。就具体事项而言，分管具体工作的副职领导人和一般直接办事人员以及相应的村干部甚至是镇长都成为镇党委书记的问责对象，而党委书记则直接对县委县政府负责。

（三）关系运作

"关系运作"是一系列以"关系"为核心的行动，它们以"关系"作为参数和资本，通过构建和运作关系以维护加强自身利益。在乡镇政府中主要表现为以下几种类型。

1. 寻求庇护

斯科特较早研究了组织中的庇护关系现象，他将庇护关系界定为"纵向的关系网络"，认为庇护关系是"包含了工具性友谊的特殊双边关系，拥有较高政治、经济地位的个人（庇护者）利用自己的影响和资源为地位较低者（被庇护者）提供保护及恩惠，而被保护者则回报以一般性支持和服侍。"[①] 而 Sharon Kettering 则认为庇护者和被庇护者之间构成

---

① J. C. Scott, "Patron-client pPolitics and Political Change in Southeast Asia", *The American Political Science Review*, Vol. 66, 1972, pp. 91-113.

了一种间接的权力互动关系：庇护者通过给予或收回利益来影响被庇护者的行动。庇护者能够控制被庇护者，是因为后者感激过去获得的利益，并期望将来继续获得它们。这些利益可以是保护、优惠、优待、信息和机会等。被庇护者则提供忠诚、服务、反馈、支持等作为回报①。本书主张在更宽泛的意义上去理解庇护现象：寻求庇护行动的根本特征是通过建立某种关系获得安全感，而这种安全感并不一定来源于地位落差所带来的"保护和恩惠"，那种在政治和经济地位上平等的个体所建立的关系有时候也能提供给其参与者以安全感。

在荃镇政府中，加入"圈子"是一种比较典型的寻求庇护行动。圈子成员在政治上往往较为平等，"副科级有副科级的圈子，书记镇长在县里就有圈子了，他们属于正科级的圈子，等级分明"，这不同于斯科特强调的在经济或政治层级具有明显落差的关系，而且"圈子"成员寻求庇护的目的也不单单是为了利益的获取，还可能是为了获得安全感、归属感，或者是为了避免被组织淘汰的一种自我保护行动。

2. 选择性行政

基于人情、面子以及关系等非正式规则因素的考虑，荃镇干部的某些行动往往是选择性的，我们称之为"选择性行政"，即行政主体对行政相对人或行政事务，采取区别对待或不同的行政策略、有违公平行政精神的一种行动。

刘玉照等学者曾经研究过村委会选举中的"选择性阐释"和居委会选举中的"选择性执行"现象。他们通过个案研究发现，村委会在选举过程中呈现出"选择性阐释"的逻辑特征，即"无论是乡镇领导在面对村领导时，还是乡镇和村领导面对村民时，大家对于新规则的解释往往都带有很大的随意性和选择性，往往会根据当时的需要选择对自己有利的说法，而把对自己不利的规则和解释尽量地忽略或隐藏起来。"② 而在居委会的个案中，居委会在执行上级任务指标过程中会"选择那些他们比较容易执行，同时又可以做出'亮点和特色'的指标来执行，而有意地去忽略那些他们认为几乎没有办法执行，或者说很难执行的指标。在上级面前，他们也会有意识地去渲染那些执行得比较好的指标，从而让大家忽视

---

① Sharon Kettering, "The Patronage Power of Early Modern French Noblewomen", *The Historical Journal*, Vol. 32, No. 4, 1989, pp. 817–841.
② 刘玉照、田青：《新制度是如何落实的？——作为制度变迁新机制的"通变"》，《社会学研究》2009 年第 4 期。

甚至遗忘那些执行得不好的指标。当然，对于这些事情，其上级往往也是心知肚明，但是只要他的下级给了一个看似合理的理由，上级也乐意把这些理由汇总一下，再呈报给他的上级去交差。"[1]

上述两种"选择性"行动源于组织正式规则所带来的政治压力，本质上是一种消极行动，类似于前文所述的"风险规避"，而此处的"选择性行政"则是一种为了维护关系、面子、人情等所做的积极行动，其动力源于非正式规则所形成的世俗压力和习惯，这种行动在荃镇干部的日常行政活动中屡见不鲜。

3. "拉关系"争资跑项

"压力型体制"促使基层政府产生很强的经济扩张冲动。荃镇干部扩张经济的"策略行动"主要是通过"跑部进厅"，也即向上级政府或部门拉项目、争贷款、跑资金，或者找市场，也即招商引资。[2]

荃镇干部争取资金和项目并不仅仅依靠正式规则和渠道，还常常依靠私人社会关系网络，比如亲缘关系、地缘关系、业缘关系、学缘关系等典型的非正式关系。我们以地缘关系为例，在费孝通那里"地域"（或"地缘"）是一个相对概念，比如在一个县里，同村的人会被认为是老乡，在一个市里，同县的人会被认为是老乡，而在省外，老乡则会定位于同一省域……以此类推。但是尽管这样，人们对更小区域的"地缘"关系会有更高的认同，比如对同乡或同村的地缘关系认同度相对会更高一些，这也成为荃镇干部在争资跑项行动中可资利用的重要资源。荃镇干部很注重维护这些关系，每年都会统计荃镇籍在外地"发展比较好的"人士名单（表4-12），并在重要节日到其亲属家"走访"[3]。

表4-13 荃镇籍异地县（处）级以上领导情况（2009）[4]

姓名	工作单位及职务	亲属现住址	主要亲属
WQC	J市东迁办主任	荃镇P村	母亲
LMS（已退）	B市总后勤部生产处处长	荃镇荃镇村	母亲

---

[1] 刘玉照、田青:《新制度是如何落实的？——作为制度变迁新机制的"通变"》,《社会学研究》2009年第4期。

[2] 荣敬本、杨雪冬等人曾经从体制层面上分析过这种行动的动力来源和外在表现，但未在微观层面上回答基层干部如何争资金、跑项目的问题。参见荣敬本等《从压力型体制向民主合作体制的转变：县乡两级政治体制改革》，中央编译出版社1998年版。

[3] "走访"即前往访问或拜访之意，但在荃镇"走访"则有送礼看望的意思。

[4] 荃镇办公室材料：荃镇在外人员统计表（2009）。

续表

姓名	工作单位及职务	亲属现住址	主要亲属
WSJ	H 省 X 市 XC 区区长	荃镇镇 H 庄	父母亲
CQG	海南海军（团级）	荃镇 L 村	父母亲
JZ	J 市大发饲料公司经理	同济花园	母亲
WXL	J 市农机局局长	C 公司家属院	母亲
QSK	S 省政策研究室副主任	县交通局家属院	母亲
WWZ	中央某部编辑室主任	荃镇 YJD 村	父母亲
YY	B 市发改委环资处	县社家属院	父母亲
WYQ	J 市国税局副局长	荃镇 LH 村	父母亲
WDD	B 市民政局办公室	BS 村	父母亲
PHT	J 市维护稳定办公室主任	LQ 村	父母亲
SXH	G 铁道检察院政治部主任	荃镇 LX 村	母亲
HLG	J 广播电视厅广播电视学校校长	荃镇 DC 庄	哥 HQL、HLT
NW	Q 市人民政府市长秘书	荃镇 QL 庄	母亲
WBC	L 省 F 市人民政府市长秘书	荃镇 QL 庄	母亲
XCC	B 市军区某部师参谋长	荃镇 SH 村	父母亲
HQH	S 财政学院成教学院院长	荃镇 HJ 村	父亲

表 4-13 中所列的这些地缘关系资源在争资跑项和其他活动中发挥了重要作用。2009 年荃镇的两个重要项目：山区丘陵水利设施改造工程（600 万）和农机生产基地项目（800 万）便分别是在 S 省政策研究室副主任 QWK 和 J 市农机局局长 WWL 的"关照下"落地的[①]。

---

① 访谈材料：2010317 LJQ。

第五章 乡镇干部行动的过程：
情境内化与社会交换

"过程"是一个时序性概念，指事物发展所经过的程序或阶段。由于行动具有时序性属性，因此也可以从"过程"角度来认识乡镇干部行动。本章不是研究乡镇干部某个具体行动过程，也不是研究某位干部是如何做出行动选择的，而是试图在一般意义上，从情境影响行动的角度入手，抽象出乡镇干部的行动阶段。

本书将干部行动过程分解为两个阶段：情境内化和社会交换。

情境内化是指乡镇干部如何认识、理解其所处情境的过程，即将情境内化为自身知识的过程。社会交换是乡镇干部在乡镇政府这一特殊组织内的交往行动，源于乡镇政府的"内部社会性"，这是乡镇政府中"非正式规则"影响的结果。需要说明的是，本章对乡镇干部行动过程的研究是不完整的，省略了对那种完全基于正式规则而不受非正式规则影响的行动过程的讨论，因为在乡镇政府中，完全基于乡镇政府正式规则而不受非正式规则和乡镇政府"内部社会性"影响的行动并不多见。

第一节 乡镇干部的情境内化

情境与组织及其行动者行动关系的问题一直是组织理论的经典议题之一，已经达成的一个共识是：情境对行动者的行动选择具有重要影响。既然情境之于行动者行动是重要的，那么情境又是如何影响行动者行动的呢？组织社会学中的新制度主义学派主要回答了制度环境对组织趋同性的影响，并引发了一系列研究①。尽管这些研究拓展了组织研究思路，但是

---

① 这其中以迪马久和鲍威尔的框架影响最为广泛，他们识别了三种制度趋同变迁发生的机制，一是强制性机制，认为组织的行为受到其他组织和社会文化期待施加于组织的正式

第五章 乡镇干部行动的过程：情境内化与社会交换

它们缺乏微观基础的弊端却一直为学者所批评。批评者认为新制度主义强调的是宏观制度环境（如强迫性机制、模仿性机制）对组织的影响，而在其研究中却很少能看到对个体层面自主行动的讨论①。

周雪光尝试在新制度学派理论框架里解决微观基础问题②，他沿着两个思路做了尝试：第一个思路从共享观念角度出发，实际上回答了共享观念如何延续的问题；第二个思路是用信号理论来回答组织间采纳行动的时间问题，即为什么有的组织先采纳，有的组织后采纳某一制度形式，并提出一个有别于以往的解释路径。尽管周雪光在新制度主义框架内试图解决微观基础的问题，但他的思路和新制度主义者的观点都存在两个问题：一是研究视角仍然局限在组织层面上，将组织看作制度环境中的某个行动主体，对于组织中的个体行动者将制度环境转化为行动的环节采取了回避态度；二是由于缺乏个体主义微观社会学视角，未能回答制度环境是"怎样"影响组织行动的问题。

本书认为，在情境与组织行动之间还存在一个个体行动者层次，情境只有被个体行动者所"内化"才能影响行动。也就是说，情境对行动的影响本质上就是个体将情境"内化"的过程。所谓"内化"是指"对一个表达意义的客观事物的直接理解或诠释，作为另一个主观过程的展现，由此变得对我自己具有主观意义。"③ 可以简单地把"内化"视为一个理解、认知的行动过程，以便从社会心理学的角度为新制度主义关于情境与组织行动理论找到一个个体主义微观社会学的解释路径。在此，本书尝试参照伯格和卢克曼的社会认知理论建构一个分析框架。

伯格和卢克曼将社会现实的内化过程称为"社会化"，它被界定为

（接上页）和非正式影响；二是模仿性机制，指出不确定性是助长组织模仿的一种强大力量，当"组织的技术难以理解时，当目标模糊时，或当环境产生象征性的不确定性时，组织就会根据其他组织来塑造自身"；三是规范性机制，主要产生于专业化，并指出专业化规范的两个来源是：大学的专业生产的认知基础上的正规教育和合法化；跨组织的专家网络的增长和深入发展，新组织模式就是靠专家网络快速传播的。参见［美］保罗·迪马久、沃尔特·鲍威尔《铁的牢笼新探讨：组织领域的制度趋同性和集体理性》，载张永宏《组织社会学的新制度主义学派》，上海人民出版社2007年版，第24—43页。

① 周雪光：《组织社会学十讲》，社会科学文献出版社2009年版，第134页。
② 同上书，第133—148页。
③ ［美］彼得·伯格，托马斯·卢克曼：《现实的社会构建》，汪涌译，北京大学出版社2009年版，第108页。

"一种将个体广泛地和持续不断地导入社会或其部分客观世界的过程。"包括两个连续性阶段:"初级社会化"和"次级社会化"。前者是指"个体在孩童时期经历的最早的社会化,通过它,他才得以变成社会的一员。"① 后者是指"任何随之而来的引导一个已经社会化的个体进入其所在社会客观世界中新的部分的过程。"② "次级社会化就是获取专门角色知识,这些角色直接或间接地扎根于劳动分工。"③ 也就是说当一个完成初级社会化的人,进入某个特定组织体系的时候,他便开始了次级社会化。本书讨论的乡镇干部的情境内化过程属于次"级社会化"阶段。

尽管伯格和卢克曼界定了社会化的两个阶段并加以区别,但却未介绍每个阶段的具体方式和过程。本书将乡镇干部内化情境的过程分解为三个子过程:

感知。即个体初步认知特定组织情境。这种认知往往是模糊的和整体性的,可以开始于进入组织之后,也可能开始于正式进入组织之前,既可以是有意识的,也可以是无意识的。另外,次级社会化开始于一个基本完成了的初级社会化,任何次级社会化都是在一个预设了的初级社会化基础上进行的。

修正。个体在情境内化过程中时常会感受到"内化了的情境"和"现实情境"之间的张力,并会因此而努力寻求两者之间的对称性④。也就是说,组织行动者在内在化情境的过程中,会尽力完整、真实地将情境内化,当发现自己对现实情境的认知不够准确完整时,便会对认知进行修改调整。

维持。在现实情境面前,行动者并不是被动的,相反他们往往具有较强的主动性,这种主动性体现在两个方面:一是行动者具有维持情境现状的冲动;二是行动者试图影响其他行动者的情境内化,以维持组织内部行动者"内化世界"的"同质性"。

乡镇干部面临着复杂的情境,它既处于国家庞大的行政体系中,又处

---

① [美]彼得·伯格,托马斯·卢克曼:《现实的社会构建》,汪涌译,北京大学出版社2009年版,第108—109页。
② 同上书,第109页。
③ 同上书,第115页。
④ "成功的社会化,是指客观现实与主观现实(当然也包括认同)之间高度对称性的确立。" [美]彼得·伯格,托马斯·卢克曼:《现实的社会构建》,汪涌译,北京大学出版社2009年版,第134页。

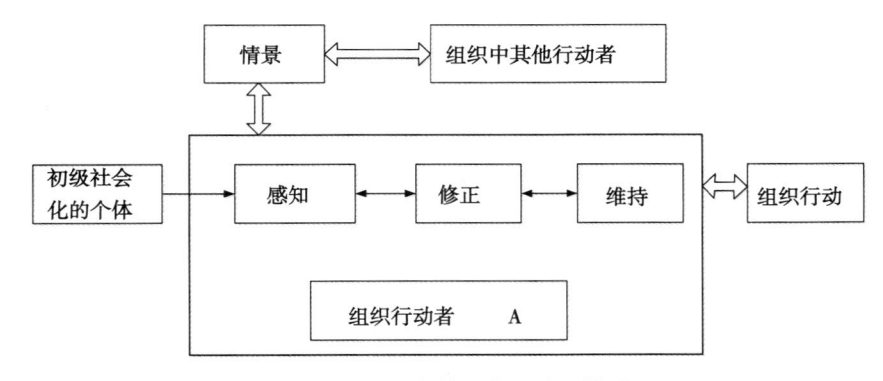

```
                    ┌──────┐         ┌──────────────┐
                    │ 情景 │◄───────►│组织中其他行动者│
                    └──┬───┘         └──────────────┘
                       ▲
                       ▼
┌──────────┐  ┌────────────────────────────────────┐  ┌────────┐
│初级社会  │  │ ┌────┐   ┌────┐   ┌────┐           │  │组织行动│
│化的个体  │─►│ │感知│◄─►│修正│◄─►│维持│           │◄►│        │
└──────────┘  │ └────┘   └────┘   └────┘           │  └────────┘
              │                                    │
              │       ┌──────────────────┐         │
              │       │组织行动者    A   │         │
              │       └──────────────────┘         │
              └────────────────────────────────────┘
```

图 5-1　行动者情境内化过程模型

于无序的、急剧变革的乡村社会中①。因而，乡镇干部"内化"如此错综复杂的情境并非易事。本书试图利用上述框架，对乡镇干部情境内化过程做一个初步分析。

一　感知

乡镇干部在进入乡镇政府之前对乡镇政府的感知是以一个初级社会化了的视角进行的。因为次级社会化"总是预先假设在一个现在的初级社会化过程；也就是说，它必须应对一个已经形成的自我和一个已经内化的世界。它不可能凭空构建主观现实。这就提出了一个问题，因为已经内化的现实有一种持续存在的趋势。不论什么样的新内容想要被内在化，都必须重叠在已经存在的（主观）现实上。"② 这决定了乡镇干部的初级社会化将影响他未来对乡镇政府组织的理解和适应能力。家庭环境是乡镇干部初级社会化最重要的影响因素之一，那些出生在"干部"之家的人，往往能更快更好地理解乡镇政府情境。WQ 是镇政府办公室主任，他深谙荃镇政府每位干部的家庭背景，他描述了不同家庭环境对干部的微妙影响。

> XJ 和 WCL 都是大队书记家的（孩子，笔者注），特别是 WCL，他爹是 L 村的老书记很有能力，口才和跟老百姓打交道的能力都很强……我记得有一年 L 村和 G 村因为架电的事打架，镇里的领导都

---

① 欧阳静：《运作于压力型科层制与乡土社会之间的乡镇政权：以桔镇为研究对象》，《社会》2009 年第 5 期。

② ［美］彼得·伯格，托马斯·卢克曼：《现实的社会构建》，汪涌译，北京大学出版社 2009 年版，第 116 页。

治不了，最后还是 WCL 他爹摆平的……（问：你觉得这样的家庭环境对 WCL 有影响吗？）影响很明显啊……（问：能具体说说吗？）当时和 WCL 一块来的几个小年轻，很明显不一样，WCL 要比他们适应能力强，也活泛（机灵，笔者注）得多，说话做事么的都很好……因为他爹经常和镇里的领导打交道，他对镇上的领导也就不陌生了。再一个，老人的经验也很重要，他要是不在这样的家庭中，不可能很早就知道怎么跟镇里的人打交道，就像 ZQ 就是个反面例子，ZQ 他爹是老实巴交的老农民，家里也穷，你看看，他到这都三年了还不是很适应镇里的工作，端个茶递个水都不会……，你说要是你是领导你提（拔）谁？（笑）（2010322 WQ）

乡镇干部的初步感知依赖两种方式，一是通过"重要他者"，主要是交往频繁的同事和朋友；二是乡镇政府中的"仪式"体系，比如会议、交际活动等等。CH 是大学本科毕业，公务员编制，在荃镇组织办公室工作了 4 个月，他谈了工作后的一些感受。

（问：镇里的工作和环境和你原先想像的一样吗？）不一样，原来觉得镇里没什么事干，到这里没想到这么忙。（问：主要是忙什么？）主要是应付检查，比如上个月的"学习科学发展观"活动，要弄表还要替领导干部写总结报告，还有就是去计生办那里帮了一段时间忙，那边人手不够，上个月市里和县里搞了几次计划生育突击检查。（问：之前你对这些工作了解吗？）一点也不了解（笑），过来之后主要是跟着他们学，和办公室的 W 哥，还有计生办的 L 姐交流比较多，他们告诉我不少工作上的事，还有怎么处理人际关系（笑）……我觉得对我帮助挺大的。（问：还有其他方式了解工作环境吗？）嗯，我觉得主要还是喝酒吧，镇里的酒场特别多，比我原先想像的多，喝酒的时候大家交流起来比较自然。再一个，你要是细心的话，你从酒场上也能看出些门道（方法或规律，笔者注），比如谁地位比较高，比较有能量，还能了解到不少消息……另外，开会的时候也能知道不少东西，我们每个星期一和星期四早上全体干部都要点名，点完名领导干部会读些新的文件，然后就是安排近期的工作……反正，通过这些就能大体上知道镇政府的情况。（20091209 CH）

对情境的"抽离"标志着初步感知的完成，这里的"抽离"是指乡

第五章　乡镇干部行动的过程：情境内化与社会交换　135

镇干部形成对所处情境的一般性认同，能够形成自我理解的一些"原则"或"规则"。干部因此不再对乡镇政府感到陌生，自认为已经成为组织的一员。参加工作4个月的CH自认为已经适应了荃镇政府的生活，他描述了这种状态。

（问：你觉得你现在适应镇上的生活了吗？）基本上适应了吧。（问：能详细说说吗？）我觉得比刚来的时候有了不少进步，刚来的时候不知道自己该干什么，也不知道镇政府是干什么的（笑）……那个时候老是觉得很紧张，怕做不好事挨骂……（问：你觉得最大的变化表现在哪里？）嗯，还是对镇里做人做事方式的了解吧，第一个就是得活泛，做事不能忒死板，得会说好话，（问：拍马屁？）也算是吧（笑）。再就是知道自己的位置很重要，你得知道自己能吃几碗饭，到外边人家说你是镇里的干部，可在镇里你就是一个小兵，打杂的，开会你得坐到最后边，吃饭坐席你得把席口，管着倒酒、叫饭，你自己吃不好没事，你得叫领导干部吃好喝好……还有就是，一个老哥跟我说的，少说多做……这就是规矩，要是这些都不懂你就别在镇里混了。（20091209 CH）

二　修正

客观情境与实际内化情境的理想化关系应该是对称的，但是"客观现实与主观现实之间的对称不可能是完美的"①，两者之间往往存在偏差，当行动者意识到这种偏差时，便会对内化情境进行修正。因为行动者意识到这种修正能提高自身在组织中的适应性。对于乡镇干部来说，及时修正主观认知并主动调整行动策略被认为是一种"聪明"的做法，而相反则被认为是"死板""认死理儿""不灵活"。52岁的FDJ是荃镇的"老同志"，他在荃镇工作了三十年，据说，和他同等条件的人都已经是副科级了，但他去年才从管区主任的位置上调到劳动保障所当所长，他这样描述了自己的经历和感受：

（问：你觉得你仕途上顺吗？）应该说很不顺。（问：你觉得是什么

---

① ［美］彼得·伯格，托马斯·卢克曼：《现实的社会构建》，汪涌译，北京大学出版社2009年版，第111页。

原因呢?）我觉得主要是认死理儿，不跟人家灵活，不会调正自己……我是退伍转业的，在部队里关系不像镇上这么复杂，部队相对较简单……我做人也有原则，总觉得只要你认真干事，努力工作就行，不会搞其他的。我到镇上来之后，突然发现不行，镇上和部队里不一样。那个时候知道这一点，但是年轻气盛也不知道改……我给你举个例子，我退伍后，县里搞了个针对基层干部的培养计划，每个乡镇选一个年轻干部到W市下面的乡镇去挂职一年，那个时候镇里推荐我，年前书记就给我说了，说镇里有这么个机会，想让我去，让我考虑考虑……当时我就没想着过年的时候到书记家坐坐（指送礼，笔者注），还以部队里那套方式做事，结果，过了年书记就把这个机会给镇里的E了，现在E在W乡当党委副书记……一步跟不上步步跟不上，我要是能及时转变，现在也不至于在这里养老……（201039 FDJ）

"内化情境"和"客观情境"之间的偏差源于两方面：一是客观情境的复杂性以及人类认知能力的有限性。"没有哪个人会将其所在社会中所有被作为现实客观化的东西统统进行内化，即使在那种相对来说非常简单的社会及世界中也不可能"①，行动者不能在短期内理解不断变化着的情境。二是行动者的初级社会化。因为"总是会有一些不少来自社会化的主观成分存在，就像个体对自己身体的了解，绝对是先于和不同于任何在社会中所学习的对它的理解。主观的人生经验并不完全是社会的。"② FDJ访谈中所提及的部队生活对他的影响便是这种反映。

另外，修正具有持续性。"客观现实与主观现实之间的对称关系，永远都不是固定不变和一次了结的。它总是在现实中产生和再生产。换句话说，个体与客观社会世界之间的关系，就像是一种持续不断的平衡活动。"③ 对于荃镇干部而言，修正也将伴随其整个组织生活全过程。

三 维持

在伯格和卢克曼那里，"维持"是为了"保护客观现实和主观现实之间对称的程度"，是对"主观现实而非客观现实"的一种"保护"，行动

---

① ［美］彼得·伯格，托马斯·卢克曼：《现实的社会构建》，汪涌译，北京大学出版社2009年版，第111页。

② 同上。

③ 同上。

第五章 乡镇干部行动的过程：情境内化与社会交换

者在"客观现实"面前是被动的。而本书中作为行动者的乡镇干部则被赋予更多的能动性，维持的行动过程是乡镇干部在客观情境面前能动性的重要体现。

维持同样源于客观情境和内化情境之间的偏差，但行动者面对这种偏差不再选择对主观世界的"修正"，而是倾向于维持或者改变情境。荃镇干部不希望情境变化太快。他们因为对某些变化无能为力而表现出失落感，同时又能通过行动对某些变化施加影响。LB 是荃镇的一个管区主任，在镇里工作了二十三年，访谈中谈到了关于"变化"的话题。

> （问：你觉得最近几年，镇里的情况变化大吧？）大，这个很明显，各个方面都有变化……（问：具体说说）老百姓的生活面貌、思想都变化很大，镇里的制度这几年也调整的不小……（问：从你自身讲，你喜欢这种变化吗？）怎么说呢，老百姓生活好是好事儿，但是也有坏的方面，比如日子过好了就不服管了，现在的老百姓不如原来的老百姓好管，都不把咱镇里的领导干部放在眼里！对咱来说，从工作角度考虑，当然还是原来好喽，可你也没办法，这个你没法改变，这是社会的大趋势……咱只能管好咱身边的事。咱也不希望镇里的制度变来变去，比方说，你前天说好的从镇里（内部）提三个副科级，明天就改成一个名额了，这个谁愿意啊，那么多人都盯着那个位置，所以有时候上边也得考虑这种压力。（问：出现过这种情况吗？）有过，2007 年的时候，县里想进行改革，清理乡镇里的工作人员，把那些没有编制的逐步清退，你知道，乡镇里没编制的好几十口子，谁没点背景？你清退了他们去哪里吃饭？不少乡镇的人要包车到县里集体上访，后来只能不了了之……（20100302 LB）

维持的另一个表现是行动者试图实现同其他行动者内化情境的"同质性"，即寻求自身内化情境同该组织中其他行动者内在情境相一致。每个行动者既是自身情境的主要建构者，又可能会影响其他行动者内化情境的建构。荃镇干部常常在不同场合不厌其烦地宣讲自己对客观世界的认知并希望对方理解并接受他们的观点，"他们会选择与他们自己在社会结构中所处位置相一致的方面……'过滤'给其他个体"[①]，这是乡镇干部在

[①] [美] 彼得·伯格, 托马斯·卢克曼：《现实的社会构建》, 汪涌译, 北京大学出版社 2009 年版，第 116 页。

复杂情境面前的一种自我保护行动，因为乡镇干部内化情境的一致会带来行动一致，这样便能更好地应对情境变化。当然从本质上看，这也是行动者建构情境的一个体现。

第二节 乡镇干部的社会交换

乡镇政府的社会性是讨论乡镇干部社会交换行动的逻辑起点。本书区分了乡镇政府的"外部社会性"和"内部社会性"，指出乡镇干部的社会交换行动是其乡镇政府"内部社会性"的外在表现。在对布劳微观社会交换过程理论进行批判性借鉴基础上建构新的过程解释框架，并阐释荃镇干部的交换过程是如何作用的。

一 乡镇政府的社会性

早期关于政府社会性的讨论是在公共管理范式内展开的，如王乐夫探讨了公共管理的社会性内涵，其中便涉及政府社会性问题。他将社会性基本等同于公共性，并指出"政府的公共性（社会性）特征，主要的表现在于，它是整个社会的正式代表，是社会在一个有形的组织中的集中表现。它体现的正是表面上凌驾于社会之上的力量，因而它总是集中反映和代表一定社会的利益和意志。"[①] 另外他还注意到了公共管理"政治性"和"社会性"之间"相辅相成"的关系[②]。在此之后，他逐渐意识到了"社会性"和"公共性"的不同并尝试加以区分。但遗憾的是，讨论的重点仍然是公共管理（其中涉及政府）的"公共性"渊源和属性问题，只在哲学层面上将二者关系定性为"一般与特殊的关系"[③]。其后的研究则基本忽略了对政府社会性的讨论，但这些研究中却都隐含着将"社会性"视为"公共性"的理论观点[④]。

---

① 王乐夫：《论公共管理的社会性内涵及其他》，《政治性研究》2001年第3期。
② 同上。
③ 王乐夫、陈干全：《公共管理的公共性及其与社会性之异同析》，《中国行政管理》2002年第6期。
④ 王乐夫、陈干全：《公共性：公共管理研究的基础和核心》，《社会科学》2003年第4期；蔡立辉：《公共管理：公共性本质与功能目标的内在统一》，《中国人民大学学报》2003年第2期；王学军：《公共管理的公共性：异化及其救治》，《理论研究》2005年第1期。

政府的"社会性"是一个仍需深入讨论的话题，已有研究的症结在于总是将政府的社会性置于"国家—社会"的分析框架内进行讨论，认为政府等公共管理主体的社会性来源于社会对公权力的让渡①，将社会性和公共性并为一谈。

本书认为，应当从两个层面重新界定政府的社会性：第一个层面可以称之为"外部社会性"，它基本等同于"公共性"，即"指的是一种公有性而非私有性，一种共享性而非排他性，一种共同性而非差异性。具体如：在社会公共性领域内活动的主体不是纯粹的私人主体，还有公共主体；运作的权力（利）不是纯粹的私人权力（利），还有公共权力（利）；所作的决策不是纯粹的私人自治，还有公共决策；生产的物品不是纯粹的私人物品，还有公共物品"等等②；第二个层面可以称之为"内部社会性"，即将政府视为一个"亚社会"，本质上体现了特定范围内的"群体性"，体现为干部个体之间在非正式规则约束下的互动，这种互动具有私人性，其目的是为私利而非公利。为了更好地说明政府社会性的两层内涵，表5-1从本质属性、渊源、外在表现、维系基础、约束机制等五个方面进行了比较。

表5-1　　　　　　　　　　政府社会性的构成

政府社会性的构成	本质属性	渊源	外在表现	维系基础	约束机制
外部社会性	公共性	社会对公权力的让渡	社会治理	社会契约	政治合法性
内部社会性	群体性	组织中社会化行动者个体的社会角色	（组织内的）社会交换	信任、感激、责任感等	社会习惯、道德规范、潜规则等

上述对政府社会性的重新厘定并非多余，因为本研究所要讨论的乡镇干部的社会交换行动正是乡镇政府内部社会性的表现，另外乡镇政府内部社会性的存在也是干部社会交换行动得以发生的前提和渊源。接下来，将梳理关于社会交换的相关理论观点，并在此基础上建构关于乡镇干部社会交换行动的分析框架。

---

① 王乐夫、陈干全：《公共管理的公共性及其与社会性之异同析》，《中国行政管理》2002年第6期。

② 同上。

二 微观社会交换过程

社会交换理论脱胎于批判帕森斯功能主义思想的理论背景中,1958年霍曼斯首次提出了社会交换理论,后经过布劳等人补充与修正,使社会交换理论在社会科学界广为流传,并影响了社会学的很多经验研究领域。

在霍曼斯那里,社会交换的内涵较广,几乎把一切社会活动都看成是交换行为。而布劳则把交换理解为"特定的交往",他将社会交换定义为:"人们被期望从别人那里得到的并且一般来说确实也从别人那里得到了的回报所激励的自愿行为。"① 在他看来,社会交换具有如下特征:(1)参与交往各方都期待他们回报,一旦他人停止了所期待的回报,这一交往关系便会停止;(2)相互信任是基础,且必须基于双方自愿②。布劳"希望能为微观社会学分析和宏观社会学分析之间提供一个连接"③,其做法是首先提出一个关于交换过程的微观社会学理论,然后再用这个理论作为建构关于社会结构和制度的宏观社会学理论基础。

本书将研究对象限定于乡镇干部的微观交换行动过程,并不试图分析更高层次的、更为复杂的社会交换,也不涉及这种微观交换行动是如何建构宏观社会结构的问题,而仅仅尝试从布劳在《社会生活中的交换与权力》关于微观层面"较为简单的社会过程"④ 的讨论中建构分析框架。

布劳将微观交换过程划分为六个方面:社会吸引、交换报酬、竞争、分化、整合的倾向、对立的倾向⑤。

表 5-2　　　　　　　　　微观社会交换过程⑥

交换过程	简要介绍
社会吸引	行动者个体操纵自我表现以使对方相信他们拥有对方所需要的东西,即与之交往可以获得报酬。

---

① [美] 彼得·布劳:《社会生活中的交换与权力》,李国武译,商务印书馆 2008 年版,第 146 页。
② 谢立中:《西方社会学名著提要》,江西人民出版社 2007 年版,第 290 页。
③ [美] 彼得·布劳:《社会生活中的交换与权力》,李国武译,商务印书馆 2008 年版,第 4 页。
④ 同上书,第 35 页。
⑤ [美] 乔纳森·特纳:《社会学理论的结构》,邱泽奇译,华夏出版社 2006 年版,第 289 页。
⑥ [美] 彼得·布劳:《社会生活中的交换与权力》,李国武译,商务印书馆 2008 年版。

续表

交换过程	简要介绍
交换报酬	行动者双方交换所需的行动，往往要遵循公平交易原则和文化、法律禁忌。
竞争	交换的前提假设是"提供报酬的人也能得到回报"①，因此个体都希望向别人展示自身的报酬能力，以获得别人回报的机会，因此这在本质上便形成一种竞争状态。
分化	在一定条件下，群体中个体的权力、权威会出现等级的分化。
整合的倾向	分化的结果之一，指在权力出现分化之后，群体会通过制定规范，使领导者的权力合法化，使被领导者感受到社会控制，从而促进了群体中上下级之间的整合。
对立的倾向	所有交换关系中都存在不平衡的根源，交换一旦违背了互惠和公平规范，这些不平衡就会导致群体中的个体之间发生公开冲突。

尽管布劳的上述社会交换过程模型影响深远，但仍然存在一些问题：

第一，该理论研究的根本目的是希望"从遍布于个体之间的日常交往和他们的人际关系的较为简单的过程推导出支配社区和社会的复杂结构的社会过程"②，但并未对微观层面个体间面对面的"简单的过程"做出更充分的解释。在被他称之为微观社会交往的过程分析中已经过早地显现了向宏观社会学过渡的倾向，若将"整合的倾向"划为宏观交换过程或者从微观向宏观层面的过渡阶段似乎更为恰当；第二，布劳主张"把遵从内在化规范的行为从社会交换概念的范围中排除出去"③，这实际上忽视了社会文化规范对交换行动的重要影响，特别是在一个受宗教文化、社会道德规范影响的国度，那种为了获取自身超我的内在赞同的利他行动是大量存在的；第三，将内在性报酬和外在性报酬分开固然便于对交换行动报酬的理解，但布劳并未在研究中深入探讨既包含内在性报酬又包含外在性报酬的交换行动，而在实际社会生活中这种交换行动是大量存在的；第四，布劳对微观社会交换过程的分析更像是动力学视角下对社会宏观结构形成过程的探索，该过程的前半程（"社会吸引"、"交换报酬"、"竞争"）是在社会行动者原子化状态下发生的，

---

① [美]乔纳森·特纳：《社会学理论的结构》，邱泽奇译，华夏出版社2006年版，第280页。

② [美]彼得·布劳：《社会生活中的交换与权力》，李国武译，商务印书馆2008年版，第34页。

③ 同上书，第146页。

并未关注先赋组织情境下的社会交换过程；第五，尽管布劳意识到了忽视文化差别所带来的偏见，例如"对对抗的分析很大程度上是在民主价值的框架内——尽管不一定是民主制度——加以构思的，忽视了对在根本不同的政治氛围中相应的冲突的思考"①，但布劳对理论普适性的过分自信也遭到了广泛批评②。

本书不主张直接将布劳的微观社会交换理论照搬过来解释乡镇干部的社会交换行为，而是希望在其理论基础上建构能够解释中国情境下基层干部社会交换行动的微观分析框架。因而，本书中的社会交换要比布劳的社会交换的内涵宽泛，但却又比霍曼斯社会交换的内涵狭窄：

1. 发生在乡镇干部个体之间的自愿行动，因此同布劳一样，本书将那些采用类似"肉体强迫"手段获得的交往行动排除在外；

2. 动力来源于习惯、社会文化规范压力或者对他人回报意愿的期望，不同于布劳将"没有目标取向"③ 和"遵从内在化规范的行为"排除在外的观点；

3. 不可忽视先赋组织环境的影响，乡镇干部有别于社会中的一般原子化个体。乡镇干部在社会交换中会考虑其他交换形式（如政治性交换）和社会结构的影响，因此不能仅从行为主义心理学角度做出解释，这有别于霍曼斯的行为交换理论。

本书将乡镇干部的社会交换过程划分为：感知需要、寻找供方、意愿表达、回报能力展示、获取、回报。它们并非线性的，也不是缺一不可的，这是因为实际的社会交换行动极其复杂，往往是若干个社会交换交织在一起，一次回报可能成为后续若干次交换的动力。此外，行动者习惯或社会规范压力对交换行动的影响也不可忽视。因此，本书所讨论的只是一种抽象了的行动过程。

三 干部社会交换的过程分解

组织中的社会交换过程要比布劳所谓的"简单的（交换）过程"复

---

① ［美］彼得·布劳：《社会生活中的交换与权力》，李国武译，商务印书馆2008年版，第40页。

② Robert Westwood, Andrew Chan and Stephen Linstead, Theorizing Chinese Employment Relations Comparatively: Exchange, Reciprocity and the Moral Economy, *Asia Pacific Journal of Management*, Vol. 21, No. 3, 2004, pp. 365–389.

③ ［美］彼得·布劳：《社会生活中的交换与权力》，李国武译，商务印书馆2008年版，第38页。

杂,这种复杂性源于"外情境"(即组织环境,主要是"技术环境"和"制度环境")和"内情境"(即组织规则,包括"正式规则"和"非正式规则")的影响。本书所建构的社会交换过程模型考虑到了这些复杂因素。需要说明的是,尽管本书仅讨论了该模型是如何在乡镇政府中运作的,然而这一模型应该也能适用于解释其他类型组织中的行动者社会交换过程,但这以假设还需要验证。

(一)需求认知:"需要什么"与"该要什么"

布劳在某些方面继承了霍曼斯的观点,认为"支配人们之间交往的基本社会过程根源于基本的心理过程,比如那些支撑个体间吸引的情感及其对各种报酬的渴望的那些心理历程。"① 但他认为这些"心理历程"相对社会交换的主题而言是既定的。因此,布劳的社会交换始于"社会吸引",并着重分析了产生社会吸引的两个动因:"内在性报酬"和"外在性报酬"。的确,我们没有必要再解释"报酬渴望"产生的心理过程,但在产生"报酬渴望"和"社会吸引"之间应该还存在一个个体认知"报酬渴望"的心理过程。这一过程是不可忽视的,它将决定乡镇干部是否继续社会交换行动以及采取何种行动策略。本书将乡镇干部个体对自身需要的辨识、评估、确认的认知过程称为"需求认知"。

在乡镇政府中,个体对自身需要的认知是格外谨慎的,乡镇干部们清楚地知道自己需要什么不需要什么。但更为关键的是他们意识到"需要什么"和"该要什么"的不同,并且认为知道"该要什么"比知道自己"需要什么"更为重要。荃镇政府中的 WY 就曾分析过:"在乡镇里,你得知道自己该要什么,这个忒重要了,头几年我不知道所以吃了大亏,现在我分析了一下,一直这么干,想将来熬个主任希望不大,……这条路走不通。我现在幸亏还挂个团委书记的名,团县委刚调走一个副书记,我想了想我的条件应该符合这个位置……"(访谈编号:20091222 WY)

我们无从探知"该要什么"这一复杂的心理过程是如何发生的,但是 WY 的访谈至少告诉我们,荃镇干部在进行自我需要认知时至少考虑了组织环境和自身状况两种因素,并努力使自身行动与之匹配,如果谁做出不合身份和不合场合的事,会被认为是愚蠢的做法。LY

---

① [美]彼得·布劳:《社会生活中的交换与权力》,李国武译,商务印书馆 2008 年版,第76—78页。

曾经用略带嘲讽的口吻说:"那些在镇里混的好的都是'人精',他们熟悉乡镇里的环境和人,对自己的认识也很清醒,两样都有才行,要不肯定没发展……"(20091222 LY)

(二) 供方搜寻:"谁能帮我?"

"供方搜寻"是行动者寻找并确定那些能够提供自身所需报酬的行动过程。霍曼斯和布劳均忽略了对这个环节的讨论。乡镇干部寻找和确定报酬供方的行动有时是理性思考的结果,但也有时是即兴随机的。

"交情"是乡镇干部寻找报酬供方时考虑的重要因素,寻求帮助的人往往先考虑的是"和谁有'交情'",而不是谁能提供最有效的帮助。"交情"是"相互交往而产生的情谊"①,是一种良好的人际关系状态。"有交情"首先意味着有过社会交往的经历,正如杨联陞所言:"在中国任何社会还报绝少只是单独的社交交易,通常都是在已经建立个别关系的两个个人或两个家庭之间,一本由来已久的社交收支簿上又加上一笔,"②其次,"有交情"意味着在过去的交往中双方均有收益,并有继续交往下去的意愿。更为重要的是,"有交情"的干部之间会存在提供帮助的"义务感",这种"义务感"来源于中国人社会行动中特有的"还报原则",如《礼记·曲礼》中所言:"太上贵德,其次务施报。礼尚往来,往而不来,非礼也;来而不往,亦非礼也。"在前文 WY 的访谈中,他之所以想到去找团县委书记帮忙,在很大程度上是因为他认为和团县委书记"有交情"。

> ……所以过年的时候我到团县委书记家坐了坐,你见过的,上次来检查那个姓张的书记。(问:你觉得机会大吧?)尽力吧,人家要是帮了咱,咱将来也不能亏了人家。再说我跟他关系一直不错,平时过年过节都有走动,上回他家里妹妹找工作的时候,我给一个亲戚打了招呼,最后到是办成了,去了县药材公司,也算是帮过他,这回他也应该帮帮我,要不抹不开这个面子……(20091222 WY)

要想在需要帮助的时候顺利找到供方,需要建立"交情",这本身就

---

① 《汉语大词典》第 1 卷,四川辞书出版社 1988 年版,第 338 页。
② 杨联陞:《报——中国社会关系的一个基础》,载段昌国等《中国思想与制度论集》,台北联经出版事业公司 1976 年版。

是一种关系资源①，本质上相当于在干部间建立了一种"供求关系"。不同于市场上的一次性交易关系，"交情"往往需要长期经营，"临时抱佛脚"往往会被看成是一种功利的做法而遭人鄙视。"建立交情"主要靠平时一般性的礼尚往来，"也就是有来有往的互相走动、请客或过节时的送礼行为，以加强彼此的感情联络，最终会在'给面子'中实现交换。"② WY"平时过年过节都有走动"的做法便是一种积累。

有时候寻找供方是随机性的，在行动者为寻找供方而一筹莫展时，某些偶然却能带来希望。有时，尽管社会交换的双方没有过去的交换经历，但一方仍有提供帮助的动力，荃镇干部的动力往往来源于对组织身份的认同、面子或者对未来回报义务的期待。因此，那些组织身份认同感强、好面子以及功利心强的荃镇干部更容易成为报酬的供给者。

（三）交换能力展示："我能给你什么？"

交换能力展示是行动者个体表达自身是否能够或者愿意提供报酬以及能够提供多少报酬的行动，有些类似于布劳的"社会吸引"，但二者又有不同。布劳曾较为详细地介绍了"社会吸引"，将其定义为一种"与他人交往的倾向"：

> 如果一个人预期与他人的交往是有益的，特别是，如果他预期在既定时间和地点与这些人的交往要比他能做的其他选择更有益（有时唯一的选择就是完全不交往），那么这个人就受到了其他人的吸引。他们对他的吸引使他产生了一种在他们中间获得社会接受的欲望。为了被他们接受，他必须证明自己是一个有吸引力的伙伴。为了这一目的，他将试图给他们留下印象，并表明他具有能给与他交往的人带来好处的品质。如果他成功了，他们将接受他，并且如果这种交往给他们和他都带来了预期的报酬，那么互惠的好处将加强相互的吸引，并帮助他成为该群体不可分割的一部分③。

显然，在布劳那里"社会吸引"中的个体被假设为追求"好处"的积极的理性人，"某人之所以是个有吸引力的伙伴，其原因在于他

---

① 陈俊杰：《关系资本与农民的非农化——浙东越村的实地研究》，中国社会科学出版社1998年版。

② 翟学伟：《人情、面子与权力的再生产：情理社会中的社会交换方式》，《社会学研究》2004年第5期。

③ ［美］彼得·布劳：《社会生活中的交换与权力》，李国武译，商务印书馆2008年版，第74页。

给别人留下这样的印象：与之交往将有所报酬"①，其动机明确而单一。然而乡镇干部展示回报能力的动机却复杂得多，其中的一部分等同于"社会吸引"，目的是吸引其他干部参与交换，并最终使自身获得报酬。这时，干部个体的心态是积极的；另一部分能力展示行动的目的则要消极得多，不是为了让别人认为"与之交往将有所报酬"，而是让别人认为"与之交往至少没有坏处"，本质上是一种"自我保护"心态。乡镇干部中持有这种心态的展示行动不在少数，对WQ的访谈表明了这一点。

……（问：你觉得在乡镇政府中要想"混"的好关键是什么?）嗯，你得有资本，而且你得让人家知道你有资本才行，要不人家不跟你玩。（问：什么是资本？钱吗?）不光是钱，社会关系，在镇里人际关系，为人处事的能力也都算吧……关键的我觉得还是在做人做事上得行，你得合群，你得让人家知道你不是忘恩负义的人，得让人家觉得你是个要面子的人，谁愿意和不要脸的人玩啊？（笑）（问：是为了什么好处才这样做吗?）也不能说为了好处，要是真到有事的时候才这样做就显得忒假了，就像MM，平时也不跟谁有个来往，人品不行，到他爹要办低保的时候才知道请客托人，白搭。你让人家觉得你大方要面子有人缘是为了让人家跟你玩，要不谁都不跟你玩就被孤立了，你在乡镇里就混不下去。（问：你适应这种生活方式？）从我内心里不太适应，忒累，但也没办法，这个是这里的游戏规则。（2010322 WQ）

上述访谈表明，乡镇干部一些展示交换能力的行动来自于组织非正式规则的压力，目的是为了避免被淘汰而非获取利益，这有些类似于就业市场中个体为避免"逆向选择"而采取的"显示信号"的行动。

（四）获取和回报："这是门艺术"

获取和回报不是建立在市场契约基础之上的市场交换关系，某些获取并不意味着期望回报，因为此时的报酬供给者获得的是宗教式的"内在性报酬"，但这又并不意味着获取者不应该心存感激之心而伺机回报。对于整体上的社会交换而言，需要通过获取和回报的交替存在来维持。费孝

---

① ［美］彼得·布劳：《社会生活中的交换与权力》，李国武译，商务印书馆2008年版，第76页。

第五章 乡镇干部行动的过程：情境内化与社会交换

通对此有过很好的解释：

> 亲密社群的团结性就依赖于各分子间都相互地拖欠着未了的人情。在我们社会里看得最清楚，朋友之间抢着回账，意思是要对方欠自己一笔人情，像是投一笔资。欠了别人的人情就得找一个机会加重一些去回个礼，加重一些就在使对方反欠了自己一笔人情。来来往往，维持着人和人之间的互助合作。亲密社群中既无法不互欠人情，也最怕"算账"。"算账""清算"等于绝交之谓，因为如果相互不欠人情，也就无需往来了①。

获取和回报显示了荃镇干部人际交往的技巧和策略，这种技巧和策略主要取决于干部对交换对象以及乡镇政府独特规则的了解和判断。长期的互动交往使得荃镇干部彼此熟识，善于揣摩个人喜好成为他们实施获取和回报策略的关键。WCLei 曾向我描述了他的经验之谈。

> （问：你觉得在镇里怎样才能处理好关系？）这个比较复杂……，我觉得关键是你了解这帮子人，你得知道人家喜欢什么，比方说有的人喜欢吃点喝点，那你就得经常拉他吃个饭，有的人喜欢玩，你就得多拉这他出去玩，有的人爱财，要是你有事得找他帮忙的话还真得送点，这里边学问大着来，就像人家说的，这是门艺术（笑）。你要是摸不透这些，你有事的时候可能就不会有人帮你。（20100302 WCLei）

社会交换行动中的获取与回报很难被精确计算，有时候一次获取可能预示着未来要给予若干次回报，因为在获取和回报之中往往蕴含着某种感情，"中国人关系上的这个'欠'字不在理上，而在情上，比如甲救过乙的命，或在乙饿得不行的时候给过他一碗汤，我们不能问乙回报多少价值的礼物给甲才算够，更不能说一碗汤值几个钱，这样的问法都是不通人情的。"②

获取与回报之间的平衡需要乡镇干部自己去把握，很少出现像类似于市场交易中的讨价还价现象。平等的社会交换并不被提倡，在乡镇政府

---

① 费孝通：《乡土中国》，三联书店 1985 年版，第 75 页。
② 翟学伟：《人情、面子与权力的再生产：情理社会中的社会交换方式》，《社会学研究》2004 年第 5 期。

中，那种"投桃报李""你敬我一尺，我敬你一丈"的"大方"行动则被人称道，这与中国传统文化中强调"滴水之恩，涌泉相报"的思想有关[1]。

---

[1] 林语堂：《中国人》，郝志东等译，学林出版社1994年版，第17页；翟学伟：《中国人行动的逻辑》，社会科学文献出版社2001年版，第71页。

第六章　乡镇干部行动的制度逻辑

如果说呈现干部行动情境及过程是回答"是什么"之问题的话，那么本章将回到理论层面，讨论乡镇干部行动的"制度逻辑"以回答"为什么"的问题。"制度逻辑"的概念最早由 Alford 和 Friedland 在 1991 年提出，用来描述西方社会宏观的制度和实践。[①] 随后，该概念被应用于个体、组织和社会相互关系等研究中，成为链接宏观制度和微观个体或组织行为的重要分析方法。本书借鉴了周雪光在《中国国家治理的制度逻辑：一个组织学研究》中的观点[②]，将"制度逻辑"定义为：一系列宏观或中观、正式或非正式的制度安排与干部行动之间的因果联系。因而，本章的研究目标便是解释前文所呈现的一系列情境和行动现象背后的内在联系和机制。

第一节　行动总特征：正式权力的非正式运作

本书第三章和第四章呈现了乡镇干部所处的情境及乡镇干部行动类型和过程。当我们回过头来思考其行动背后所蕴含的逻辑时发现：乡镇干部行动与官僚体系所设计的制度行动之间存在背离甚至是冲突。一方面，作为"官僚"的乡镇干部受官僚系统的约束，外在表现为一系列"规定行动"；另一方面，脱胎于乡土社会的乡镇干部还受到乡土社会及政府中"非正式规则"的影响。形成塑造乡镇干部行动的多重制度逻辑。"聪明"

---

① Friedland, R., & Alford, R. R., 1991, "Bringing Society back in: Symbols, Practices and Institutional Contradictions", in W. W. Powell and P. J. DiMaggio Eds., The New Institutionalism in Organizational Analysis, pp. 232-263, Chicago: University of Chicago Press.

② 周雪光：《中国国家治理的制度逻辑：一个组织学研究》，生活·读书·新知三联书店 2017 年版，第 9 页。

的乡镇干部会基于这些多重逻辑对自身行动做出变通，表现出"非正式运作"的行动特征。本书借用孙立平"正式权力的非正式运作"的概念来界定乡镇干部行动的总体性特征。

孙立平、郭于华曾通过对华北 B 镇定购粮收购过程的生动描述，呈现了基层干部独特的权力日常运作方式——"用非正式的方式来行使正式的权力"。基层干部常常借助日常生活中的"情""理"原则，"通过重新'建构情境'的方式，来解决在收粮过程中那些非常棘手的问题，对抗来自农民日常形式的反抗"[①]。他们认为这种行动的本质是"正式权力资源匮乏而对本土性资源的一种无奈的借助"。荃镇干部面临同样的困境——乡镇干部的权力体系并不完整。赵树凯曾经用"虚弱的乡镇权力"形容乡镇干部的权力现状，认为"作为一级政权，乡镇政府的权力体系是残缺而虚弱的。内部单位的人事管理缺乏自主，垂直单位的存在则基本上掏空了乡镇政府职能的实质内容。在这种条件下，上层又赋予乡镇以极其沉重的使命。于是，乡镇政府承受了不能承受之重，许多不规范行为由此而生。"[②] 乡镇干部只得通过变通行动方式加以应对资源匮乏但责任压力不减的现实。从这个角度看，"正式权力的非正式运作"又是乡镇干部们的"无奈之举"。

但仅从制度主义视角理解乡镇干部行动是存在缺陷的，正如贺雪峰对制度主义批评的那样，"在这种视野中，制度运作似乎是超越时空的，是不需要具体场景，且是与农村本身的状况没有关系的。"[③] 因而，本书认为乡镇政府以及乡镇干部所处的乡土社会是分析乡镇干部行动不可回避的情境要素。张静在研究了基层干部（主要是村干部）行动特征中所提出的"身份认同"视角颇有启发性。她认为村干部是一种"桥梁身份"，具有双重角色，一方面，村干部的收入并非主要靠工资，他们的身份仍处于社会之中；另一方面，"他们不得不在官方体制的背景内工作，对于税务、纳粮、计划生育和土地资源管理尽责。"这样，村干部在"村民"和"官员"两种身份群体中的角色就变得模糊了，在某种意义上具备了双重身份。这种身份认同的一个后果是，"他们允许不同的规则在乡村中被运

---

① 孙立平、郭于华：《"软硬兼施"：正式权力非正式运作的过程分析——华北 B 镇收粮的个案研究》，载《清华社会学评论（特辑）》，鹭江出版社 2000 年版。
② 赵树凯：《虚弱的乡镇权力》，载国务院发展研究中心《2004 年调查研究报告选》，中国发展出版社 2005 年版。
③ 贺雪峰：《什么农村，什么问题》，法律出版社 2008 年版。

用，并根据利益的变化而采取变化的形式处理公务。"①

同样道理，乡镇干部在工作之前大多数都是"生于斯，长于斯"的农家子弟，充分内化了乡土社会规则。进入乡镇政府之后，又开始接受体制规则，并逐步建构起"干部"的自我身份认同。但他们仍栖身于乡土人情社会之中，而且每天都要直面群众，有时便不得不通过一系列"非正式运作"的策略行动来应对复杂动态的情境。

可见，乡镇干部"正式权力的非正式运作"的行动特征根源于乡土社会和官僚体系两种情境的交融。本章将着重从体制、乡土社会以及潜规则三个角度解释复杂情境是如何形塑乡镇干部行动的，即乡镇干部行动的制度逻辑。

第二节　体制中的乡镇干部

"体制"本质上指的是一种规则或制度，比如政治体制、经济体制、教育体制等等。但在中国语境下，人们又常常用"体制内"来指称那些在某些领域起主导作用的组织系统，比如那些在政府、公办学校、公办医院甚至国有企业等机构中工作的人，会被称作"体制内"的人，而那些在私营企业、私立学校或私立医院等机构中工作的人则被视为是在"体制外"。"体制内"与"体制外"在资源配置、人事管理以及组织运行方式等方面存在较大差异。本书在此使用"体制"一词仅是为了突出乡镇干部所面对的某些具有主导性、独特性和稳定性的制度安排，本节主要是分析资源配置体制和压力型政务体制是如何影响乡镇干部行动的。

一　资源境遇与干部行动

资源是组织得以存在的基础。毕瑟姆曾经从组织资源角度界定官僚制，他认为"官僚制是一种通过法定拨款，而非在市场上出售产品而获得资金的行政（管理）层级制。"他试图说明，"资金的来源和背景对于决定行政（管理）层级制的效率是至关重要的。"② 另外，迈克尔·曼和

---

① 张静：《现代公共规则与乡村社会》，上海书店出版社2006年版，第77—78、90页。
② ［英］戴维·毕瑟姆：《官僚制》，韩志明等译，吉林人民出版社2005年版，第22页。

蒂利也从不同角度分析了资源对官僚机构的重要意义①。而韦伯更是明确指出"足够的财政资源和公共财政的发展是建立理性化官僚体制的基础，而世袭制逐渐地演变为理性官僚行政体系的过程，正是发生在财政理性化（即诉求于系统的、制度化的财政资源）的过程中。"②

中国传统官僚体系采取的是"简约型"资源占有方式，这源于中国封建社会特有的官僚体制特征。韦伯对这种特征的描述尤为精到，他区分了人类社会两种官僚体制类型，即"世袭主义君主制度"和"科层制"（或"官僚制"）。前者把国家当作统治者个人的领地，且统治权是世袭的；后者则以非人格化的、带薪官僚阶层为核心特征。但是韦伯认为中国封建社会的官僚体制无法简单地用上述两个概念阐释，他提出了"世袭主义（君主制）的官僚制"的概念③。黄宗智认为韦伯的这个概念实际上阐释了传统中国官僚体制的两个特征：

（1）尽管在理论上皇帝有世袭权力，但是实际上他在很大程度上依靠官僚体制来确保自身统治的稳定性，并赖以抗衡世袭制统治的分裂倾向（导向独立的地方世袭领地）；（2）虽然韦伯本人并没有清楚地表达出这一点，官僚制尽管具有自我复杂和延伸的倾向，但是世袭制的统治明显限定的政府机构必须尽可能地保持简约；否则的话，地方官员和皇帝本人将会被过多的中间阶层隔开，由此威胁到赖以编织这个体系的官员对皇帝的个人忠诚，促使地方（世袭制）统治的分权倾向压倒官僚制的中央集权。④

这种体制的一个重要结果是使国家的"基层渗透权力程度"⑤ 不高。在20世纪以前，中国官僚机构只能延伸到人口50万的县一级，并且政府

---

① ［美］迈克尔·曼：《社会权力的来源》，刘北成、李少军译，上海人民出版社2002年版；查尔斯·蒂利：《强制、资本与欧洲国家》，魏洪钟译，上海人民出版社2007年版，第144页。
② ［德］马克斯·韦伯：《经济与社会》，林荣远译，商务印书馆1997年版，第291页。
③ 同上。
④ ［美］黄宗智：《集权的简约治理：中国以准官员和纠纷解决为主的半正式基层行政》，载［美］黄宗智《经验与理论：中国社会、经济与法律的实践历史研究》，中国人民大学出版社2007年版，第425页。
⑤ "基层渗透权力"是迈克尔·曼提出的一个概念，他将中央集权化的程度（相对于其他与之抗衡的权力）称之为"专制权力"（despotic power），将政府深入社会的程度称之为"基层渗透权力"（infrastructural power）。参见［美］迈克尔·曼《社会权力的来源》第1卷，刘北成等译，上海人民出版社2002年版。

财政收入也是极为有限的。根据王业健的研究，清政府的土地税收入占农业总产出的比例很小，在18、19世纪，这个数据只有2%—4%。相比而言，日本明治政府和欧洲封建国家的土地税收入占比则能达到10%，甚至更多①。低税率和"皇权不下县"的简约政治格局使得官僚体制和以士绅为主导的非正式体制得以结合②，这就是费孝通所说的"双轨政治"，一方面"中央派遣的官员到知县为止，不再下去了，自上而下的单轨只筑到县衙门就停了"，而另一方面地方上的"士绅可以从一切社会关系：亲戚、同乡、同年等，把压力透到上层，一直到皇帝本人。"③这种传统是乡镇干部"正式权力非正式运作"行动特征的根源之一。

新中国成立以后，"全能主义国家"④的建立终结了"简约型"资源占有方式，国家通过庞大的官僚组织控制了绝大多数资源以实现"现代化"，但是这种资源上的最大化占有与小农经济的有限供给之间是矛盾的。于是，政府通过农业经济合作化、政治运动、群众路线等方式试图化解这个矛盾，"20世纪50年代实行人民公社体制的基本考虑之一，就是能为工业化最大限度地向农村汲取资源提供最有效的组织便利。"⑤但是，这并没有从根本上削弱传统地方性力量对基层社会的影响。"国家权力扩展的结果主要是覆盖和遮蔽社区权力，并没有彻底消磨掉地方性对于村落秩序的影响。"⑥也就是说国家对社会的渗透仍然是有限的，黄冬娅曾就中国这一时期"国家基础权力"的虚弱进行过精彩分析：

这种国家基础权力的虚弱，表现在两个方面。首先，对于社会的渗透。国家依靠组织的扩张和意识形态教化，群众路线被作为延伸国家触角

---

① Wang, Yeh-chien, *Lang Taxation in Imperial China*, Harvard University Press1973, pp.1750-1911; Philip Huang, *The Peasant Economy and Social Change in North China*, Stanford University Press, 1985, pp.278-281.
② 张仲礼：《中国绅士》，李荣晶译，上海社会科学院出版社1991年版；瞿同祖：《清代地方政府》，法律出版社2003年版；费孝通：《中国士绅》，中国社会科学出版社2006年版。
③ 费孝通：《基层政权的僵化》，载费孝通《费孝通文集》，群言出版社1999年版。
④ 邹谠：《二十一世纪中国政治》，牛津大学出版社1994年版；孙立平、郭于华：《"软硬兼施"：正式权力非正式运作的过程分析——华北B镇收粮的个案研究》，载《清华社会学评论（特辑）》，鹭江出版社2000年版。
⑤ 徐勇：《脆弱的小农能支撑得起一个农村现代化体系吗?》，载宋亚平《三农中国》，湖北人民出版社2004年版，第2辑。
⑥ 吴毅：《村治变迁中的权威与秩序——20世纪川东双村的表达》，中国社会科学出版社2002年版。

和监督国家代理人的手段,国家摧毁社会组织,造成社会的原子化。因而,一个制度化的理性化的官僚体制式的国家基础设施并没有建立,更没有有效地渗透到社会并实现制度化的、常规的运转。这种距离产生了两种后果,其一,在日常事务中,庇护关系网络和地方主义使得国家难以收集准确的信息来计划政策,难以动员对于政策足够的支持,难以按照所预期的执行政策;其二,在一些非常规的事务中,比如群众动员,国家的哲学离真实的社会现实越来越远。其次,对于国家代理人的监控。低度的功能分化和低度专业化的干部体系阻碍了专业分工的官僚体系的建立。同时,统治者采取群众运动与阶级斗争来解决官僚体制运作出现的问题。但是,虽然阶级斗争、意识形态限制了代理人的腐败,但是,他们却享有广泛的权力,导致了对意识形态的忠诚与对领导个人忠诚的混淆,对于代理人的信息监控困难大大提升,各种制度变通以及过度服从的追风政治都是监控有限的表现。①

可见,尽管国家通过扩张官僚体系实现了从乡村最大限度汲取工业化必要资源的目的,但是这个官僚体系并不是一个高效率的资源配置系统,不可能有效地进行常规化、制度化的资源运转。

改革开放之后,体制力量在乡土社会被进一步削弱,然而矛盾的是国家从乡土社会汲取资源以促进工业化、城市化建设的发展模式并没有变,只不过充当资源汲取工具的人民公社已不复存在,取而代之的是乡镇政府及大量基层干部,其中基层干部成了国家政权与村民之间的"'承包人'或经纪人"②。由于"现代化使国家政权的财政需求过快,这与传统小农经济的发展不相适应"③,基层干部为了完成国家资源汲取的任务不得不采取一些"土办法"、"超常规办法",这直接导致1990年代乡土社会矛盾激化,如:干群关系紧张、乡镇机构膨胀、群体性事件频发、农民负担加重等④。

新世纪以来,国家试图改变上述发展模式,进行税费改革并最终取消

---

① 黄冬娅:《比较政治学视野中的国家基础权力发展及其逻辑》,载中山大学政治科学系《中大政治学评论》,中央编译出版社2008年版,第3辑。
② [美]杜赞奇:《文化、权力与国家——1900—1942年的华北农村》,王福明译,江苏人民出版社2003年版,第184页。
③ 同上书,第180页。
④ 当代著名报告文学家陈桂棣、春桃所撰写的纪实文学《中国农民调查》曾生动描写了这一时期中国农村的现状。参见陈桂棣、春桃《中国农民调查》,人民文学出版社2004年版。

农业税。重视"三农问题"特别是农业问题，表现出"工业反哺农业"的姿态，但分税制的继续实施以及转移支付中的制度缺陷并没有改变乡镇政府的财政困局，乡镇干部依然不得不在正式规则的框架内策略地利用各种非正式手段尽可能地获取资源或者向下转嫁成本，如制度性说谎、"拉关系"争资跑项、规避风险等行动便是集中体现。

综上所述，乡镇干部"正式权力非正式运作"的行动特征，反映了国家汲取乡村资源与"基层渗透权力"不足的矛盾，其结果之一就是促使乡镇干部策略性地运用正式权力来处理乡村事务，即乡镇干部的"正式权力的非正式运作"。从这个角度看，乡镇干部身上既带有传统社会中作为乡村代理人的"乡绅"角色色彩，也具有现代国家中作为政府官僚的角色特点。

二 压力型体制与干部行动

"压力型体制"是政府通过责任指标、量化管理等给下级施加压力的方式以完成政治任务的一种制度设计。本书第三章有过详细讨论。从本质上看，"压力型体制"旨在说明一种中国特有的纵向政治关系，反映了权力在纵向层级间的权力配置，也可被视为是政治权力的运行规则，成为形塑了干部行动的重要因素。这源于"压力型体制"的三个特征：

首先，"压力型体制"给乡镇干部带来巨大且超负荷的压力。通过设定目标产生压力以促使组织成员做出行动反应是所有组织的共同特点，但上级政府为下级政府所设定的行动目标应当是理性的和适当的，因为官僚制组织的基本精神是"理性主义"①，主要表现为：通过严格制度，明确权责范围以及任务目标，进而建立"适当的激励机制和信息反馈系统"②。"压力型体制"的最大问题在于其制造的压力过大，已经背离了官僚制的"理性精神"。有些目标甚至是非理性的，与乡镇干部权力范围和行政能力不相匹配，这必然促使乡镇干部采取策略性的、非正式的行动方式加以应对。

其次，压力型体制下的干部价值取向被异化，完成上级任务指标、追求短期效益替代了以民为本、可持续发展的价值取向，从而引发了有关行动合法性、正当性和合理性的问题。早在改革开放之初，党和国家就确立了"以经济建设为中心"的发展思路，在地方演变成"经济增长至上"

---

① ［美］马克斯·韦伯：《经济与社会》，林荣远译，商务印书馆1997年版，第251页。
② ［日］佐藤庆幸：《官僚制社会学》，朴玉等译，三联书店2009年版。

的意识形态——"经济增长至上"成为地方政府和民众的共识。地方政府为推动经济发展，利用官僚层级体制将任务目标分解后层层下达，那些不切实际的任务目标最终落在了乡镇干部头上，乡镇干部整日忙于招商引资玩"数字游戏"。1990 年代后期，基层社会矛盾的凸显使得"维稳"（维护社会稳定）成为乡镇干部又一个重要任务指标。然而，社会稳定并不像经济发展那样可以用数字指标衡量，只能变相通过上访数量反映社会稳定，基层干部的思维是"上访少甚至没有上访的社会就是稳定的"，这种思维逻辑促使乡镇干部千方百计地控制上访数量，甚至不惜以百姓基本权益为代价，如荃镇干部"截访"、"盯访"等各种行动方式。

再次，在监督上过分依赖所谓的科学化、数字化评价方法，为乡镇干部采用非正式行动方式提供了空间。压力型体制不仅是一种激励机制，还可被视为一种监督机制。上级对乡镇干部行动的监督主要靠检查、评估等手段实现，在荃镇政府"检查与迎查"的活动中能清晰地看到这种监督方式所暴露出的形式化、数字化倾向，也能感受到乡镇干部疲于"迎查"的无奈。由于上级检查看的是数字，是"表面工作"，促使乡镇政府大搞"数字游戏"以迎合上级领导要求，这也是乡镇干部行动异化的表现。

总之，从体制层面上看，在资源分配和压力型体制的双重作用下，乡镇干部缺乏必要的资源和权力完成上级所规定的任务，他们便不得不背离官僚制应有的理性精神转而依赖策略行动。但是，体制因素并非是形塑乡镇干部行动的唯一力量，接下来还将介绍乡土性对干部行动的影响。

第三节 乡土中的乡镇干部

"乡土性"对乡镇干部行动的影响主要表现在两个方面，一是乡镇干部的"官僚制理性不足"。荃镇政府并没有建立起真正意义上的韦伯式理性官僚制，而只是一种在乡土社会基础上的混合了现代官僚制、"父权家长制"、"世袭制"等政治运作方式的"混合体"；二是乡镇干部权力关系的无序性。这是当下乡土社会"结构混乱"特征在乡土政治场域中的外在表现，而乡村政治场域未能摆脱"行政吸纳社会"的现实。

一 乡土权威与干部行动

乡镇干部身上具有明显的"乡土性"和"官僚性"的双重特质。尽管乡镇政府的诸多制度建构目的在本质上是试图通过"官僚制"来摆脱

"乡土性"因素的影响,但是乡镇政府植根于乡土社会,"乡土性"不可避免地渗透到了乡镇政府里。在微观层面上则表现为乡镇干部行动的"官僚制理性"不足。

官僚组织最本质的特征是"官僚制理性",即一套客观、公正、科学合理的行动原则。按照韦伯的观点,官僚制理性依赖于"法理型权威"——一种基于正式的、抽象的、远离个人利益而存在于法律秩序之上的理性权威类型。他主张"行动必须与规则一致,规则必须体现在每一事件中,规则本身必须保持连续性。"另外,法理型权威也将个人利益与其职位或其在组织中的角色分离。其核心观点是"权威是职位的权威,而非占据职位的人的权威。"[1]

这种基于"法理型权威"的"官僚制理性"在荃镇是缺失的,这根源于官僚制"法理型权威"与"乡土权威"之间的内在矛盾性。荃镇干部既有对以"法理型权威"为基础的"官僚等级"的遵从与敬畏(如对镇党委书记的绝对服从),体现了行动与规则的一致(如某些"规定行动"),也有受"乡土权威"影响的"策略行动",这些行动多数是非正式的、隐秘的,与经典的"官僚制理性"相背离。

乡镇政府中的权威类型要比韦伯式"法理型权威"复杂得多,它是"乡土权威"对"法理型权威"进行改造的结果。当前对乡镇政府影响最大的"乡土权威"主要有两类:父权家长制权威和绅士权威。

1. 父权家长制权威

父权家长制权威萌芽于家族共同体,是以"孝道"为基础的。特别密切的、个人的、持久的家族的共同生活以及家族的内外命运与共,是父权家长制权威信仰的源泉[2]。但在家族(特别是家庭)共同体中,传统文化中的"孝道"仍然支撑着父权家族制权威的存在,那些敢于触犯"家长权威"的行动会受到乡土舆论的谴责。当这一权威突破家族限制时,便会在更大范围内产生权威阶层,"家长制权威的家庭社会化,有利于对

---

[1] [美]彼得·布劳,马歇尔·梅耶:《现代社会中的科层制》,马戎等译,学林出版社2001年版,第65页。

[2] [美]马克斯·韦伯:《经济与社会》,林荣远译,商务印书馆1997年版,第324—325页。

暴虐的政治领导人的崇拜，有利于地方霸权的产生。"① 父权家长制权威在乡镇政府的延伸典型地表现为乡镇干部对乡镇党委书记的绝对尊崇和敬畏，这一点在第四章有关非正式规则和干部策略行动的一些描述中都有所体现。在乡镇政府内，乡镇党委书记类似于乡土社会家族（或家庭）共同体的"家长"，不同点只是以"政治忠诚"替代了"习俗孝敬"。

2. 绅士权威

与父权家长制权威基础相反，"绅士的特殊权威（尤其是在邻里圈子里，由于财产、教育资格或者生活方式而出人头地者的权威），恰恰不是建立在孩子或仆役的孝敬之上的，而是建立在'荣誉'之上的。"② 在乡村社会中，社会荣誉（威望）会成为权威、命令和权力的源泉。在当前的乡土社会中，绅士权威（尽管这个概念带有西方化色彩）仍然有着巨大的影响，这种权威来源于个人魅力、声望以及知识。在荃镇农村，那些"有文化、有知识、公正平和"的老人往往具有绅士权威。绅士权威在乡镇政府中表现为：那些除正式权力资源外的其他类型资源优势占有者所具有的影响乡镇干部行动的能力，这里的"其他类型资源"主要是指两种：一是经济资源，第五章有关乡镇政府内"社会交换"的描述可以看出，那些拥有经济资源优势的干部，在社会交换中会占据有利地位；二是"资格"资源，那些具有"老资格"的干部往往对组织中的规则（特别是潜规则）很了解，他们熟悉乡镇政府，熟悉这个场域中的个体，不少访谈中所提到的荃镇政府中的"能人"便属此类，一些年轻干部为了在工作上"少走弯路"，往往会向他们请教，这些人也因此具有了某种权威。

可见，以父权家长制权威和绅士权威为基础的"乡土权威"是建构组织中非正式规则的重要因素，也是乡镇政府中策略行动逻辑的权威基础。

二 行政吸纳社会与干部行动

1990 年代以来，国内学术界大致形成了三个比较有影响力的国家与社会关系解释模型：公民社会、合作主义与行政吸纳社会。公民社会模型

---

① ［美］弗里曼等：《中国乡村，社会主义国家》，陶鹤山译，社会科学文献出版社 2002 年版，第 376 页。
② ［美］马克斯·韦伯：《经济与社会》，林荣远译，商务印书馆 1997 年版，第 327—328 页。

认为，民间组织的发展代表了独立于国家的公共空间之成长，为公民社会对抗国家、寻求自主空间提供了可能。该解释模型脱胎于自由多元主义理论，认为公民社会的最主要功能是形成对国家的规范化制度化制衡，使自身免受国家过多干预和侵犯，以保障个体自由和基本权利①。公民社会论者认为中国大陆正在经历国家与社会的分化过程。②

公民社会的解释模式着眼于社会与国家的分离，容易造成公民社会与国家"对立"甚至是"对抗"的意象，两者之间似乎是此消彼长式的天然对立关系。对此，许多学者认为，这并不能准确概括中国改革开放以来国家与社会关系的新变化和独特之处，即：国家和社会的分离与融合并存。为此，一些学者开始用"合作主义"解释国家与社会的关系。所谓"合作主义"，也被称为"法团主义"，该解释模型突破了国家与社会零和博弈关系的观念局限，强调两者之间的沟通与融合，目的是促进国家与社会协同发展。在解释改革开放以来国家与社会关系时，合作主义论者倾向于认为，"在原有体制的惯性下，社会原子正在以另一种新方式组织到国家体制的某一部分中去。从宏观结构上说，其整体的特征不是分立，而是多边合作、混合角色及互相依赖的发展。"③

合作主义模式看到了国家与社会边界模糊和相互融合的一面，但是合作主义与公民社会一样，都是源于西方的概念，故一些学者对其应用于中国的有效性提出了质疑④。为此，一些学者试图突破西方的解释框架，对中国大陆国家与社会之间的关系作中国式的解读，其中康晓光等人提出的"行政吸纳社会"模型影响较大。"所谓'行政'，既指政府或国家，也指

---

① 伍俊斌：《国家与社会关系视野中的中国市民社会建构》，《福建论坛》2006 年第 1 期。
② 高登·怀特通过对浙江萧山民间社团的考察，认为一种非官方、非正式的民间经济和组织正在出现，它们与国家体制的界限日益明显，基层社会出现了向"公民社会"过渡的标志，一种新的权力平衡开始显现。此外，有些学者考虑到中国大陆目前尚处于转型期，还不存在西方式的成熟公民社会形态，于是对源于西方的公民社会概念进行了某些调整，提出了所谓"半公民社会"或"准公民社会"（Semi-civil Society）、"国家领导的公民社会"（State-led Civil Society）等概念，并对其未来的发展方向作出预期。参见 Whiter G, Prostects for Civil Society in China: A Case Study of Xiaoshan City, *The Australian Journal of Chinese Affairs*, Vol. 29, No. 1, 1993, pp. 63-87.
③ 张静：《法团主义》，中国社会科学出版社 2005 年版，第 163—164 页。
④ Salch T. Negotiating the State: The Development of Social Organizations in China, *The China Quarterly*, Vol. 162, No. 1, 2000, pp. 124-141；贾西津：《民间组织与政府的关系》，载王名《中国民间组织 30 年——走向公民社会》，中国社会科学出版社 2008 年版，第 199 页。

政府或国家的行为；'社会'不是指一般意义上的'社会'，而是指'市民社会'、'公共领域'、'合作主义'所指称的那种社会；'吸纳'意味着政府通过自己的一系列努力使得市民社会、合作主义、市民社会反抗国家之类的社会结构无法出现。"①

该模型的核心机制主要包括"控制"和"功能替代"两个方面。"'控制'是为了防止民间组织挑战政府权威，是为了继续垄断政治权力，而'功能替代'是通过培育'可控的'民间组织体系，并利用它们满足社会的需求，消除'自治的'民间组织存在的必要性，从功能上替代那些"自治的"民间组织，进而避免社会领域中出现独立于政府的民间组织。"因而，在"行政吸纳社会"模式下，"支持"是让位于"控制"的，"支持"的目的是为了更好地"控制"，而合作起来提供公共服务只不过是"控制"的副产品。"'功能替代'是一种更为精巧的控制手段，通过主动回应来自社会的需求，从功能上'替代'被统治者的'自治'诉求，从而达到'通过替代实现控制'的目的。通过同时运用这些策略，政府不但赢得了权威政体的稳定，也赢得了经济和社会的发展。"② 所以，在这种模式下，"控制"与"支持"是相互对应的，"政府控制越严的民间组织，得到政府的支持也越大；政府控制越弱的民间组织，得到的政府支持也越小。"③

近几年，大力推动农村基层民主建设的做法造成了一种假象：国家在有意通过培养乡土"公民社会"因素以推进国家与社会的分离。而事实却是国家仍然不断试图加强对乡土社会的"控制"。例如，本书所提到的乡镇干部对村民自治的干预，财务上对乡村的控制，以及通过压制上访直接管控农民等都说明了这一点。此外，近年兴起的乡村自治组织也依然在乡镇政府"可控"范围之内。乡镇干部通过私人社会关系，影响乡村自治组织。自治组织要想获取更多资金和项目支持，也必须求助于乡镇干部。因而乡村自治组织仍然是依附于乡镇政府的，这也就是"功能替代"的表现，即：通过主动回应农民需求，从功能上"替代"农民的自治诉求，从而达到"通过替代实现控制"的目的。

---

① 康晓光等：《改革时代的国家与社会关系——行政吸纳社会》，载王名《中国民间组织30年——走向公民社会》，中国社会科学出版社2008年版，第332页。
② 同上书，第333页。
③ 同上书，第324页。

第四节 非正式规则中的乡镇干部

乡镇政府存在非正式规则对正式规则的"规则替代"现象，也即非正式规则在正式规则职能范围内代替正式规则形塑干部行动，这些非正式规则是隐秘的，往往与正式规则及官僚制理性相悖。因此，这些非正式规则用吴思的"潜规则"①概念来表述显得更为贴切。本节从"规则替代"角度入手，解释潜规则是如何形塑乡镇干部行动的。

一 "规则替代"与"双规行政"

规则是科层制的基本组成要素，韦伯将规则视为科层制的定义性特征②，在韦伯所列举的科层制的九大特征中，至少有七个是直接与规则以及规则遵守行动相关联的③。韦伯所谓的"规则"主要还是指正式规则，后来有学者逐渐意识到非正式规则的存在及其意义，并将非正式规则视为是对正式规则的一种补充，即认为二者是"互补"关系。而荃镇的调研却表明，乡镇政府中的正式规则和非正式规则之间更多的是"替代"关系而非"互补"关系。乡镇政府中呈现出非正式规则对正式规则的"规则替代"现象，即在乡镇政府中，非正式规则并非弥补正式规则的职能不足，而是在某些正式规则的职能范围内代替正式规则而发挥行动约束作用。这时候，正式规则仅仅提供一个行动底线和外在表现形式，赋予行动合法性，而影响干部行动的非正式规则（即潜规则）则是隐形的。

"规则替代"会进一步引发"双轨行政"现象，这是乡镇行政运作的隐秘机制。"双轨行政"这一概念是受费孝通有关中国传统社会分析结构研究的启发而提出的，他认为传统中国的中央和地方之间存在着由上而下与由下而上的双向政治沟通路径。本书使用"双轨行政"意图强调乡镇

---

① 根据吴思的定义，潜规则是指人们私下认可的行为约束。这种行为约束是在社会行为主体的互动中根据利害计算、趋利避害而自发生成的。这种实际上得到遵从的约束由于背离了正义观念或正式制度的规定而不得不以隐蔽的形式进行，通过这种隐蔽，互动主体被正式制度的代表屏蔽于局部互动之外，或者，将代表拉入私下交易之中，凭借这种私下的规则替换，获取正式规则所不能提供的利益。参见吴思《潜规则：中国历史中的真实游戏》，复旦大学出版社 2009 年版，第 193 页。

② Max Weber, Essays in sociology, New York: Oxford University Press, 1946.

③ Ibid., pp. 196–198.

行政运作的两种不同维度或空间：一方面，乡镇行政有一个完整而程序化的组织体系，所有的乡镇行政活动都有正式的规范和程序，它的特征是理性化、一元性和抽象性，代表国家力量在地方上的理性建构；而另一方面，非正式规则作为隐藏在科层制背后的文本，为基层干部创造了一个巨大的权力非正式运作空间，这是了解基层政府和基层干部的另一个维度。"双轨行政"使得作为官方文本的正式规则被扭曲、被置换、被超越，并以另外一种方式被实施。

二　"关系"与干部行动

"关系"是建构乡镇政府中"潜规则"的基础和核心要素，也是理解"规则替代"现象的关键点。在很长一段时间里，社会关系对个体行动的影响并没有引起社会科学研究者太多注意。比如在决策领域，无论是规范模型（如期望效用理论①），还是描述性模型（如预期理论②），都认为个体是在与周围各种影响力明显隔绝的情况下作出决策的③。然而，这些研究主要集中在微观个体层面，即便是后来出现的一些有关分类人群的研究中，如"管理者"、"就业的成年人"、"宗教信徒"等，也只不过是将"人群"视为"无关联的个体的集合"④。这种研究现状在 1990 年代之后得到改变，社会资本、网络联结、结构洞等研究相继兴起⑤，这些研究都强调"社会关系"对个体行动的重要影响。

---

① 比如 Gary Becker, *The Economic Approach to Human Behavior*, Chicago: University of Chicago Press, 1976.
② 如 Kahneman and Tversker, Prostect theory: An analysis of decision under risk. *Econometrica*, Vol. 47, 1979, pp. 263-291.
③ 有学者就明确指出："在经济学家和心理学家通常设定的原子论视角下，个体行动者被描述成不考虑其他行动者的行为而独自决策和行动。"Knoke, D. and Kuklinski, J. H. 1982. Network analysis. Beverly Hills, CA: Sage.: 9.
④ Wellman, B. 1988a. Thinking structurally. In B. Wellman and S. D. Berkowitz (eds.), *Social Structures: A Network Approach*, pp. 15-18. Cambridge: Cambridge University Press. p. 15.
⑤ Leenders, R. and Gabbay, S. M. (Eds.), 1999. Corporate social capital and liability. Norwell, MA: Kluwer; ［美］罗伯特·伯特：《结构洞：竞争的社会结构》，任敏等译，上海人民出版社 2008 年版；［美］林顿·C. 弗里曼：《社会网络分析发展史：一项科学社会学的研究》，张文宏等译，中国人民大学出版社 2008 年版；［美］马汀·奇达夫，蔡文彬：《社会网络与组织》，王凤彬等译，中国人民大学出版社 2007 年版；［美］马克·格兰诺威特：《镶嵌：社会网与经济行动》，罗家德译，社会科学文献出版社 2007 年版。

(一) 乡镇政府中的"乡土性"社会关系

从"关系"角度研究中国乡土社会政治现象是学界传统之一。由于缺乏有效的政治表达渠道,农民主要依靠以社会关系为基础的非正式渠道维护利益、表达需求①。当这种方式渗透到基层行政体系时,乡镇干部间便表现出"乡土性"社会关系的特征——"庇护性"和"差序性"。

1. 庇护性

庇护性外在表现为乡镇干部间"庇护关系"的建立。"庇护关系"可以被定义为一种"包含了工具性友谊的特殊双边联系。""拥有较高政治、经济地位的个人(庇护者)利用自己的影响和资源为地位较低者(被庇护者)提供保护及恩惠,而被保护者则回报以一般性支持和服侍。"② 弗里曼等人研究了华北平原一些农民和地方干部是如何在社会主义政治背景下发现生存机遇的,他发现"一种强有力的、普遍的文化,在亲戚关系和村庄、家庭和居住地形成了一种权力关系",而且这种社会关系有着极强的生命力,"无论是反对地主、私人财产和市场的斗争,还是群众运动和大灾难,都未使人际关系和认识产生重大变化。当农民们在社会主义新结构内部和周围自行其事时,他们同样利用了传统价值观和人际关系。"弗里曼还通过对"耿长锁"等人"沉浮录"的描述,展现了底层干部是如何利用这种社会关系网络获取国家偏袒、赢得上层领导欢心以获取资源和逃避损失的③。还有学者研究了中国城市中庇护关系的存在和产生,并认为庇护关系的突出特点是将私人因素与公共因素结合在一起④。

张静曾深入分析过庇护关系和现代关系的区别(表6-1),同时她在研究西村的庇护关系时又提出"新庇护关系"的概念,认为"新庇护关系"具有超家庭网络和高度不稳定性的特点⑤。尽管张静分析的是村级干部的庇护关系,但是乡镇干部庇护关系的"超家庭网络"和"高度不确定性"特点更为突出。因为乡镇干部中更少存在以亲属家族为基础的派

---

① Jean Oi, "Communism and Clientelism: Rural Politics in China", *World Politics*. Vol. 37. No. 1, 1985.

② 张立鹏:《庇护关系——一个社会政治的概念模型》,《经济社会体制比较》2005 年第 3 期。

③ [美] 弗里曼等:《中国乡村,社会主义国家》,陶鹤山译,社会科学文献出版社 2002 年版,第 372 页。

④ Andrew G Walder, "Local Governments as Industrial Firms: An Organization Analysis of China's Transitional Economy." *American Journal of Sociology*, Vol. 101, 1995.

⑤ 张静:《现代公共规则与乡村社会》,上海书店出版社 2006 年版,第 204 页。

系网络，且乡镇副科级领导干部的流动性较大。这两个特点对乡镇干部的生存智慧提出了更高的要求，他们要通过建构"庇护关系"获得安全感或者晋升资本，就像荃镇的一位干部所说的"认清路子，跟对头子，才能在乡镇里混好。"① 乡镇干部这种寻求庇护的冲动源于干部所处的压力型外部情境，本来这种压力是施加于乡镇政府的，但它又通过乡镇政府的正式规则转嫁于乡镇干部，而同时乡镇干部又缺乏解决这种压力的合法权力和资源，因而有较强的向上寻求庇护的冲动，同时非正式规则的存在又为干部实施庇护行动提供了空间和可能性。

表 6-1　　　　　　　　庇护关系与现代公共关系对照表②

传统庇护关系	现代公共关系
个人性关系	非个人性关系
工具（功利）性	价值（意识形态）性
非正式（制度化）的	正式（制度化）的
特殊主义的	普遍主义的
私下的	公开的
高度内聚的	松散的
等级性的	平等的
道德义务：给予并要求帮助的正当性	道德义务：遵守法律
忠诚于个人	忠诚于法律（规则）

2. 差序性

乡镇政府中的"乡土性"社会关系还表现出明显的"差序性"。"差序性"源于费孝通"差序格局"概念。他认为中国的人际关系结构不同于西方的"团体格局"（指独立的个体关系），"我们的格局不是一捆一捆扎清楚的柴，而是好像把一块石头丢在水面上所发生的一圈圈推出去的波纹，每个人都是他社会影响所推出去的圈子的中心，被圈子的波纹所推及的就发生联系，每个人在某一时间某一地点所动用的圈子是不一定相同的。"③ 这一经典概念揭示了传统社会人际关系是以自我为中心，逐渐向外推移的关系结构，呈现出亲疏远近关系，而推动这个波纹的"石头"是血缘关系以及作为"血缘关系投影"的地缘关系④。

---

① 访谈材料：20090928 LY。
② 张静：《现代公共规则与乡村社会》，上海书店出版社 2006 年版，第 203 页。
③ 费孝通：《乡土中国·生育制度》，北京大学出版社 1998 年版，第 26 页。
④ 同上书，第 70 页。

乡镇政府中社会关系的"差序性"不同于费孝通先生的"差序性"。因为除了亲缘地缘关系之外，乡镇干部亦在乡镇政府这个"单位组织"①中形成新的网络关系。因此，乡镇干部社会关系的"差序性"建立在亲缘地缘关系和血缘业缘的双重基础之上。此外，乡镇干部关系的差序性还具有流动性的特点。由于传统社会差序关系建立在以血缘地缘为基础的封闭群体中，因而多是固定不变的，而乡镇政府人员的流动性（包括职务、职位等的流动），使得乡镇干部的社会关系具有了流动性。这种动态的差序性关系成为乡镇干部选择行动策略的重要考量因素。

（二）异质关系的共生融合

乡镇政府中存在"乡土性"社会关系和"官僚性"公共关系两种异质关系的共生融合现象。在某些时候"官僚性"公共关系可能要依靠"乡土性"社会关系得以扩展，而同时"乡土性"社会关系也通过"官僚性"公共关系得到发展和巩固。值得注意的是，乡镇干部"乡土性"社会关系和"官僚性"公共关系的交融，有时是在私下进行，有时则可以被公开甚至鼓励。比如前文提到的争资跑项、拉外协税等行动中，就是公开鼓励乡镇干部利用"乡土性"社会关系并结合公职身份来争取公共利益。从这个角度看，"乡土性"社会关系的公共运用现象在特定阶段和特定事务上对于组织具有一定的积极作用。正如社会学者克罗泽所说，"乡土性"社会关系的存在一方面阻止了社会的封锁，另一方面帮助其以灵活的方式运转。② 也就是说，"乡土性"社会关系和"官僚性"公共关系的融合具有两面性。

这种异质关系的融合现象可以被视为官僚体制在乡土社会中的适应性表现，淡化了正式规则和干部实际行动之间的矛盾冲突。乡镇干部可能以他们熟悉的方式，秉持他们习惯的价值，运用他们已有的"乡土性"社会关系，来交换酬劳、权力、关系资源、责任和义务，并将其用于处理公共事务。这也是潜规则得以在乡镇干部互动中盛行的内在逻辑。同时，这也在客观上低成本地解决了乡镇政府对新价值新角色的吸纳困难以及对新价值新规范的忠诚问题。

---

① 李璐璐、李汉林：《中国的单位组织：资源、权利与交换》，浙江人民出版社 2000 年版，第 2—3 页。

② Michel Crozier, *The Bureaucratic Phenomenon*, Chicago, 1964.

第七章 乡镇干部行动的规制之道

本研究的最终归宿是在分析乡镇干部行动的基础上，尝试从制度视角思考乡镇干部的规制之道，即如何规制乡镇干部行动的问题。本研究已经证明了制度（即"正式规则"）之于行动的意义，正如一些制度主义者所言，"制度的关键功能是增进秩序。"① 因此，通过新制度的建构能够对与此制度相关的行动起到调适作用，这也是讨论规制之道的逻辑基础。制度是如此错综复杂，因而不可能面面俱到，我们仅从制度环境、县乡关系以及权力边界三个角度入手，并结合乡村振兴战略、县乡财政体制改革和乡镇权力清单制度等改革措施予以讨论。

第一节 再造乡土，制度环境的重构

将乡镇干部置于乡土社会中进行观察和思考是本研究的基本观点。第三章分析了乡土文化转型并从社会授权角度阐释了农民非制度化政治参与，为分析乡镇组织中的非正式规则及乡镇干部的策略行动提供了基础，亦能从中一窥乡土社会之于乡镇干部行动的影响力。新世纪以来，我们清晰地看到中央有意识并且持续性地"再造乡土"行动，客观上为重构规制乡镇干部行动的制度环境创造了条件。

一 从新农村建设到乡村振兴的战略升级

2002 年 10 月党的十六大作出了"全面繁荣农村经济，加快城镇化进程"的部署，并明确指出"建设现代农业，发展农村经济，增加农民收入，是全面建设小康社会的重大任务。"自 2003 年开始，在全国范围内推进农村税费改革。2005 年 10 月，党的十六届五中全会通过的《中共中央

---

① [美]柯武刚等：《制度经济学》，韩朝华译，商务印书馆 2002 年版，第 33 页。

关于制定国民经济和社会发展第十一个五年规划的建议》中指出建设社会主义新农村是我国现代化进程中的重大历史任务,并提出要按照"生产发展、生活宽裕、乡风文明、村容整洁、管理民主"的目标要求,有计划、有步骤、有重点地稳步推进社会主义新农村建设。至此,社会主义新农村建设成为此后指导我国农村建设和农业发展的主导性战略。

十几年新农村建设取得了巨大成就,但也遇到了一些新环境、新问题。特别是近年来,随着中国特色社会主义进入新时代,社会主义初级阶段主要矛盾悄然转变为"人民日益增长的美好生活需要和不平衡不充分的发展之间的矛盾"的历史新阶段,对涉及广大农民根本利益的三农战略做出适当调整就成为必然。于是,2017 年党的十九大明确提出"实施乡村振兴战略",要求"按照产业兴旺、生态宜居、乡风文明、治理有效、生活富裕的总要求,建立健全城乡融合发展体制机制和政策体系,加快推进农业农村现代化。"乡村振兴战略是对新农村建设的战略升级,这一"升级"主要体现在战略要求的变化上,即从"生产发展、生活宽裕、乡风文明、村容整洁、管理民主"到"产业兴旺、生态宜居、乡风文明、治理有效、生活富裕"的变化,具体体现在:

一是从"生产发展"到"产业兴旺",显示了农村经济发展方式的升级。2000 年初在新农村建设提出之前,农村经济面临的主要矛盾依然是供给不足的问题。因此,当时农村经济的着眼点是作为第一产业的农业,发展重心仍然是在提高农产品供给水平上。但是经过十几年发展,特别是十八大以来,农村经济总体水平和结构都有了显著变化,农村经济面临的主要矛盾已经转变为结构性矛盾,即:农产品供需以及农村三次产业之间的结构性失衡。一方面,过去以农产品初加工为主的农业生产方式难以满足市场对高层次高品质农产品的需求,也无法更好地促进农民增收。另一方面,三次产业的失衡使得农民难以就近实现非农就业,导致农村劳动力外流,乡村"空心化"[①] 现象恶化,乡村发展的内生性动力不足。因此"产业兴旺"不仅要求农业升级,还要求振兴非农产业,引导农业向二三产业延伸,促进三次产业的融合发展。

二是从"生活宽裕"到"生活富裕",显示了农民经济生活愿景的升级。提高农民经济生活水平一直是"三农问题"的根本落脚点。早在 1979 年 12 月,邓小平就曾向来访的日本首相大平正芳描述了中国现代化

---

① 林孟清:《推动乡村建设运动:治理农村空心化的正确选择》,《中国特色社会主义研究》2010 年第 5 期。

所要达到的目标是"小康之家"①，即"国民生产总值人均达到八百美元，就是到本世纪末在中国建立一个小康社会。这个小康社会，叫做中国式的现代化。"② 但是，这一小康社会目标还是低水平、不全面、不平衡的小康。在此基础上，党的十六大又提出"全面小康社会"的建设目标，即"当人类社会跨入二十一世纪的时候，我国进入全面建设小康社会、加快推进社会主义现代化的新的发展阶段"，明确了"要在本世纪头二十年，集中力量，全面建设惠及十几亿人口的更高水平的小康社会"的新的奋斗目标。在这一宏观政策背景下，数亿农民在21世纪初基本实现了从温饱到小康的跨越，比如恩格尔系数基本上处于联合国划分的40%—50%的小康标准范围内。此外，在新农村建设提出之前，农村贫困人口数仍有28662万，占当时农村人口总量的30.2%。农民的社会保障体系尚未建立，医疗和教育资源也相对匮乏。因此，在此背景下将农民的经济生活愿景定位于"生活宽裕"是客观和理性的。经过十几年发展，到2017年农村的经济社会面貌已经发生巨变，如农民的工资性收入绝对额超过家庭经营性收入③。2016年农村居民的恩格尔系数下降到32.2%，即将跨越联合国划分的30%—40%的相对富裕标准，进入20%~30%的富足标准。另外在养老、医疗、教育、低保等方面的制度不断完善，农民生活质量大幅提升。更值得关注的是，从2013年开始，中央大力推进"精准扶贫"战略。国家统计局2018年2月1日发布的数据显示：2017年末农村贫困人口减少到3046万人，贫困发生率下降到3.1%。2020年全面脱贫的目标即将实现。因此，将农民的经济生活愿景从"宽裕"调整到"富裕"是符合客观实际的。

三是从"村容整洁"到"生态宜居"，显示了对乡村环境系统认知的升级。"村容整洁"潜在地将农民的生活环境限定在"村庄"这一有限的地理空间之内，其治理着力点放在村庄内的道路硬化、村庄垃圾处理、住房升级等较低层面上。这种较低层次的目标设定是与当时农业和农村的实际情况紧密相连的。在新农村建设提出之时，农业仍然处于以增量增产为

---

① 《邓小平文选》第2卷，第237页。
② 《邓小平文选》第3卷，第541页。
③ 2017年，在农民人均可支配收入构成中，工资性收入占比已提高到40.9%，比2013年提高了2.2个百分点；而家庭经营净收入占比下降到37.4%，比2013年下降了4.3个百分点。参见魏后凯《对实现高质量发展的几点建议》[EB/OL]. www.yangtze.org.cn/databases/expert_ insights/view/2166。

导向的发展阶段，农业和农村底子相对薄弱，农业税尚未取消，农民负担还比较沉重。在这种背景下，"村容整洁"的目标是符合农村发展客观实际的，而且这一目标也有利于将有限的资源集中在乡村道路等亟需的基础设施建设上。经过十几年的发展，农业已经由以增量为主导转变为增质、增值为主导，农业税的取消以及外出务工规模的扩大使得农民收入有了明显增加。此外，随着可持续发展、和谐社会、生态文明等观念的深入人心，将乡村的生态环境治理纳入到国家生态治理战略成为必然。因此，"生态宜居"目标的提出，本质上是用生态系统的观念来审视乡村环境，倡导人与自然的和谐共生，这是符合当前实际和未来三农发展需要的。

　　四是从"管理民主"到"治理有效"，显示了乡村治理模式的升级。改革开放之前，国家通过庞大的人民公社体制，"以前所未有的规模和深度直接深入乡村社会的各个角落"①，通过政治和行政的手段汲取乡村资源以支持工业化建设。在这一过程中，也几乎消灭了传统乡村社会的自治能力。改革开放以后，随着家庭联产承包责任制的推广以及人民公社政治体制的瓦解，乡镇体制得以重建，但在最初的几年这一体制很难实现对乡村社会的有效治理，乡村曾出现短暂的治理失序。直到1982年将"村民委员会是农村基层群众性自治组织"写进《宪法》②，并于1988年6月1日实施《村民委员会组织法》，乡村治理模式才从"政社合一"过渡到"乡政村治"。村委会制度的设计初衷是实现村民自治，本质上是基层民主政治制度的重要组成部分，但在实际制度运行过程中，以乡镇政府为主体的政治力量仍然处于主导控制地位。一方面，自建国以来，乡村自治能力早已被弱化；另一方面，在村委会制度框架下，乡镇政府依然能通过控制村支部书记的人选以及在财务、村级事务等领域的监督和指导，实际上握有乡村治理权，村委会制度被弱化和虚置了，且这一现象至今仍未能有根本性改变。"管理民主"这一要求强调了在村委会制度中应当鼓励民众的参与，真正发挥农民的自治权利。然而这一思路在理念上仍然是"管理"。而"治理有效"的要求是在新的乡村社会结构以及实现国家治理体系和治理能力现代化的大背景下提出的，其逻辑起点是承认多元主体在乡

---

① [美]费正清：《剑桥中华人民共和国史》，章建刚译，上海人民出版社1990年版，第72页。
② 1980年广西河池地区的宜山县等地，部分村民自发召开村民会议并选举产生村民委员会，自行协商制定了村规民约，负责全村的公共事务。这一做法得到中央领导的高度重视和充分肯定，村民委员会这一草根经验总结推广后被写进1982年宪法。

村治理中的平等性，外在表现为十九大强调的"党委领导、政府负责、社会协同、公众参与、法治保障的现代乡村社会治理体制"，并且"坚持自治、法治、德治相结合"。这一要求将推动乡镇干部转变"以管理者自居"的观念，在法治框架下以平等姿态处理好同其他多元治理主体之间的关系。

五是"乡风文明"内涵的丰富，显示乡村文化结构的升级。尽管"乡风文明"这一要求在字面上并无变化，但在内涵上却更加丰富了。2006年发布的《中共中央国务院关于推进社会主义新农村建设的若干意见》中，并没有对"乡风文明"做出明确解释，而只是较为模糊地指出要"引导农民崇尚科学，抵制迷信，移风易俗，破除陋习，树立先进的思想观念和良好的道德风尚，提倡科学健康的生活方式，在农村形成文明向上的社会风貌。"而在2018年发布的《中共中央国务院关于实施乡村振兴战略的意见》中，明确将"乡风文明"定位为乡村振兴的保障，并用较大篇幅从农村思想道德建设、农村优秀传统文化、农村公共文化建设和移风易俗四个方面进行了详细阐释。较之新农村建设中的"乡风文明"在内涵上有了极大丰富，而且更加突出了农村优秀传统文化时代内涵的新认识。

二 乡村振兴战略下乡镇干部行动的转向

乡村振兴战略的提出标志着我国已经步入"三农"新时代，作为"乡土再造"关键性战略设计，乡村振兴涉及的"面"是极其广泛的，包括乡村场域中的经济发展、文化建设、生态环境、治理模式等多个层面。与此相适应，乡镇政府职能必然也要进行相应调整，而乡镇政府职能的转变又会对乡镇干部行动提出新的要求。也就是说"乡村振兴战略—乡镇政府职能转变—乡镇干部行动转向"构成一个连锁关系。从这个角度看，乡村振兴战略实际上为规制乡镇干部行动提供了一个方向。

首先，在行动方式上要实现从"领导"向"引导"的转变。改革开放四十年来，我国社会权力结构已经悄然改变。在改革开放之初，市场经济体制尚未建立之时，政府在社会权力格局中占据主导地位。1990年代中后期以来，随着政治经济和社会体制改革的不断深入，尽管"大政府、小社会、弱市场"的权力格局开始逐步被打破，但在大部分的乡镇干部身上仍然残留了"大政府"时代所形成的权力惯性和行动惯性，乡镇干部在与农民、村干部、企业或者社会组织打交道过程中，始终流露出一种"权力的傲慢"，以"领导者"、"管理者"自居。在这种权力意识下，乡镇干部仍然试图通过行政的或政治的方式介入乡村治理。而乡村治理战略则明确要求发挥多元主体在乡村治理中的作用，并且强调要凸显农民的主体性地位，在治理方式上也要综合运用自治、德治、法治等多种手段。这就要求乡镇干部应主动放低"身段"，将行动领域定位在：规则制定、过程监督、思想引导、政策宣传、培育自治力量、保护农民权益等方面。

其次，在行动价值取向上实现从"为官"向"为民"的转变。如前文所述，在"压力型体制"下，乡镇干部的行动往往是期望通过更快更好地完成压力型体制下的种种指标，从而在横向"政治锦标赛"中占据有利位置，并最终实现"政治晋升"。也就是说，其行动价值指向是"官"而非"民"，尽管指标的完成在客观上起到了"为民"的效果，但在"为官"价值导向下，又常常会引发各种权力的"非正式运作"行动而损害农民利益。乡村振兴战略的提出以及一系列后续政策的推进，能够为干部转变行动价值取向创造必要的社会和制度环境，在此基础上要结合乡村振兴战略的具体实施要求，明确乡镇政府在乡村振兴战略中的角色定位，完善干部绩效考核制度并在这些制度设计中充分体现农民的主体地位。

那么，乡镇干部在乡村振兴战略中应当如何行动才能体现农民的主体地位呢？这涉及到乡村振兴战略中乡镇干部行动方向的问题。在学术界有关乡村振兴的讨论中，贺雪峰抛出了"谁的乡村建设"之问，他首先对当代乡村进行了类型学的分析，并认为政府真正需要重视的是占大多数的"保底的乡村建设"[1]。本书赞同贺雪峰的观点，应当首先搞清楚主体是谁，再谈主体性的问题。乡村振兴战略最紧要的问题是要为"占中国农民绝大多数的普通农村的普通农民，提供基本生产生活秩序的保底，从而让中国农村成为中国现代化的稳定器与蓄水池。"[2] 为此，对于乡村振兴战略实施过程中的大部分乡镇干部而言，最紧要的是利用现有资源，在充分发挥土地集体所有制和村社组织制度优势的前提下，为农民提供最基本的基础设施、生活保障和乡村秩序。要在这个过程中通过制度设计有效回应农民需求偏好，其中一个重要的做法是利用和培育乡村社会既有的社会

---

[1] 贺雪峰分析了当前差异极大的"四种乡村建设类型"，分别是为农民在农村生产生活保底的乡村建设；由地方政府打造的新农村建设示范点；满足城市中产阶级梦呓的乡村建设；借城市中产阶级梦呓来赚钱的乡村建设。参见贺雪峰《谁的乡村建设——乡村振兴战略的实施前提》，《探索与争鸣》2017 第 12 期。

[2] 贺雪峰：《谁的乡村建设——乡村振兴战略的实施前提》，《探索与争鸣》2017 第 12 期。

资本，如宗族、长老、乡村精英等，探索符合中国乡村实际的自治之路。正如本书在前面所作的分析：乡村本质上是熟人社会，这与城市的陌生人社会属性是完全不同的，其对应的治理模式也应有所区别。因此，乡村振兴战略突出强调自治这一治理方式，实际上是对20世纪80年代所开展的基层民主治理思路的理性反思和转变。

总之，乡村振兴的意义是多重的和战略性的，一个基本判断是：乡村振兴战略能够为有效规制乡镇干部行动创造新的制度环境。而且，通过乡村振兴战略的推进，乡镇干部行动的方式、内容和价值取向都会得到调适。当然，这将是一个长期而又潜移默化的过程。

第二节　重塑关系，县乡关系再思考

"压力型"体制对乡镇干部行动的影响是巨大的。在这一体制下，县之于乡处于支配性地位，有学者甚至将乡镇视为县政府的派出机构[1]。这种支配性地位突出地表现为县政府在权力和资源配置方面的主导性作用，这是"县乡府际关系的真谛和本质所在"[2]。在县乡政府间围绕权力和资源的互动博弈中，县乡关系被扭曲和异化，乡镇干部不得不在压力型体制的"夹缝"中寻求"生存之道"。因此，从根本上规制乡镇干部行动需要重塑县乡关系，实现"压力型体制"向"协作型体制"的转变。

一　县乡关系异化的制度症结

本书曾在第三章从国家授权角度呈现了县乡间"压力型体制"的表现，在此将从制度设计角度进一步阐释县乡关系异化的症结。

一是责权划分的匹配性矛盾。县级政府一般设有30多个职能部门，各部门之间都有较明确的分工。相比之下，乡镇政府职能部门的设置则显得较为简化，通常只有5—7个部门[3]。大量行政事务到了县政府就开始沉积，而作为县级政府下级机关的乡镇政府，则要面临比县级政府更繁

---

[1]　徐勇：《变乡级政府为派出机构》，《决策咨询》2003年第5期。
[2]　谢庆奎：《中国政府的府际关系研究》，《北京大学学报》（哲学社会科学版）2000年第1期。
[3]　常见的部门有党政办公室、经济办公室、财政工作办公室、农业发展办公室、社会事务管理办公室、村镇建设办公室、综合治理办公室等等。

重、琐碎的工作任务，但却没有像县级政府一样完备的部门设置。这种简化的部门设置，导致部门职能的宽泛化、模糊化。根据《地方组织法》规定，乡镇政府拥有 7 项基本职权。但实际运作中，由于上级政府向乡镇"甩包袱"，将事务、责任不断下压，导致乡镇政府权小责大，部门职权错位的现象也屡屡发生。另一个突出表现是县乡财权事权失衡。农村税费改革之后，一方面，县级政府上收财政权力，下放事权；另一方面乡镇政府丧失财政自主权，承接大量事权，县乡间权责分配失衡①。虽然乡镇勉强承接了上级下放的大量事权，但是没有相应的财政资源作为支撑，乡镇工作的开展愈发步履维艰。以农村公共物品供给为例，据某乡镇统计数据显示，在"修路"这一项公共物品供给中，县及县以上财政所占投资比重为 15.5%，乡镇财政投资比重为 33.9%，乡镇在公共物品供给方面的财政压力要远远大于县一层级②。乡财县管的县乡财政体制下，乡镇虽然名为农村公共物品供给主体，但却无法提供良好的公共服务。在一些财政困难乡镇，公共服务建设甚至陷于停滞，财权与事权的不平衡已经影响到了基层的有效治理。

二是问责体系的向度性矛盾。在现行行政问责体制下，乡镇干部受到县政府的单向问责，县政府通过考核乡镇干部绩效，实际上掌握了乡镇主要领导干部的任免权。在绩效考核中，严格的目标考评、过度的任务分解、严苛的一票否决指标往往使乡镇政府干部面临巨大压力。一方面，县政府对乡镇干部追责、增压，另一方面，乡镇干部却没有法定的执法权、处置权。单向问责与绩效考核的制度设计直观反映出了乡镇干部在行政系统中的被支配地位。

三是条块分割的结构性矛盾。在职责同构的县乡模式下，县政府为了便于对乡镇的控制与管理，在乡镇设立了与其上下对口的站所机构。但那些部门权力利益较集中的站所机构，如财政、工商、税务、公安等往往由上级进行垂直管理、直接控制。而诸如文化、广播、农技等无利可图的站所则由乡镇政府负责管理。这样的条块分割状况加剧了县乡间权力结构的失衡。此外，部分站所虽然由上级政府垂直管理，但是与垂直站所工作相关的责任却没有垂直上收，仍由乡镇政府负责，加剧了乡镇干部权小责大

---

① 薛金礼、付海静：《论乡镇政府职能转变需要的外部因素》，《黑河学刊》2013 年第 10 期。
② 樊宝洪等：《基于乡镇财政视角的农村公共产品供给状况及分布特征——以 1998—2005 年江苏省 4 市 1 区 11 镇为例》，《江苏社会科学》2006 年第 6 期。

的现状。

二 从"压力型体制"到"协作型体制"

"压力型体制"是导致乡镇干部行动异化的重要制度性因素。应当将县政府通过自上而下单向分解任务的"压力型体制"转变为通过合理分配职权以协作精神实现公共目标的"协作型体制"。那么如何实现从"压力型体制"向"协作型体制"的转变呢？接下来，将从"乡财县管"这一关键性制度改革进行阐释。

"压力型体制"之所以能够给次级政府造成"压力"，根本原因是"财权"与"事权"的不对等。1993年的分税制改革，通过税种的划分模糊地界定了中央与地方政府间的财政关系，但地方政府间的财政关系却没有法律层面的明确界定，特别是到了基层，当社会管理和治理的复杂程度大幅增加时，县级政府似乎成了一个"捂着钱袋子的甩手掌柜"，一方面给予乡镇财政非常有限的支持，另一方面又将大量的基层治理任务通过设定指标的方式下压给乡镇政府。据统计，1998年以来，中国乡镇债务以每年至少200亿元的速度快速递增，有学者认为已经超过了1万亿元。全国80%以上的乡镇都有负债，中西部的一些农业大省情况更加严峻。乡镇不良债务比例高达50%以上，逾期未还债务占债务总额的70%左右。一些债务拖欠长达十多年之久，多数乡镇根本无力偿还[1]。在这种情况下，乡镇干部自然会绞尽脑汁"想办法"。为此，一些学者主张，应当在严格界定县乡事权的基础上，根据事权明确划分财权[2]。但实际上，这种想法过于理想化，因为乡镇政权现有的治理能力与基层事务的高度复杂性是不相匹配的，即便是给予乡镇政府相应的财权，有些职责也很难做好。因此，这就需要有一个过渡期，通过加强和完善县级政府对乡镇政府财政的管理，以实现规范乡镇政府及其干部行动的目的。为此，《国务院批转财政部关于完善省以下财政管理体制有关问题意见的通知》，明确提出，"要进一步加强对乡财政的管理、约束乡政府行为"，"对经济欠发达、财政收入规模较小的乡，其财政支出可由县财政统筹安排，以保障其合理的财政支出需要"。此后开始在乡镇一级政府中试点推行"乡财县管"改

---

[1] 乡镇政府还债尴尬：《债务规模近万亿财权基本丧失》，《中国产经新闻报》2011年11月16日。

[2] 郁建兴、黄彪：《乡镇政府的职能界定与责任承担——基于浙江省三门县小雄镇的个案分析》，《中共宁波市委党校学报》2013年第5期。

革。在此基础上，2006年财政部又下发了《关于进一步推进乡财县管工作的通知》（财预发［2006］402号），对"乡财县管"工作做出进一步规范并要求2008年底全面实行"乡财县管"。截至2011年底，全国共有27个省份对1080个县实行了财政直接管理，2.93万个乡镇实行了乡财县管，约占全国乡镇总数的86.1%[1]。

作为基层政府的重要改革举措，"乡财县管"旨在通过县级财政部门直接管理和监督乡镇财政收支，规范乡镇财政收支行为，最终改善基层治理。在实践层面上，"乡财县管"的模式并不统一，例如在安徽、黑龙江、陕西等省，乡镇财政预算的编制、执行由县乡共同管理，取消乡镇金库和乡镇财政总预算会计岗位。县财政国库管理机构设乡镇财政总预算会计岗位，代理乡镇财政总预算会计业务。同时，乡镇各预算单位的财务管理仍由乡镇会计核算中心进行集中核算。另有一些地方更为"彻底"，直接取消了乡镇财政、乡镇金库、所有银行账户以及所有会计岗位，乡镇为县财政的一个预算单位，其财政、财务由县财政直接管理和核算，乡镇设一名财会联络员和报账员，实行报账制管理。还有些乡镇政府的财政仍由乡镇财政所管理和核算，乡镇各预算单位的财务管理由县级会计核算，实行报账管理制[2]。尽管在实践模式上有所差异，但是"一级政府、一级财政"的传统财政配置原则已经被打破了，乡镇政府仅仅保留了一级财政的"外壳"，其财权已基本被上收。经过几年改革，的确在某种程度上破解了乡镇债务治理难题，产生了显著的经济蜕变效应[3]。但是从干部行动规制的角度来看，仅仅满足于解决乡镇债务治理是不够的，还应该在此基础上，通过进一步优化"乡财县管"的制度设计，实现县乡两级政府在基层公共产品和公共服务供给中的"协作"，客观上促使乡镇干部公共性的回归。但是，目前"乡财县管"的制度设计在解决乡镇政府债务治理危机的同时，又导致乡镇政府自主性和灵活性的蜕化，这与现代化治理体系强调权力下沉的治理结构是相悖的。那么，如何破解这一制度悖论呢？

首先，"乡财县管"要同"权力清单制度改革"紧密结合起来。当我们用"权随事走、财由事定"原则打破"一级政府、一级财政"原则的

---

[1] 财政部：2012年县级基本财力保障机制奖补资金超千亿元［EB/OL］.人民网，2012年5月18日，http://politics.people.com.cn/GB/70731/17929211.html.

[2] 姜定军：《"乡财县管"利弊分析及改进建议》，《地方财政研究》2005年第5期。

[3] 杨发祥、马流辉：《"乡财县管"：制度设计与体制悖论——一个财政社会学的分析视角》，《学习与实践》2012年第8期。

时候，如果没有弄清并明确县乡两级的事权分工，就无法合理地编制预算。否则，"乡财县管"就成了乡镇政府将支出责任、收支矛盾以及财政债务风险向县级政府转移的"顺风车"。其次，在清单制定以及预算编制过程中，要注重协商机制的设计和信息沟通，这也是"协作型体制"的核心体现。例如，在预算过程中，不能仅仅停留在乡镇政府提出申请、县级财政部门审核的层面上，要构建协商机制，让县乡两级政府真正坐下来围绕基层治理需要展开充分讨论。第三，财政制度的政治属性是不容忽视的。葛德雪认为："政府费用的数额和构成，以及税资的分配，并不是由市场规律决定的；在结构上它是由阶级之间、群体之间的社会冲突和经济冲突决定的。"① 一方面，县乡两级政府干部要站在政治的高度认识"乡财县管"的制度设计，树立正确的"权力观"，从思想观念上摒弃过去人治思想，真正将财政权力纳入合法的政治框架；另一方面，通过落实和强化基层人大权力，使得老百姓真正在预算制定、预算过程监督等方面充分行使权力，这是有效规制乡镇干部行动的根本。

总之，县乡关系是极为复杂的府际关系，不可能通过单一改革得以理顺，但却可以以财政改革为抓手，通过调整财政关系推动"压力型体制"转向"协作型体制"。

第三节　限定边界，将权力关进笼子

实施乡村振兴战略以及重塑县乡关系，能够为规制乡镇干部行动创造良好的外部环境。在此基础上，基于乡镇工作复杂性、基础性和群众性的特征，还应当通过制度手段明确乡镇干部"可以做什么"以及"怎么做"并及时有效地传递给公众，接受公众监督，真正将权力关进笼子。

一　从党务公开到政务公开

2015 年 2 月 2 日，习近平在省部级主要领导干部学习贯彻十八届四中全会精神全面推进依法治国专题研讨班上强调，"全面依法治国必须抓住领导干部这个'关键少数'"。因此，规范乡镇政府中党员干部是实现有效规制乡镇干部行动的关键。2004 年 2 月发布的《中国共产党党内监

---

① 杨之刚、张斌：《中国基层财政体制改革中的政府级次问题》，《财贸经济》2006 年第 3 期。

督条例（试行）》中规定"地方各级党的委员会全体会议作出的决议、决定，一般应当向下属党组织和党员通报，根据实际情况，以适当方式向社会公开。"紧接着，中共中央 2005 年 1 月印发的《建立健全教育、制度、监督并重的惩治和预防腐败体系实施纲要》中也明确提出，"建立和完善党内情况通报、情况反映、重大决策征求意见等制度，逐步推进党务公开。"这一规定迅速在实践层面得到回应，一是自上而下地逐步推进新闻发言人制度。2005 年至今，中央各部委如中宣部、中组部、中纪委、统战部等不断完善新闻发言人制度，各地方党委也在积极推动。二是县委权力公开透明运行制度。如 2010 年 11 月印发了《关于开展县委权力公开透明运行试点工作的意见》，明确提出"要按照党内有关法规文件，明确划分县党代会、县委全委会、常委会及其成员，县委各职能部门的职责和权限，编制职权目录，尤其要加强对县委书记职权的规范。"并且中组部、中纪委在河北省成安县、江苏省睢宁县和四川省成都市武侯区三地进行"县委权力公开透明运行"的试点。尽管上述两项制度设计目前尚未涉及到乡镇一级政府，但却为乡镇政府的制度建构创造了环境和提供了经验。

相对于党务公开而言，政务公开所涉及的面更广，迫切性和重要性更大。乡镇政府是政务公开的排头兵，2000 年 12 月，中办国办联合发布了《关于在全国乡镇政权机关全面推行政务公开制度的通知》，对乡镇政府推行政务公开的基本原则和基本要求加以明确，并将政务公开制度作为全国乡镇政权机关和派驻乡镇机构的基本制度设计。2004 年国务院印发的《全面推进依法行政实施纲要》中也明确要求"行政机关实施行政管理，除涉及国家秘密和依法受到保护的商业秘密、个人隐私的外，应当公开，注意听取公民、法人和其他组织的意见。推进政府信息公开，除涉及国家秘密和依法受到保护的商业秘密、个人隐私的事项外，行政机关应当公开政府信息。除依法应当保密的外，决策事项、依据和结果要公开，公众有权查阅。"2005 年《中共中央办公厅、国务院办公厅关于进一步推进政务公开的意见》中也明确指出"要严格按照法律法规和有关政策规定，对各类行政管理和公共服务事项，除涉及国家秘密和依法受到保护的商业秘密、个人隐私之外，都要如实公开"。2008 年实施的《中华人民共和国政府信息公开条例》界定了政府信息公开的范围包括"涉及公民、法人或者其他组织切身利益的；需要社会公众广泛知晓或者参与的；反映本行政机关机构设置、职能、办事程序等情况的，其他依照法律、法规和国家有关规定应当主动公开的。"该条例还对各级政府重点公开的政府信息类别进行了列举，对公开方式和程序、监督和保障进行了规定。2011 年 8 月，中办国办联合印发的《关于深化政务公开加强政务服务的意见》中明确要求"创新政务公开方式方法，推行行政决策公开，推行行政权力公开透明运行，加大行政审批公开力度，深入实施政府信息公开条例，着力深化基层政务公开，加强行政机关内部实务公开。"

"信息本身意味着权力"①，党务公开和政务公开的本质是通过制度化手段，要求基层干部把"做了什么"的信息公诸于众，以接受公众监督。尽管党务政务公开的实践已经开展了很多年，但存在的问题依然不少。一是存在"选择性公开"现象。由于相关文件对党务政务公开内容的规定较为宽泛，乡镇干部往往会选择仅公开一些法规、政策或者计划、实施方案等内容，却较少公开涉及干部考核监督、决策过程或有关重大事项、关键问题的信息。乡镇干部避重就轻，使公开制度成了"挡箭牌"、"护身符"。二是公开程序不完整。党务政务公开应该是一个涉及事前、事中和事后环节的连续性行动过程。但在实践过程中乡镇干部往往忽略事前和事中环节，且在事后的信息公开中，也仅仅是一种自上而下的单向行动，缺乏与民众的互动。民众无反馈，干部亦无回应。另外，还存在公开形式过于简单、公开时间较为滞后等问题。这些问题的存在，严重影响了党务政务公开制度对于规制乡镇干部行动的力度。

上述两项制度仍存在较大的优化空间，未来制度优化的重点应该放在：一是公民参与机制。对于重大民生事项，应当在事前进行有效宣传，拓展意见搜集渠道，积极回应群众诉求。在事中环节设置公民监督平台，将乡镇干部的行动过程置于公民监督之下。在事后环节优化反馈渠道，以便对乡镇干部行动做出改进。二是设置"党务政务公开清单"。根据党务政务公开的相关文件，将应该公开的事项具体化，特别是对于当前与经济社会发展和关涉民生的重点难点问题要列出详细的公开内容，充分利用手机短信、微信、网站以及宣传栏等多种信息平台及时宣传和公开。同时，还要根据基层工作实际，把村（居）务公开、厂务公开等结合起来进行统筹安排。当然，更为重要的是，上述这些制度的推行应当纳入乡镇干部考核，将考核结果作为干部评先、评优、提拔的重要依据，并进一步完善

---

① Ann Florini, *The Right to Know: Transparency for an Open World*, New York: Columbia University Press, 2007.

责任追究制度。

二 推进权力清单制度改革

党务公开和政务公开是目前乡镇干部行动规制的主体制度设计。从本质上看,党务公开和政务公开的制度设计都是侧重于通过信息化手段将政府及其干部"做了什么"和"怎么做"告知民众,以实现规制的目的。但是,这种制度设计并不能从根本上解决政府职责不清、增权设租等问题。因此,清晰界定乡镇政府权责边界,搞清楚政府"可以做什么"的问题就显得尤为重要,目前正在推进的政府权力清单制度改革正是这方面的有益尝试。本部分将结合笔者在安徽省繁昌县所做的调研进行分析。

权力清单制度是党的十八届三中全会上提出的①,是指在对政府所行使的公共权力进行全面梳理基础上,依法界定每个部门、每个岗位的职责与权限,然后将职权目录、实施主体、相关法律依据、具体办理流程等以清单方式进行列举和图解,并公之于众。也就是说,要通过制度化的方式告诉公民政府"可以做什么",做到"清单以外无职权"。权力清单制度改革的推进力度之大、速度之快在改革开放以来行政体制改革中是较为罕见的。按照中共中央办公厅、国务院办公厅印发的《关于推行地方各级政府工作部门权力清单制度的指导意见》要求,2015年年底市县两级政府也要基本完成政府工作部门、依法承担行政职能的事业单位权力清单的公布工作。乡镇政府推行权力清单制度工作由各省(自治区、直辖市)结合实际研究确定②。

在权力清单制度改革前,有关乡镇职权的具体规定散见于多个法律和地方性法规规章中,分散而繁多,公众甚至乡镇干部都不清楚乡镇政府到底有哪些职权。再加上压力型体制下乡镇政府的弱势地位,在实际权力运行过程中,有些职权往往会被扭曲甚至变更,使得乡镇政府职权成了一笔"糊涂账"。因此,权力清单制度改革

---

① 十八届三中全会中明确提出"推行地方各级政府及其工作部门权力清单制度,依法公开权力运行流程。"随后,在十八届四中全会通过的《中共中央关于全面推进依法治国若干重大问题的决定》也指出"推行政府权力清单制度,坚决消除权力设租寻租空间"是实现全面履行政府职能的重要措施,也是加快建设法治政府的重要内容。

② 关于推行地方各级政府工作部门权力清单制度的指导意见,[EB/OL]. http://politics.people.com.cn/n/2015/0325/c1001-26744385.html。

的第一步便是"清权",一般是按照"谁行使、谁清理"的原则,根据相关法律法规规章等规范性文件,梳理行政权力事项,逐条分类登记,并以清单方式列举出来。使乡镇政府的职权范围明晰化,这是从根本上规制乡镇干部行动的前提。值得注意的是,"清权"过程本身也是乡镇权力资源重置的过程。以安徽省为例,省政府于2014年9月发布了《安徽省人民政府关于推行省级行政权力清单制度的通知》,提出要"根据大幅度减少政府对微观事务管理的要求,重点在行政权力取消、冻结、下放上下功夫。按照"能减则减、能放则放"的原则,取消没有法定依据的行政权力事项,冻结虽有法定依据、但明显不符合全面深化改革要求和经济社会发展需要的行政权力事项。"① 这一规定显然是对层级政府间权力关系的重置,其最终目的是使得乡镇政府在职权范围、职能重心、责权配置、流程设计等方面得以优化调整。

各地在推进权力清单制度改革中,趋向于推行权力、责任双清单,重视追踪清单内权力事项的运行状况,强调权责对等。《安徽省人民政府关于推行省级行政权力清单制度的通知》中就规定"按照权责一致、有权必有责的要求,根据不同类别行政权力的职责定位和工作任务,落实责任主体,规范职责权限,明确相应责任。"② 随后公布了省级行政权力清单目录和县乡政府部门参照目录,还根据通知要求制定了权责清单。权责清单中的每一个具体权力事项被分解为权力事项、责任事项、追责情形(如表7-1)。为优化权力运行流程,县乡政府在制定权力清单的同时,制定了权力流程图,使权力运行过程一目了然,便于追责与监督;设置了廉政风险点,风险点的设置都对应清单内容,根据每一项权力事项设计风险等级,强化监督。此外,每一项权力事项都可根据权力清单受到相应追责与监督,以防止权力滥用。每一个权力事项的运行也都落实了责任主体。从制度设计的角度看,能够对乡镇干部行动产生较好的规制作用。

---

① 安徽省人民政府关于推行省级行政权力清单制度的通知.[EB/OL]. http://www.ah.gov.cn/1/2014/9/10/8557462349049.html。
② 安徽省人民政府关于推行省级行政权力清单制度的通知.[EB/OL]. http://www.ah.gov.cn/1/2014/9/10/8557462349049.html。

第七章 乡镇干部行动的规制之道

表 7–1　　　　繁昌县镇级政府权力清单和责任清单（部分）①

序号	类别	事项	实施依据	责任事项	追责情形
13	行政给付	种苗造林补助费的给付（受委托）	《退耕还林条例》（国务院令第367号）第四十二条：种苗造林补助费应当用于种苗采购，节余部分可以用于造林补助和封育管护。退耕还林者自行采购种苗的，县级人民政府或者其委托的乡级人民政府应当在退耕还林合同生效时一次付清种苗造林补助费。第四十六条：实施退耕还林的乡（镇）、村应当建立退耕还林公示制度，将退耕还林者的退耕还林面积、造林树种、成活率以及资金和粮食补助发放等情况进行公示。	受理环节责任：受理种苗造林补助费的补助申请 审查环节责任：对申请人申请材料的真实性、完整性进行审查 决定环节责任：符合法律条件的依法作出补助决定 监管环节责任：将补贴结果及时进行公示，加强监督检查 其他法律法规规章规定应履行的责任	因不履行或不正确履行行政职责，有下列情形的，行政机关及相关工作人员应承担相应责任： 以虚报、冒领等手段骗取财政资金滞留应当下拨的财政资金违反规定扩大开支范围，提高开支标准其他违反规定使用、骗取财政资金的行为其他违反法律法规规章规定的行为
21	行政强制	对非法种植毒品原植物的制止、铲除	《中华人民共和国禁毒法》（中华人民共和国主席令第七十九号）第十九条第二款：地方各级人民政府发现非法种植毒品原植物的，应当立即采取措施予以制止、铲除。村民委员会、居民委员会发现非法种植毒品原植物的，应当及时予以制止、铲除，并向当地公安机关报告	制止环节责任：在毒品原植物种植和成熟期间加大巡查力度，一经发现立即予以劝告并制止。 强制环节责任：在劝解制止种植毒品原植物仍不听劝告的，采取强制铲除。期间向当地公安机关进行报告。 事后环节责任：在铲除毒品原植物后，加强对种植区域进行回访检查 其他法律法规规章规定应履行的责任	因不履行或不正确履行行政职责，有下列情形的，行政机关及其相关工作人员应承担相应责任： 无法定依据或者超越法定权限实施行政强制的 违反法定程序实施行政强制的 在强制过程中工作不力、玩忽职守，导致发生严重后果的 对应当依法铲除的未铲除，并且就毒品原植物种植情况不予公安机关通报的 在强制过程中发生腐败行为的 其他违反法律法规规章规定的行为

当然，目前乡镇政府层面的权力清单制度改革仍处在初始阶段。各地对权力清单制度改革的具体做法还存在一定差异。目前安徽省已经率

---

① 安徽省繁昌县镇级政府权力清单和责任清单. [EB/OL] http://www.fanchang.gov.cn/UserData/SortHtml/1/21528450995.html。

先构建了省市县乡四级联动的权力清单制度体系，乡镇一级的权力清单基本上都已公布，但这一改革是否能真正实现有效调整县乡关系的目标还有待观察。在改革推进的过程中所暴露出来的一些问题同样值得关注：

一是清单制定中的问题。目前，权力清单制度改革在省市级地方政府中已经普遍推行。安徽省作为率先公布县乡政府权力清单的省份，在制定乡镇政府权力清单过程中所出现的问题也具有一定的典型性。首先，编制时间较为仓促。安徽省省级行政权力清单的编制，历时半年，经过向政府部门、法律专家、社会征求意见等"几上几下"的复杂程序才最终梳理完成权力事项清单。而乡镇政府权力清单从编制到公布却只给1—2个月时间，增加了清单内容合理性的风险。其次，乡镇政府权力清单改革缺乏专门人才参与。在清单制定过程中缺乏了解权力清单制度改革的专门人才，特别是缺乏具有法律知识背景的人员参与，负责制定编制权力清单的人员大多是通过临时集中、高强度培训勉强上阵，对清单内容和法律属性的把握不够准确，容易出现套用上级清单内容而忽视乡镇实际的现象。

二是内容设计中的问题。自权力清单制度改革推行以来，权力清单内容设计的合理合法性一直是学界最为关注和颇具争议性的话题。在推进乡镇权力清单制度改革过程中，上级政府虽然会对清单内容进行过多次审核，按照清单改革推行总体性要求提出修改意见，但权力清单编制、制定的主动权实际是由乡镇政府自己掌握的。由于不同乡镇政府对自身权力认知的差异，使得在权力事项数量、类别等内容界定方面存在分歧。乡镇政府权力清单编制的最初环节是自行对权力事项进行梳理，有的乡镇梳理出110多项权力而有的乡镇只梳理出了30多项权力。有些乡镇政府是根据各职能部门日常实际行使的权力进行编制，有些则将一些临时委托性权力也纳入清单之中。虽然经过上级政府审核修改之后，各乡镇最终公布的权力事项数量大体上比较一致，但最初摸底阶段的较大差异仍能反映出县乡权力清单内容设计上标准不一、权力认知模糊等缺陷，这也恰恰说明了这一改革的必要性。

此外，在乡镇政府权力清单改革实践中，一个普遍做法是在清单内容里设置"其他权力"这一分类事项。设置"其他权力"，实质上是对权力清单进行兜底，那些在行政审批、行政处罚、行政征收、行政给付、行政奖励、行政强制、行政确认、行政裁决、行政规划等常规行政权力事项之外的权力就被归入其他权力。以繁阳镇公布的乡镇权力清单为例，其他权力这一类权力事项在清单中所占比例最大，高达 42.59%（图 7-1）。但是，"其他权力"的设置并不能从根本上保证清单内容的完备，从在社会公众角度考虑，如果缺乏有效监督，"其他权力"很可能又会为乡镇干部增设新权力、设租寻租等行动提供便利。

三是清单执行中的问题。在权力清单的制定过程中，不少权力被下放给了乡镇政府，但乡镇政府却无能力承接好这些权力。诚如调研中的一位乡镇干部所言："乡镇责任非常多，实际上没有多少权力，但真要将权力下放给乡镇，乡镇又不好把握。"在繁昌县公布的《繁昌县镇级政府权力清单和责任清单（征求意见稿）》中，共有 119 项权力事项，在经过两轮讨论之后，最终确定下来 108 项。去除的 11 项权力事项中（见表 7-2），有一些便是因为乡镇行政权力的限制而无法行使。例如，下表中"适龄儿童、少年因身体状况需要延缓入学或休学批准"这一项行政审批权力，由于乡镇没有相应的职能部门将这一项权力承接，它实际上是由县教育局进行操作，因此，乡镇只能将这项权力舍弃，不再纳入清单范围。可见，乡镇政府执行能力的缺陷对权力清单制度改革的实际运行产生了重要影响。

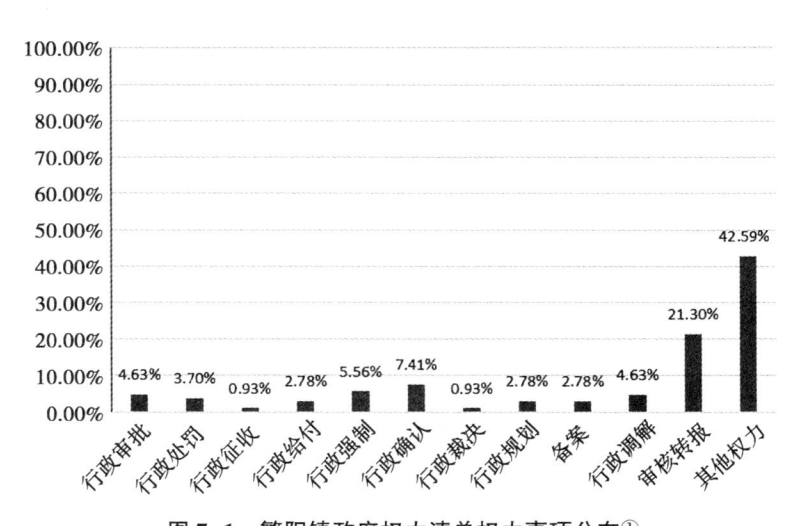

图 7-1　繁阳镇政府权力清单权力事项分布①

柱状图数据：行政审批 4.63%、行政处罚 3.70%、行政征收 0.93%、行政给付 2.78%、行政强制 5.56%、行政确认 7.41%、行政裁决 0.93%、行政规划 2.78%、备案 2.78%、行政调解 4.63%、审核转报 21.30%、其他权力 42.59%

---

① 根据繁阳镇政府权力清单和责任清单．[EB/OL] http：//www.fanchang.gov.cn/UserData/SortHtml/1/21528450995.html．

表 7-2　　繁昌县镇级政府权责清单删减的权力事项表①

序号	权力类别	权力事项名称
1	行政审批	适龄儿童、少年因身体状况需要延缓入学或休学批准
2	行政处罚	对损坏或者擅自移动有钉螺警示标志的行为的处罚
3	行政确认	农村幼儿园举办、停办登记注册
4	行政裁决	对个人之间、个人与单位之间发生林权争议处理
5	行政规划	重要地块修建详细规划编制
6	行政规划	乡、镇总体规划编制
7	行政规划	辖区内近期建设规划制定、修改
8	行政规划	控制性规划编制
9	其他权力	乡镇渡口渡船安全管理、监督检查及事故应急措施
10	其他权力	内河交通安全管理
11	其他权力	基本农田保护管理

总之，权力清单制度改革是十八大以来党和政府着力实施的重大改革举措，是新时代规制各级干部行动的重要制度抓手。前文分析了权力清单制度改革对于有效规制乡镇干部行动的必要性和可能性，以及在清单制定、内容设计和执行各环节中存在的问题。围绕"权力清单"这一核心制度设计，还应注重以下几个方面的改革：一是进一步优化监督机制。权力清单改革的最终目标是"限权"、"治权"，要通过制度化法治化方式规范和约束政府及其干部行动。因此要充分利用原有公共行政监督系统，比如通过设置定期专项检查制度，加强上级对下级的监督，强化行政监察机关对各部门执行权力清单制度的监督，完善人大对权力清单实施情况的监督。同时，还要利用好公众、媒体等行政系统外的监督力量。乡镇政府应当利用信息化手段为内外部监督提供条件，如进一步完善政府各电子平台资源的互通共享，同时利用微信、APP 等新媒介营造外部监督氛围、打造更加便捷的监督平台。二是要完善电子平台建设。信息化是推进改革的重要手段。在信息化初期，基层政府主要是利用各自原有的电子平台进行清单公示、数据交换和流程对接。在这一过程中最突出的问题是"信息孤岛"现象，县乡政府间的信息平台很难实现资源共享，再加上标准不

---

① 笔者根据调研中所获取的《繁昌县镇级政府权力清单和责任清单（初稿）》与繁昌县公布的《繁昌县镇级政府权力清单和责任清单（征求意见稿）》比较整理。[EB/OL] http://www.fanchang.gov.cn/System/sys0_inc_link_hit.shtml? AI_ID=709

统一、某些功能模块设计难以关联互助，使得公共信息的使用效率低下。另外一个突出问题是，在初步的"清单库"建立起来以后，网上公共服务和监督平台建设没有及时跟上，使得规范行政权力、提升公共服务的目标难以真正实现。因此，应当尽快实现各平台的互联互通和资源共享，并完善网上办事、公共服务、监督检查等配套平台的建设，实现权力清单平台的高效运行。三是重视流程再造。规范乡镇干部在办理行政事务中的行政流程也是乡镇干部行为规制的重要方面。我国自 2001 年开始先后 7 次开展了全国范围内的以减权、放权和流程调整为核心内容的行政审批制改革，但地方政府在改革过程中，更加注重权力的"减"与"放"，而忽视流程再造。因此，乡镇政府应当在完成权力清单库建设的同时，进一步在流程再造上做文章，最大限度地优化行政流程，为每一个公共服务事项打造更加高效、便捷的流程图。四是要有灵活的机制设计。动态性是公共行政的基本特点，这源于公共行政环境是动态而非静态的，当公共行政环境发生变化时，行政组织可以通过结构设计、权责关系、人员配置等方面的调整适应这种变化，这也是权变组织理论的基本观点。因此，权力清单制度改革应当考虑到行政权责的动态性特征，在机制设计上坚持能够跟踪、反馈行政权力变化的原则，以保证权力清单的连续性、科学性和准确性。

第四节　乡镇行政体制改革何处去

用制度建设来规范约束干部行动，是过去几年我国行政管理体制改革的主要思路，十八大报告也再次强调了"要把制度建设摆在突出位置"的改革，其中深化乡镇行政管理体制改革是重要任务之一。从方法论层面上看，坚持黄宗智所提出的"从实践到理论再到实践"的研究路线[①]，通过对荃镇政府这一个案的长期田野观察，呈现出乡镇干部独特的行动逻

---

① 这有别于当前流行于中国社会科学领域的"从理论到实践再到理论"的研究路线，贺雪峰曾对此给予批判，他认为"从理论到实践再到理论"的问题在于：其理论来自于西方，又回归于西方，实践是被西方理论的框架和问题意识所切割的片段，虽然看起来是中国的实践，就越无法触及中国正在展开的庞大的社会主义实践，既无法理解中国社会主义实践来何处，将往何处，又无法理解中国社会主义实践当下的处境，这使得中国的社会科学在很大程度上脱离了中国的实践。参见 [美] 黄宗智《经验与理论：中国社会、经济与法律的实践历史研究》，中国人民大学出版社 2007 年版，第 454 页；贺雪峰：《什么农村，什么问题》，法律出版社 2008 年版，第 58 页。

辑，并希望能为进一步推进现阶段我国乡镇行政管理体制改革提供参考。

第一，用系统化眼光看待乡镇行政管理体制改革。本研究的一个核心观点是：应当将乡镇政府及其干部行动置于更宏观的政治、经济、文化系统中去看待，特别要关注乡土社会以及宏观政治系统对乡镇干部行动的影响。因此，乡镇行政管理体制改革应当坚持"由外而内、内外兼治"的原则，在改革的同时注重改善基层政府的外部环境。比如在政治方面，应当注重完善有关村民自治的制度，特别是明确议事规则、理顺基层政权与村民自治组织关系、完善村民自治程序法等。同时，积极完善地方人代会制度。尽管2010年的选举法修正案规定"城乡按相同人口比例选举人大代表"，但这不一定能够保证农民代表反映利益诉求。更为关键的是如何规范候选代表的选举过程，保证农民选出真正代表农民利益的人大代表，此外，还要进一步完善农民对代表的监督制度。在文化方面，积极倡导乡村文化建设，将乡土文化建设和市（镇）文化建设区别对待并有所侧重。通过构建乡土文化包容性机制，加大城乡文化之间的交流；通过建立农民文化参与机制，保障文化产品的多元化；通过探索社会主义核心价值观的引导机制，形成统一的乡村道德伦理和社会规范等。这些改革措施将为推进乡镇行政管理体制改革创造良好的外部环境。

第二，以改革"压力型体制"作为乡镇行政管理体制改革的突破口。压力型体制所催生的三个"子机制"，即：膨胀型机构设置机制、"双向预算软约束"财政机制以及惩罚型政务激励机制，已经成为异化乡镇干部行动的主要制度性因素，进一步恶化了乡镇政府的行政生态，使乡镇干部面临资源匮乏和超负荷政务的双重压力。不少学者们从转变政府职能、理顺权责关系、改革现行任命制、加强民主建设等方面进行过讨论。除了这些改革思路之外，还应从以下几个方面进行探索：首先，目标设置主体和内容的多元化。"压力型体制"的一个典型特点是，上级政府作为单一主体为下级政府制定任务指标，是一种自上而下单向性行动。这就造成政府责任目标不能回应多元主体的复杂利益诉求，压力集中而不易于分解。同时，"压力型体制"下的责任目标内容较为单调，特别是在"一票否决"制的影响下，乡镇干部往往专注于那些"一票否决"的项目，因为这些项目指标的权重较大，是影响其晋升的决定性因素。在实践中的一个突出表现是：以GDP作为核心考核目标，造成乡镇干部为了提升"政绩"而片面追求GDP的增长，不惜以社会生态资源浪费和破坏为代价，甚至侵犯公民正当的政治经济权利和权益，从而给社会稳定带来隐患。因此，根本解决之道应该是将目前"单向"运行的压力型体制转化为自上而下与自下而上相结合的"双向"运行机制。其次,改革现行的任命制。逐步实现从任命制向选举制和考核任用制过渡,这是我国干部人事制度改革的一个主要方向。具体来看,一方面在适当范围内试点县乡两级政府首脑的直选,同时在选举中引入竞争机制。目前有不少学者包括基层政府实践者支持这种观点,认为县乡两级政府官员身处基层,人民群众对他们也最熟悉,容易作出正确选择。另一方面,在更大范围内可采取渐进方式,即通过加强基层人大作用,由同级人代会差额选举县乡政府首脑,在程序上增加候选人施政演说环节。各职能部门首长应该按其政治素养和业务能力,经人代会专门委员会组织考核和答辩,通过后正式任命。再次,探索灵活化的监督考核机制。"压力型体制"的一个弊端是政府的目标设置和激励方式脱离乡镇政府实际承受能力,而僵硬的监督考核机制则进一步促使政策执行行动偏离实际。因此,应当探索更加灵活的监督考核机制,使乡镇政权既有执行国家政策的压力,保证国家政策的"原则性",又具有地方政策执行的"灵活性",确保政策能够因地制宜,进而推动各项政策执行的有效性。

第三,创新思维,以更理性的态度关注政府中的非正式规则和干部的策略行动现象。乡镇政府中的非正式规则是乡土社会规则在乡土政治场域中的延伸,是乡镇干部"乡土性"与"官僚性"双重身份在行动上的体现,也是乡镇干部在现有正式规则框架下,根据乡土政治特质和自身政治需求形成的日常行动准则,这正是乡镇干部行动异化的主要根源。因此,在推进乡镇行政管理体制改革的过程中,有必要对乡镇政府中的非正式规则现象予以关注,应从以下几个方面加以应对:首先,在政府管理理念上,应当理性认识到非正式规则存在的客观事实,以更加灵活务实的态度看待乡镇干部行动,既要注重提升其行动的合法化、规范化水平,也要根据基层特殊的乡土政治社会环境给予其足够的自由裁量空间。乡镇干部有时候会利用非正式规则以提高行政效率,当然其前提应当是在行政组织正式规则框架所允许的范围内;其次,在社会文化建设上,应积极推进乡土文化转型。乡土文化是乡镇政府中非正式规则现象存在的社会文化根源,因此推进乡土文化从封闭、感性、重人情,向开放、理性、重规则转变,为乡镇政府改革提供有利的外部环境;再次,在人事管理体制上,一方面要继续加大对乡镇干部的教育培训力度,重在转观念、提素质、调角色,积极树立服务型的基层干部形象。另一方面,继续坚持和完善基层公务员考录制度,为基层政府吸纳更多的具备现代政府管理理念的管理人才,通过优化乡镇政府人才结构,来减少乡镇政府中的非正式规则现象。

余论　行政组织研究的行动者视角

本书属于行政组织研究，希望能够借此探索一个认识中国基层政府的新视角。随着荃镇调研的深入，笔者愈发深刻地感受到行政学理论与现实行政实践之间的巨大鸿沟。当我们一味追逐所谓的西方"先进理论"，并用来解释、解决本土行政问题的时候，难免会发生削足适履、水土不服的问题，这是一个不得不警惕的学术现象。其根源在于，中国同西方在社会文化环境上始终存在难以弥合的巨大差异。因此，我们可能首先需要认识中国基层行政的真实经验，回答"是什么"的问题。然后才能谈论西方理论的适用性，并在此基础上促进本土化行政学理论的发展，回答"为什么"和"怎么样"的问题。

乡土社会和官僚体系的复杂性决定了不能仅仅从静态结构上认识乡镇政府，而忽略其固有的乡土性，尤其是正式规则和非正式规则相互交织的制度悖论。不管是外部环境，还是内部规则，都需要通过"人"——乡镇干部——来加以理解、运用和建构。因此，乡镇干部及其行动是一个研究乡镇政府的有效研究视角。引申触类，行政组织研究中存在"结构"和"行动者"两种视角（表8-1）。

表8-1　　　　　　　　研究视角比较：结构与行动者

	结构视角	行动者视角
个体观	被动	主动
	抽象	具体
	前期：忽视人 后期：重视中上层管理者	一般行动者
研究重心	结构（从科层制到"去科层化"）	行动者
组织目标	效率导向，明确的、统一的、先在的、外在于个体的	模糊的、动态的、过程性的、内在于个体的

续表

	结构视角	行动者视角
主要研究方法	量化方法	质化方法
策略主张	优化组织结构	手段多样
结构与行动者关系	单向的、线性的，行动者处于被动地位	双向互动的、非线性的建构关系

目前，国内行政组织研究领域中，多数研究属于"结构视角"，拓展"行动者视角"对于丰富行政组织研究无疑具有重要价值。笔者认为可以从以下两个方面进行突破：

首先，给予行政组织行动者及其行动以更多关注，重新发现和认识行政组织中"人"的鲜活价值。需要注意的是，让行政组织中的"人"鲜活起来，关键在于将其置于复杂开放的情境中进行观察和理解。在此视角下，行动者的意义体系以及行政情境与干部行动的互构性等问题，都是富有挑战性并具有巨大理论空间的研究议题。

其次，通过扎根中国情境下的行政实践活动，努力获取真实且翔实的经验资料，进而从中提炼理论营养，最终形成本土化概念体系和研究范式。这有别于"用中国经验检验西方理论"的研究策略，不仅能为我们提取去西方化的中国经验提供可能，更重要的是有助于在不排斥外来理论的同时，保持对学术西方中心主义的警惕和独立，并寻找到本土化行政学理论的社会根基。

参考文献

［美］安德森、卡特：《社会环境中的人类行为》，王吉胜等译，国际文化出版公司1988年版。

［英］安东尼·吉登斯：《社会的构成：结构化理论大纲》，李康等译，三联书店1998年版。

［英］安东尼·吉登斯：《社会学方法的新规则：一种对解释社会学的建设性批判》，田佑中等译，社会科学文献出版社2003年版。

［美］安东尼·唐斯：《官僚制内幕》，王小聪译，中国人民大学出版社2006年版。

［美］彼得·布劳：《社会生活中的交换与权力》，李国武译，商务印书馆2008年版。

［美］彼得·布劳、马歇尔·梅耶：《现代社会中的科层制》，马戎等译，学林出版社2001年版。

［美］彼得·伯格、托马斯·卢克曼：《现实的社会构建》，汪涌译，北京大学出版社2009年版。

边燕杰：《社会网络与求职过程》，《国外社会学》1999年第4期。

［德］伯特兰·罗素：《西方哲学史》，何兆武等译，商务印书馆1976年版。

［美］查尔斯·库利：《人类本性与社会秩序》，包凡一、王源译，华夏出版社1999年版。

曹海林、俞辉：《"项目进村"乡镇政府选择性供给的后果及其矫正》，《中国行政管理》2018年第3期。

曹锦清：《黄河边的中国：一个学者对乡村社会的观察与思考》，上海文艺出版社2000年版。

陈俊杰：《关系资本与农民的非农化——浙东越村的实地研究》，中国社会科学出版社1998年版。

陈桂棣、春桃：《调查背后》，武汉出版社2010年版。

［英］戴维·毕瑟姆：《官僚制》，韩志明等译，吉林人民出版社 2005 年版。

［美］戴维·伊斯顿：《政治生活的系统分析》，王浦劬译，华夏出版社 1998 年版。

［美］丹尼尔·贝尔：《后工业社会的来临——对社会预测的一项探索》，高铦等译，商务印书馆 1984 年版。

董磊明：《宋村的调解》，法律出版社 2008 年版。

［美］杜赞奇：《文化、权力与国家——1900—1942 年的华北农村》，王福明译，江苏人民出版社 2003 年版。

方江山：《非制度政治参与：以转型期中国农民为对象分析》，人民出版社 2000 年版。

方沂：《社会科学如何本土化》，《二十一世纪》2000 年第 8 期。

［美］菲利普·赛尔兹尼克：《组织理论的构建》，《美国社会评论》1948 年第 13 期。

费孝通：《中国士绅》，中国社会科学出版社 2006 年版。

费孝通：《江村经济》，江苏人民出版社 1998 年版。

费孝通：《乡土中国·生育制度》，北京大学出版社 1998 年版。

［美］费正清：《美国与中国》，张京理译，世界知识出版社 1999 年版。

［美］弗兰克·古德诺：《政治与行政》，王元译，华夏出版社 1987 年版。

［美］弗里曼、毕克伟、塞尔登：《中国乡村，社会主义国家》，陶鹤山译，社会科学文献出版社 2002 年版。

付伟、焦长权：《"协调型"政权：项目制运作下的乡镇政府》，《社会学研究》2015 年第 2 期。

何显明：《市场化进程中的地方政府行为逻辑》，人民出版社 2008 年版。

贺雪峰：《论乡村治理视域下的农村基层中坚干部》，《湖湘论坛》2018 年第 5 期。

贺雪峰：《农村乡镇建制：存废之间的思考》，《中国行政管理》2003 年第 6 期。

贺雪峰：《关于实施乡村振兴战略的几个问题》，《南京农业大学学报》2018 年第 3 期。

贺雪峰：《乡村治理的制度选择》，《武汉大学学报》2016 年第 6 期。

贺雪峰：《什么农村，什么问题》，法律出版社 2008 年版。

贺雪峰：《新乡土中国：转型期乡村社会调查笔记》，广西师范大学出版社 2003 年版。

［德］黑格尔：《法哲学原理》，范扬等译，商务印书馆 1961 年版。

胡宗仁：《竞争性选拔的制度属性、逻辑起点及效用分析》，《江海学刊》2009 年第 2 期。

黄光国：《面子：中国人的权力游戏》，中国人民大学出版社 2004 年版。

［美］黄宗智：《经验与理论：中国社会、经济与法律的实践历史研究》，中国人民大学出版社 2007 年版。

［美］黄宗智：《长江三角洲小农家庭与农村发展》，中华书局 2000 年版。

［美］黄宗智：《中国农村的过密化与现代化：规范认识危机及出路》，上海社会科学院出版社 1992 年版。

［美］加里·贝克尔：《人类行为的经济分析》，王业宇等译，上海人民出版社 1995 年版。

金太军、张健荣：《"为官不为"现象剖析及其规制》，《学习与探索》2016 年第 3 期。

金太军、董磊明：《近年来的中国农村政治研究》，《政治学研究》1999 年第 4 期。

金太军、杨嵘均：《村委会选举中的行政侵权及其救济》，《中国行政管理》2006 年第 4 期。

金太军：《村庄治理与权力结构》，广东人民出版社 2008 年版。

金太军：《基层政府"维稳怪圈"：现状、成因与对策》，《政治学研究》2012 年第 4 期。

金太军、袁建军：《政府与企业的交换模式及其演变规律——观察腐败深层机制的微观视角》，《中国社会科学》2011 年第 1 期。

金太军：《关于村民自治若干关系问题的深层思考》，《开放时代》2000 年第 1 期。

金太军：《论乡镇行政管理的基本特点和特殊原则》，《中国行政管理》1997 年第 8 期。

金太军：《乡镇机构改革挑战与对策》，广东人民出版社 2005 年版。

金小红：《吉登斯结构化理论的逻辑》，华中师范大学出版社 2008 年版。

金耀基：《行政吸纳政治——香港的政治模式》，载于《中国政治与文化》，牛津大学出版社 1997 年版。

[美] 科尔曼：《社会理论的基础》，邓方译，社会科学文献出版社 1999 年版。

[法] 克罗齐耶：《行动者与系统：集体行动的政治学》，张月译，上海人民出版社 2007 年版。

孔繁斌：《公共性的再生产：多中心治理的合作机制建构》，江苏人民出版社 2008 年版。

孔繁斌：《民主治理中的集体行动：一个组织行为学议题及其解释》，《江苏行政学院学报》2008 年第 6 期。

孔繁斌：《政治动员的行动逻辑——一个概念模型及其应用》，《江苏行政学院学报》2006 年第 5 期。

[美] 拉尔夫·林顿：《人格的文化背景：文化、社会与个体关系之研究》，于闽梅译，广西师范大学出版社 2007 年版。

[美] 理查德·斯格特：《组织理论》，黄洋等译，华夏出版社 2002 年版。

李景鹏：《试论政治权力的特征和结构》，《政治学研究》1987 年第 1 期。

李峻登、乔耀章：《政治哲学视域中的形而上学：含义与类型学》，《东岳论丛》2010 年第 2 期。

李璐璐、李汉林：《中国的单位组织：资源、权利与交换》，浙江人民出版社 2000 年版。

李蓉蓉：《治理能力现代化视域下乡镇干部胜任力研究——以山西省 150 名乡镇干部为考察样本》，《理论探索》2018 年第 3 期。

梁漱溟：《中国文化要义》，学林出版社 1987 年版。

[美] 林顿·弗里曼：《社会网络分析发展史：一项科学社会学的研究》，张文宏等译，中国人民大学出版社 2008 年版。

林语堂：《中国人》，郝志东、沈益洪译，学林出版社 1994 年版。

刘建荣：《社会转型时期农民价值观念的冲突》，《湖南师范大学社会科学学报》2005 年第 3 期。

刘能：《等级制和社会网络视野下的乡镇行政：北镇的个案研究》，社会科学文献出版社 2008 年版。

刘勇：《权力之善与干部行为失范的道德矫治》，《浙江社会科学》2013 年第 8 期。

刘玉照、田青：《新制度是如何落实的？作为制度变迁新机制的"通变"》，《社会学研究》2009年第4期。

刘祖云：《十大政府范式——现实逻辑与理论解读》，江苏人民出版社2014年版。

刘祖云：《当代中国公共行政的伦理审视》，人民出版社2006年版。

刘祖云：《当代中国公共行政之反思》，《南京农业大学学报》（社会科学版）2006年第1期。

［美］罗伯特·伯特：《结构洞：竞争的社会结构》，任敏等译，上海人民出版社2008年版。

［美］罗伯特·墨菲：《文化与社会人类学引论》，王卓君译，商务印书馆1991年版。

罗德刚：《乡镇行政管理面临的问题与对策》，《地方政府管理》1996年第10期。

［英］罗纳德·科斯等：《财产权利与制度变迁》，胡庄君译，上海三联书店1994年版。

吕炜：《深化我国财政体制改革的探讨》，《管理世界》2005年第12期。

［美］马汀·奇达夫、蔡文彬：《社会网络与组织》，王凤彬等译，中国人民大学出版社2007年版。

［澳］马尔科姆·沃特斯：《现代社会学理论》，杨善华译，华夏出版社2000年版。

［德］《马克思恩格斯选集》，人民出版社1995年版。

［美］马克·格兰诺威特：《镶嵌：社会网与经济行动》，罗家德译，社会科学文献出版社2007年版。

［德］马克斯·韦伯：《经济、诸社会领域及权力》，李强译，上海三联书店1998年版。

［德］马克斯·韦伯：《社会学的基本概念》，胡景北译，上海人民出版社2005年版。

［德］马克斯·韦伯：《支配社会学》，康乐等译，广西师范大学出版社2004年版。

马骏：《"公共行政学研究方法的探索与反思"专题研讨》，《中山大学学报》（社会科学版）2006年第3期。

马斌：《政府间关系：权力配置与地方治理——基于省、市、县政府间关系的研究》，浙江大学出版社2009年版。

［美］迈克尔·曼:《社会权力的来源》,刘北成、李少军译,上海人民出版社 2002 年版。

［美］纽斯特罗姆、戴维斯:《组织行为学:工作中的人类行为》,陈兴珠等译,经济科学出版社 2000 年版。

欧阳静:《策略主义:桔镇运作的逻辑》,中国政法大学出版社 2011 年版。

欧阳静:《乡镇干部的真实生态》,《中国党政干部论坛》2016 年第 1 期。

欧阳静:《运作于压力型科层制与乡土社会之间的乡镇政权:以桔镇为研究对象》,《社会》2009 年第 5 期。

［英］帕特里克·贝尔特:《二十世纪的社会理论》,翟铁鹏译,上海译文出版社 2002 年版。

［英］齐格蒙特·鲍曼、蒂姆·梅:《社会学之思》,李康译,社会科学文献出版社 2010 年版。

［美］乔纳森·特纳:《社会理论的结构》,吴曲辉译,浙江人民出版社 1987 年版。

乔耀章:《行政学中国化过程中的学科发展与方法体系》,《上海行政学院学报》2005 年第 2 期。

乔耀章:《行政学中国化与行政发展观辨析》,《长白学刊》2007 年第 2 期。

乔耀章:《政府理论》,苏州大学出版社 2000 年版。

［美］乔治·米德:《心灵、自我与社会》,赵月瑟译,上海译文出版社 2008 年版。

渠敬东、周飞舟、应星:《从总体支配到技术治理——基于中国 30 年改革经验的社会学分析》,《中国社会科学》2009 年第 6 期。

荣敬本等:《从压力型体制向民主合作体制的转变:县乡两级政治体制改革》,中央编译出版社 1998 年版。

［美］塞缪尔·亨廷顿、劳伦斯·哈里森:《文化的重要作用——价值观如何影响人类进步》,程克雄译,新华出版社 2002 年版。

沈费伟、刘祖云:《政府在乡村治理中的角色分析——基于有限政府的视角》,《长白学刊》2016 年第 3 期。

［美］施坚雅:《中国农村的市场和社会结构》,史建云等译,中国社会科学出版社 1998 年版。

施雪华:《论社会转型与政府职能转变》,《天津社会科学》1995 年第 2 期。

孙立平、郭于华：《"软硬兼施"：正式权力非正式运作的过程分析——华北 B 镇收粮的个案研究》，载《清华社会学评论（特辑）》，鹭江出版社 2000 年版。

孙学玉、杜万松：《政治民主向行政民主拓展的逻辑与保障》，《中共中央党校学报》2004 年第 3 期。

孙学玉、伍开昌：《当代中国行政结构扁平化的战略构想——以市管县体制为例》，《中国行政管理》2004 年第 3 期。

孙学玉：《垂直权力分合——省直管县体制研究》，人民出版社 2013 年版。

孙学玉：《"扩权强县"增强县域经济发展活力》，《群众》2007 年第 2 期。

孙学玉：《公共行政学论稿》，人民出版社 1998 年版。

孙学玉：《企业型政府论》，社会科学文献出版社 2005 年版。

孙学玉：《企业型政府模式诘难的诠释与评论》，《江海学刊》2007 年第 3 期。

孙学玉：《强县扩权与省直管县（市）的可行性分析》，《中国行政管理》2007 年第 6 期。

孙学玉：《强县扩权与市管县体制改革的必要性分析》，《中国行政管理》2006 年第 5 期。

孙学玉：《我国社会主义核心价值体系建设的现实基础与实践路径》，《江海学刊》2009 年第 5 期。

苏力：《制度是如何形成的》，北京大学出版社 2007 年版。

[美] 塔尔科特·帕森斯：《社会行动的结构》，张明德等译，译林出版社 2008 年版。

唐兴霖、李东辉：《论中央与地方关系调整的制度化取向》，《学术研究》1999 年第 2 期。

唐兴霖等：《"三位一体"农村治理模式：瑞安的实践与发展取向》，《北京航空航天大学学报》（社会科学版）2010 年第 6 期。

唐兴霖、马骏：《中国农村政治民主发展的前景及困难：制度角度的分析》，《政治学研究》1999 年第 1 期。

唐兴霖：《行政官僚不可或缺——读《行政官僚与现代社会》引发的思考》，《行政论坛》2007 年第 5 期。

唐兴霖：《论中国公共组织改革的官僚理性基础》，《上海交通大学学报》（哲学社会科学版）2007 年第 4 期。

唐兴霖：《政府行为与农村发展——中国部分农村地区经济和社会发展进程中政府行为比较研究》，《政治学研究》2000 年第 1 期。

滕玉成、牟维伟：《我国农村社区建设的主要模式及其完善的基本方向》，《中国行政管理》2010 年第 12 期。

仝志辉、贺雪峰：《村庄权力结构的三层分析》，《中国社会科学》2002 年第 1 期。

［美］托马斯·海贝勒：《政府绩效考核、地方干部行为与地方发展》，《经济社会体制比较》2012 年第 3 期。

王佃利、吕俊平：《整体性政府与大部门体制：行政改革的理念辨析》，《中国行政管理》2010 年第 1 期。

王佃利、吴永功：《新公共服务理论视角下的农村公共物品供给审视》，《山东农业大学学报》（社会科学版）2009 年第 1 期。

王佃利：《市管县实践的反思："复合行政"的视角》，《北京行政学院学报》2004 年第 4 期。

王东明：《新一轮乡镇机构改革的实践与成效》，《求是》2012 年第 20 期。

王宏维：《经济转型与社会价值规范调整》，《中国社会科学》1994 年第 3 期。

王乐夫、陈干全：《公共管理的公共性及其与社会性之异同析》，《中国行政管理》2002 年第 6 期。

王乐夫、陈干全：《公共性：公共管理研究的基础和核心》，《社会科学》2003 年第 4 期。

王名：《中国民间组织 30 年——走向公民社会》，中国社会科学出版社 2008 年版。

王清平、范炜烽：《认同与内化：基层干部民生为本理念的养成之道》，《江苏社会科学》2017 年第 4 期。

王绍光：《分权的底线》，中国计划出版社 1997 年版。

王文吉、丁煌：《乡镇政府与村民委员会之间的关系——一种交换理论的分析框架》，《理论与改革》2014 年第 1 期。

王雅林：《农村基层的权力结构与运行机制》，《中国社会科学》1998 年第 5 期。

［美］威廉姆·尼斯坎南：《官僚制与公共经济学》，王浦劬等译，中国青年出版社 2004 年版。

［美］文森特·奥斯特罗姆：《制度分析与发展的反思——问题与抉择》，王诚译，商务印书馆1992年版。

［德］乌塔·格哈特：《帕森斯学术思想评传》，李康译，北京大学出版社2009年版。

吴理财：《中国大陆乡镇政府何去何从》，《二十一世纪》2003年第4期。

吴思：《潜规则：中国历史中的真实游戏》，复旦大学出版社2009年版。

吴毅：《村治变迁中的权威与秩序——20世纪川东双村的表达》，中国社会科学出版社2002年版。

吴毅：《小镇喧嚣：一个乡镇政治运作的演绎与阐释》，三联书店2007年版。

项继权、周长友：《"新三农"问题的演变与政策选择》，《中国农村经济》2010年第10期。

项继权：《乡镇改革要适应时代需要——兼评〈改革与重建——中国乡镇制度研究〉》，《中国农村经济》2010年第7期。

萧楼：《柔性政权："政治动员"下的乡镇和村庄——东南沿海D镇个案分析》，《浙江学刊》2002年第4期。

肖建华：《乡镇机构职能转换与"省管县"财政体制改革的思考》，《农村经济》2011年第6期。

徐勇：《县政、乡派、村治：乡村治理的结构性转换》，《江苏社会科学》2002年第2期。

徐勇：《现代国家乡土社会与制度建构》，中国物资出版社2009年版。

阎云翔：《中国社会的个体化》，上海译文出版社2012年版。

阳敏、张宇蕊：《"条块分割"制约乡镇财政运行的现状、原因及解决路径》，《农村经济》2007年第1期。

杨善华、苏红：《从"代理型政权经营者"到"谋利型政权经营者"》，《社会学研究》2002年第1期。

杨善华、侯红蕊：《血缘、姻缘、亲情与利益——现阶段中国农村社会中"差序格局"的"理性化"趋势》，《宁夏社会科学》1999年第6期。

［美］伊格尔顿：《文化的观点》，方杰译，南京大学出版社2003年版。

应星：《"气"与中国乡土本色的社会行动——一项基于民间谚语与传统戏曲的社会学探索》，《社会学研究》2010年第5期。

应星：《"气场"与群体性事件的发生机制——两个个案的比较》，《社会学研究》2009年第6期。

应星：《草根动员与农民群体利益的表达机制——四个个案的比较研究》，《社会学研究》2007年第2期。

应星：《大河移民上访的故事》，生活·读书·新知三联书店2001年版。

于建嵘：《底层立场》，上海三联书店2011年版。

于建嵘：《抗争性政治》，人民出版社2010年版。

于建嵘：《农民有组织抗争及其政治风险》，《战略与管理》2003年第3期。

于建嵘：《岳村政治：转型期中国乡村政治结构的变迁》，商务印书馆2001年版。

翟学伟：《"土政策"的功能分析：从普遍主义到特殊主义》，《社会学研究》1997年第3期。

翟学伟：《人情、面子与权力的再生产：情理社会中的社会交换方式》，《社会学研究》2004年第5期。

翟学伟：《社会学的转向：一种基于个人的立场》，《社会》2007年第3期。

［美］詹姆斯·科尔曼：《社会理论的基础》，邓方译，社会科学文献出版社1999年版。

［美］詹姆斯·斯科特：《农民的道义经济学》，程立显等译，译林出版社2001年版。

［美］詹姆斯·斯科特：《弱者的武器》，郑广怀等译，译林出版社2007年版。

张静：《法团主义》，中国社会科学出版社2005年版。

张静：《基层政权：乡村制度诸问题》，浙江人民出版社2000年版。

张静：《现代公共规则与乡村社会》，上海书店出版社2006年版。

张康之：《行政伦理的观念与视野》，中国人民大学出版社2008年版。

张康之：《任务型组织研究》，中国人民大学出版社2009年版。

张康之：《公共行政的行动主义》，江苏人民出版社2014年版。

张立鹏：《庇护关系——一个社会政治的概念模型》，《经济社会体制比较》2005 年第 3 期。

张婉丽：《非制度因素与地位获得》，《社会学研究》1996 年第 1 期。

张仲礼：《中国绅士》，李荣晶译，上海社会科学院出版社 1991 年版。

赵树凯：《"逆向问责制"下的乡镇政权》，《中国改革》2005 年第 2 期。

赵树凯：《矛盾、引导和历史的契机：关于 196 封农民来信的初步分析》，《农民日报》1998 年 1 月 28 日。

周飞舟、谭明智：《当代中国的中央地方关系》，中国社会科学出版社 2014 年版。

周飞舟：《以利为利：财政关系与地方政府行为》，上海三联书店出版社 2012 年版。

周飞舟：《从汲取型政权到"悬浮型"政权：税费改革对国家与农民关系之影响》，《社会学研究》2006 年第 3 期。

周飞舟：《转移支付何以解救县乡财政》，《南风窗》2006 年第 5 期。

周其仁：《城乡中国》，中信出版社 2013 年版。

周晓虹：《中国农民的政治参与：毛泽东和后毛泽东时代的比较》，《香港社会科学学报》2000 年秋季号。

周雪光：《中国国家治理的制度逻辑：一个组织学研究》，生活·读书·新知三联书店 2017 年版。

周雪光：《"逆向软预算约束"：一个政府行为的组织分析》，《中国社会科学》2005 年第 2 期。

周雪光：《基层政府间的"共谋现象"：一个政府行为的制度逻辑》，《社会学研究》2008 年第 6 期。

周雪光：《一叶知秋：从一个乡镇的村庄选举看中国社会的制度变迁》，《社会》2009 年第 3 期。

周雪光：《组织社会学十讲》，社会科学文献出版社 2009 年版。

周雪光等主编：《国家建设与政府行为》，中国社会科学出版社 2012 年版。

周义程：《两类自由：我国乡镇公共产品民主型供给模式的法制条件》，《行政论坛》2009 年第 6 期。

周振超：《当代中国政府"条块关系"研究》，天津人民出版社 2009 年版。

邹谠：《二十一世纪中国政治》，牛津大学出版社 1994 年版。

[日] 佐藤庆幸:《官僚制社会学》，朴玉等译，三联书店 2009 年版。

Abraham Harold Maslow, *Motivation and Personality*, New York: Harper, 1954.

Alan Bryman, *Quantity and Quality in Social Research*, London: Unwin Hyman, 1988.

Alfred Schutz, *The Phenomenology of the Social World*, London: Heinemann Educational, 1972.

Anthony Downs, *Inside Bureaucracy*, Boston: Little, Brown and Company, 1967.

Anthony Giddens, *Politic, Sociology and Social Theory: Encounters with Classical and Contemporary Social Thought*, Stanford, Calif.: Stanford University Press, 1995.

Anthony Giddens, *The Constitution of Society: Outline of Theory of Structuration*, Berkeley: University of California Press, 1984.

Arthur L. Stinchcombe, *Constructing Social Theories*. Chicago: University of Chicago Press, 1968.

Barry R. Schlenker, *Impression Management: The Self-Concept, Social Identity, and Interpersonal Relations*, Monterey, Calif.: Brooks/Cole, 1980.

Daron Acemoglu and James A. Robinson, "Inefficient Redistribution", *American Political Science Review*, Vol. 95, No. 3, 2001.

David Braybrooke and Charles E. Lindblom, *A Strategy of Decision*, New York: Free Press, 1963.

Gary Becker, *The Economic Approach to Human Behavior*, Chicago: University of Chicago Press, 1976.

George C. Homans, "Social Behavior as Exchange", *American Journal of Sociology*, Vol. 63, No. 6, May 1958.

Gordon Tullock. *The Vote Motive: An Essay in the Economics of Politics, with Applications to the British Economy*, London: Institute of Economic Affairs, 1976.

Hans Gerth and Wright C. Mills, *Character and Social Structure*, New York: Harcourt and Brace, 1953.

Herbert A. Simon, *Administrative Behavior* (3ed ed.), New York: Macmillan, 1945.

Helen F. Sui, *Agents and Victims in South China: Accomplices in Rural*

Revolution, New Haven: Yale University Press, 1989.

James G. March and Herbert A. Simon, *Organizations*, New York: Wiley, 1958.

Jean C. Oi, "Fiscal Reform and the Economic Foundation of Local State Corporatism in China", *World Politics*, Vol. 45, No. 1, October, 1992.

Joan Huber, "Macro-Micro Links in Gender Stratification", *American Sociological Review*, Vol. 55, No. 1, Feb. 1990.

Jon Elster, *Rational Choice*, New York: New York University Press, 1986.

Jürgen Habermas, *Postmetaphysical Thinking*, Cambridge: Polity Press, 1992.

Leon Mayhew, "In Defense of Modernity: Talcott Parsons and the Utilitarian Tradition", *American Journal of Sociology*, Vol. 89, No. 6, May 1984.

Max Weber, *Essays in sociology*, New York: Oxford University Press, 1946.

Peter Bergerand Thomas Luckmann, *The Social Construction of Reality: A Treatise in the Sociology of Knowledge*, New York: Doubleday, 1966.

Robert Axelrod, *The Evolution of Coopration*, New York: Basic Book, 1984.

Robert K. Merton, *Social Theory and Social Structure* (2nd ed.), Glencoe, III.: Free Press, 1957.

Robert Westwood, Andrew Chan and Stephen Linstead, "Theorizing Chinese Employment Relations Comparatively: Exchange, Reciprocity and the Moral Economy", *Asia Pacific Journal of Management*, Vol. 21, No. 3, September 2004.

Stafford Beer, *Cybernetics and Management*, New York: Wiley, 1964.

Talcott Parsons, *The Social System*, Glencoe, III.: Free Press. 1951.

Talcott Parsons, *The Structure of Social Action*, New York: Free Press, 1968.

Tony Salch, "Negotiating the State: The Development of Social Organizations in China", *The China Quarterly*, Vol. 162, No. 1, March 2000.

Vivienne Shue, *The Reach of the State: Sketches of the Chinese Body Politic*, Stanford: Stanford University Press, 1990.

William G. Ouchi, "Markets, Bureaucracies and Clans", *Administrative Science Quarterly*, vol. 25, no. 1, March 1980.

William A. Niskanen, *Bureaucracy: Servant or Master?* London: Institute of Economic Affairs, 1973.

附　　录

附录1　研究日志

（略）

附录2　访谈提纲

1. 能否谈一下你的成长环境和经历？你觉得家庭环境对你的影响大不大？
2. 工作时间和工作经历、工资待遇怎么样？
3. 你的教育程度？你觉得哪段时间的经历对你的影响最大？（如果我们把教育经历分为学前、小学、中学、大学的话）
4. 你为什么会选择在镇政府工作？
5. 你在工作之余都参加哪些社交活动？业余时间和同事、朋友、同学、家人交往的时间多吗？

你社会交往的一般主题是什么？

6. 你愿意和哪类人交往？
7. 工作之后你认识新朋友的机会多不多？主要靠什么途径？
8. 你觉得在政府里有没有推心置腹的朋友？你最好的朋友是谁？请简单介绍下他（她）的情况

你为什么觉得他（她）值得交往？

9. 在镇政府内部是否存在非正式组织？（小团体，圈子）
10. 人情往来的费用一年大约多少？主要是哪些方面？
11. 你觉得在县城住和在农村住有什么区别？为什么要到县城住呢？在县城住对你的社会联系有什么影响？

12. 请回忆一下对你影响最大的人和事？

13. 你认为干部应该具备哪些素质？你觉得现在干部素质怎样？目前镇里的干部都是由哪些人提拔？

14. 就你个人而言，如果让你给工作以来划分几个阶段，你如何划分？你认为哪个阶段对你更重要？

15. 你觉得工作之后的主要变化是什么？（比如交际圈、心态……）

16. 你认为你现在的工作是比较自由还是很压抑？为什么？

17. 你认为你的（工作）政治经验主要来源于什么？受家庭影响大不大？

18. 同事、朋友、领导是否曾对你提出过有益的忠告？

19. 你觉得为了做好工作，社会关系是否重要？你怎样定义社会关系或关系？

20. 你工作的动力来源于什么？

21. 请你比较一下现在的书记和前几届书记有什么不同？你觉得什么因素造成了这种不同？

22. 你上任后，你的上一任领导会不会给你传授工作经验？工作上的交接主要有哪些内容？通过什么方式进行？

23. 就你而言，你认为在乡镇政府工作什么技能或资源最重要？

24. 工作中是否会存在用一些超常规的手段？请举例。

25. 如果你对领导不满，会不会直接指出你的看法？为什么？

26. 你周围是否存在对领导不满的人？你经常能听到对领导或工作的牢骚话吗？主要是抱怨什么？

27. 你是否遇到过与领导不合作对着干的事？

28. 同事们之间是否会有冲突发生？举个例子。

29. 对宗教信仰的询问。

30. 你有什么爱好？值夜班的时候你都做些什么？

31. 你觉得在镇政府里哪些人比较吃得开？

32. 哪个职位油水多？为什么？哪些是冷衙门？

33. 管区主任是怎样给村干部施加压力的？

34. 你认为哪个层次或部门的工作最重要？

35. 哪些村比较难管？为什么？

哪些村的干部不配合工作？为什么？

36. 村民一般有哪些纠纷？一般通过哪些途径解决？

37. 你怎么看上访的村民？请举几个你知道的例子。

38. 你能否对乡镇政府在整个行政系统中的地位做个评价？
39. 你觉得实际工作中面临哪些问题或困难？
40. 县对镇有哪些监督方式？
41. 你觉得你的权利和责任是否明确？
42. 你认为县镇的干部都有哪些发展出路？（就荃镇而言）
43. 镇政府与村之间什么什么样的关系？
44. 和其他乡镇之间是什么关系？合作还是竞争？表现在什么地方？

附录3 正式访谈目录

姓名编码	性别	年龄	职务	访谈时间	访谈编号
SXF、WL	男	28.26	"三支一扶"干部、党政办科员	2010.2.4 村镇办 20:00-9:00	201024 SXFWL
WF1	男	46	组织办公室主任	2010.2.7 党政办 9:00—10:22	201027 WF1
LY	男	30	团委书记、党政办科员	2010.2.9 团委办 15:20—17:00	201029 LY
				2010.2.9 团委办 09:00—10:00	20090928 LY
LYX	女	36	宣传办公室主任	2010.2.11 宣传办 15:00-16:30	2010211 LYX
XBL	男	46	镇党委书记	2010.2.19 县城某茶室 9:30—11:00	2010219 XBL
ZCZ	男	38	常务副镇长	2010.2.22 办公室 15:00—16:50	2010222 ZCZ
LL	男	29	副镇长	2010.2.25 办公室 15:30—17:00	2010225 LL
WCL	男	28	副镇长	2010.2.28 办公室 14:30—16:00	2010228 WCL
WCLei	男	47	村镇办主任	2010.3.2 村镇办 15:00—17:00	201032 WCLei
LDH	男	36	镇党委副书记、副镇长	2010.3.6 接待室 9:00—11:00	201036 LDH
WY	男	44	镇长	2010.3.8 接待室 15:00—16:30	2010308 WY
FDJ	男	49	劳动保障所所长	2010.3.9 劳保所 15:00—16:30	201039 FDJ
KWQ	男	48	乡土作家、县政协委员	2010.3.12 县城某茶室 15:00—17:00	2010312 KWQ
WLM	男	38	卞三村支部书记	2010.3.16 被访者家中 14:30—17:00	2010316 WLM
LJQ	男	48	余粮村支部书记、村主任	2010.3.17 村委办公室 9:00—10:30	2010317 LJQ
YYW	男	53	工会主席	2010.3.18 工会办公室 15:00—16:40	2010318 YYW
WQ	男	36	党政办主任	2010.3.22 党政办休息室 9:00—10:30	2010322 WQ
				2010.3.22 党政办办公室 15:00—17:00	20091108WQ
SYW	男	62	退休干部,原副镇长	2010.3.24 被访者家中 9:00—10:00	2010324 SYW
WTH	男	30	泗源村农民工	2010.3.27 被访者家中 15:00—16:30	2010327 WTH
ZXD	男	58	九巨龙慈善小学校长	2010.3.28 校长办公室 9:00—11:00	2010328 ZXD

续表

姓名编码	性别	年龄	职务	访谈时间	访谈编号
WF2	男	38	计生办主任	2010.3.29 主任办公室 19：30—21：30	2010329 WF2
WYQ	女	46	农经站站长	2010.3.31 农经站办公室 9：00—10：30	2010331 WYQ
ZCL	男	38	某村村民	2009.12.2 下午被访者家中	20091202ZCL
WSC	男	52	某村支部书记 WSC	2009.11.28 被访者家中 14：30—15：50	20091128WSC
GYA	男	62	荃镇退休的 G 镇长	2010.3.22 被访者家中 15：00—16：30	2010322GYA
ZAG	男	38	荃镇信访办主任	2009.12.8 村镇办公室 9：00—10：00	20091208ZAG
WYL	男	46	派出所所长	2009.11.23 所长办公室 19：30—21：00	20091123WYL
ZY	女	42	荃镇林业站站长	2010.2.12 林业站办公室 9：30—11：00	20100212ZY

附录4 文本资料目录

1. 2001— 2010.2   荃镇党委政府文件、纪委文件
2. 2003—2009   各站所文件
3. 2007—2009   主要领导人讲话材料
4. 2002—2009   部分活动实施方案
5. 2006—2009   荃镇活动动态和活动计划
6. 2007—2009   领导干部年终总结和述职述廉报告
7. 2005— 2010.2   党政办下发的通知
8. 县镇两级志书

（注：由于文本资料数量庞大，本附录只能将这些材料加以归类列举）

附录5 茔镇2009年度重点项目和重点工作一览表（部分）

分类	项目内容	任务目标	责任部门	配合部门	责任领导	配合领导	备注
招商引资	1. 整体任务目标	全面完成S发[2009]5号文件下达我镇的各项任务目标	招商局	镇直部门、各单位、各村	LDH	全体领导干部	
	2. 箱包加工项目	加强沟通联系，争取8月底前签订合同，并着手办理相关手续	招商局	经贸办、土管所、工商所、国税局、地税局	LDH	LDB	
	3. 数控机床电主轴项目	加强沟通联系，争取10月底前签订合同，并着手办理相关手续（拟定亮点）	招商局	经贸办、土管所、工商所、国税局、地税局	LDH	LDB	
	4. 鲁泉白酒项目	加强沟通联系，争取7月底前签订合同，并开工建设	招商局	经贸办、土管所、工商所、国税局、地税局	LDH	LDB	
重点项目建设	1. 不锈钢丝加工项目	年内开工建设，年底前投产运营	招商局	国土所、卞桥管区、石澜管区	LDH	LDB、RGS XQG	拟定亮点
	2. 天丰机械项目	加快项目建设，6月底前投产运营	招商局	经贸办	LDH	LDB	
	3. 青岛服装加工	8月底前完成相关手续办理，二期项目开工建设	招商局	经贸办、国土所、历山管区	LDH	LDB、ZW	
	4. 千头奶牛养殖项目	9月底前完成土地手续办理，并开工建设，年底前投入使用	招商局	国土所、余粮管区	LDH	LDB	

续表

分类	项目内容	任务目标	责任部门	配合部门	责任领导	配合领导	备注
重点项目建设	5. 页岩砖生产项目	加快项目建设，9月底前完成基础建设，并投产运营	招商局	聂家村管区	LDH	WF	
	6. 贝斯特建材项目	年底前重新启动，年底前投产	招商局	聂家村管区	LDH	WF	
	7. 螺纹刀具项目	搞好服务，确保项目按计划建设	招商局	经贸办	LDH		拟定亮点
	8. 青龙山度假村项目	9月底前开业运营	招商局	经贸办、聂家村管区	LDH	WF	
	9. 荃镇特群泉景区开发	加强与管委、建设局、旅游局、发展局等部门协调，加强项目包装、推介、招商，协助搞好景区157公顷可研、环评、立项工作，实施主景区一期拆迁、泉林村异地安置房建设，主景区二期拆迁摸底工作	村镇办	招商局、荃管区、卞桥管区	LDB	LDH、RGS	
	10. 工业园项目	完成详细规划，尽快完成土地手续办理，8月底前开工建设，年底前有项目入驻	招商局	经贸办、村镇办、国土所、石蠛管区	LDH	LDB、RGS、XQG	拟定亮点
	11. 历山石材工业园项目	完成详细规划，尽快完成土地手续办理，10月底前开工建设，年底前有项目入驻	招商局	经贸办、村镇办、国土所、历山管区	LDH	LDB、ZW	
	12. 迎接全县半年科学发展现场观摩会	根据拟定亮点，抓出1~2个亮点项目，为观摩会提供观摩现场，做好观摩各项准备工作，确保综合评比前4名	招商局	党政办、经贸办	WY	LDH、BH	(已完成)

后　　记

改革开放以来，中国社会正经历一场全景式的伟大变局，这为中国社会科学的发展提供了难得的历史机遇和前所未有的挑战。作为一名八零后行政学学者，我庆幸自己身处其中并得以观察、记录和解释这个伟大时代，这是我学术热情的不竭源泉。

竞争中的地方政府作为中国经济社会发展的重要推动力量，一直是行政学领域的重要研究议题。占居主流的"结构视角"使我们对政府的理解过于简单和刻板——政府只不过是一台充斥着层级结构、等级权力、文件规则和呆板面孔的"机器"。而政府中的"人"被严重忽视了。政府中"干部"到底是怎样一群人？他们是如何交往的？他们手中的权力是如何运作的？……这些谜题始终萦绕着我，并最终促使十年前的我决意投身于"干部"研究。其时，我确立了一个现在看来仍令人兴奋不已的学术志向：尝试呈现中国不同层级的"干部群像图"。

作为"干部群像图"的开篇，本书聚焦于乡镇干部———一个处于行政系统最底层、数量最为庞大的干部群体。经过长达一年的田野研究，呈现了"荃镇干部"所处的复杂情境及其对干部行动的塑造。尽管书中不少资料已显陈旧，但其中所蕴含的规则替代、社会交换、关系运作、策略行动、双轨行政等行动逻辑，却依然能够使荃镇干部的"学术形象"变得丰满起来，也使乡镇政府的官僚性和乡土性的交融特征得以显现。我相信本书能在某种程度上为人们了解中国基层行政的真实经验提供可能。

本书是在我的博士论文基础上修改而成。修改是一个再发现、再创作的过程，不仅可以让我有机会完善和修订之前的观点，而且也让我意识到，这项研究工作有着自己当初低估或未及领悟的价值，进而更加坚定了我继续这项研究的学术信念。在此，我要感谢在攻读博士学位期间给予我悉心指导和关心支持的两位导师：张康之教授和刘祖云教授。张老师深厚的哲学思维和宏大的研究视野，使我学会了如何将微观的"荃镇干部"置于更宏观的系统中进行思考。刘老师在选题和框架上提供了非常有价值的指导。两位导师给了我充分的信任和自由空间，使我得以长时间地投身于田野，并敢于袒露内心深处对"真实世界"的问题关怀。我的硕士导师孙学玉教授是我学术生命的引路人，他实事求是、严谨质朴的治学态度，一直是我热衷于关注底层社会、坚持回归田野探索真实的"精神之源"。在研究过程中，我得到了许多前辈老师和同辈朋友的帮助，对他们满怀感激之情，这里就不一一道谢了。

我要特别感谢真诚接纳我的荃镇干部，那些与他们促膝长谈、把酒言欢的场景仍历历在目。在我看来，他们对基层行政的理解远比闭门造车的学究深刻的多，他们所呈现的基层行政现象远比教科书复杂的多、丰富的多，这让我感受到了当前理论与真实实践经验之间的巨大鸿沟，意识到一味地远离当下真实的实践活动，而在虚拟的写作中自得其乐实际上是一种极不负责的治学态度。由于众所周知的缘由，他们的名字将无法在此列举，但我会铭记于心。

最后我要说的是，任何建设性的批评都是我所期待的，相信这些批评会有助于本书的改进和未来研究的拓展。我更希望以此为起点继续努力，以推进本土化行政学理论的发展。